伝语（吴川话）
基础语音教程

阿茂儿 编著

哈尔滨出版社
HARBIN PUBLISHING HOUSE

图书在版编目（CIP）数据

伝语（吴川话）基础语音教程 / 阿茂儿编著． — 哈尔滨：哈尔滨出版社，2021.8
 ISBN 978-7-5484-5855-5

Ⅰ．①伝… Ⅱ．①阿… Ⅲ．①粤语－语音－教材 Ⅳ．①H178

中国版本图书馆CIP数据核字（2021）第019442号

书　　名：伝语（吴川话）基础语音教程
YUNYU（WUCHUANHUA）JICHU YUYIN JIAOCHENG

作　　者：阿茂儿　编著
责任编辑：韩伟锋　赵　芳
责任审校：李　战
封面设计：树上微出版

出版发行：哈尔滨出版社（Harbin Publishing House）
社　　址：哈尔滨市香坊区泰山路82-9号　　邮编：150090
经　　销：全国新华书店
印　　刷：湖北金港彩印有限公司
网　　址：www.hrbcbs.com
E-mail：hrbcbs@yeah.net
编辑版权热线：（0451）87900271　87900272
销售热线：（0451）87900202　87900203

开　本：787mm×1092mm　1/16　印张：19.5　字数：439千字
版　次：2021年8月第1版
印　次：2021年8月第1次印刷
书　号：ISBN 978-7-5484-5855-5
定　价：80.00元

凡购本社图书发现印装错误，请与本社印制部联系调换。
服务热线：（0451）87900279

作者简介

阿茂儿(A Mâu-j),原名李康茂,广东吴川人,生于1985年秋,语言学家、作家、诗人,是第一位专业研究伝语的本土学者,秉持伝语本位主义,主张"伝字为本,汉字为用"。另外,阿茂儿首次将统计学原理引入伝语学术研究之中。

2013年,出于对家乡的热爱,以及对家乡话日渐消亡的忧虑,阿茂儿独自创立了伝字,随后又以常用伝字和汉字为基础,编撰了《伝语(吴川话)字典》。

在创造伝字的过程中,阿茂儿拟订了三套方案:

方案一:参照国际音标,创作出一套拼读吴川话的汉字拼音方案;

方案二:参照同属百越语系且有官方地位的越南语,创作出一套完全独立的文字方案;

方案三:根据伝语的独特性以及吴川人的文字使用习惯,融合国际音标、越南语与汉字,创造出一套全新的、适合吴川人使用的文字系统。

由于方案三既能忠于伝语的自身特点,又能避免人为割裂伝字与汉字之间的联系,经过深入考虑之后,阿茂儿决定采用方案三。为此,阿茂儿摆脱了其他学者无法跳出的方言设定,将伝语定位为语言,并遵循伝语本位主义,创造了伝字。

伝字的创立以及《伝语(吴川话)字典》的诞生,彻底结束了伝语没有属于自己的文字,只能转用汉字的历史,有效解决了汉字不能充分、真实地记录和表达伝语的缺陷,为伝语的研究、保护和推广,做出了不可磨灭的贡献。

之后,阿茂儿编撰了伝语教程——《伝语(吴川话)基础语音教程》,以唤起人们保护家乡话的热情。

《伝语(吴川话)基础语音教程》是吴川史上第一部伝语专业教程,全方位展示了伝语的特性,包括《语音基础》《语音会话》《阅读》和《伝语(吴川话)字典》等多个内容。

为了保护和传承家乡话,阿茂儿极力主张将伝语划出粤语,并提倡用伝语读伝字,用普通话读汉字,以达到既响应国家号召,推广普通话,又能保护家乡话的目的,进而从根本上摆脱伝语消亡的命运。

前言：伝语简介

　　伝语,即吴川话,俗称吴川骨,属土白话,是一种以俚僚古越语为主体,融合了古闽语和古汉语的混合型语言,是一门属汉藏语系的声调语言。伝语共有声母 21 个,常用韵母 52 个,声调 9 种,合音 4 种,即所谓"九声五调四合音"。

　　伝语主要分布于鉴江中下游平原的吴川市以及湛江市坡头区,使用人口约 100 万。

　　伝人先民为先秦时的西瓯、骆越人、西汉时的南越人、东汉时的乌浒人,以及唐朝时的俚僚人。秦朝时,为了抵挡秦军进犯,西瓯与骆越结成联盟,并逐渐融合,分布于南海、桂林、象郡及周边地区,即今广东、广西、海南及越南北部等地,之后分化成狸、獠等族系。随着历史的发展,狸、獠种群和语言逐渐融合,形成了土白话、广府白话、壮语、越南语等语言的前身和基础——俚僚古越语。

　　唐初的俚僚战争撕裂了整个俚僚族,俚僚开始分化,其中,部分支系,包括西川(西江)俚僚、东川(鉴江)俚僚和桂南俚僚,皆被汉化。

俚僚古越语的分化：

　　一、越南语的分化:随着历史的发展,越南俚僚逐步向南拓张,越南语也融入越来越多的南岛语系成分,尤其在与占婆人融合后,发生了质的改变。越南语与土白话不可互通。

　　二、壮语的分化:桂西俚僚逐步发展成了现在的壮族。壮语与土白话不可互通。

　　三、广府白话的分化:两宋时期,西川俚僚与南迁汉人融合,形成了广府民系。广府白话与土白话不可互通。

　　四、土白话的分化:两宋时期,东川俚僚与南迁闽越融合,形成了吴川话。不过,吴川话与桂南平话依旧可以互通,两者同属土白话。

伝人的前世今生

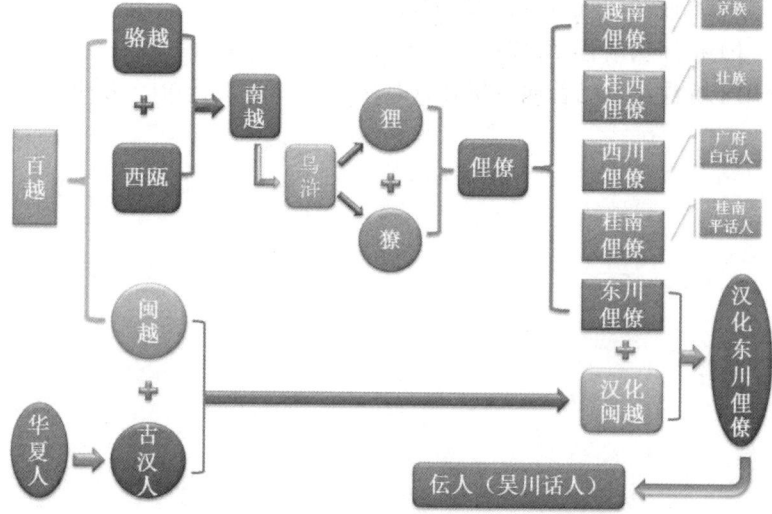

土白话的危机：

土白话是与俚僚古越语最为接近的语言之一,完好地保存了古代先民的语言脉络,然而由于历史原因,被不断削弱。尤其是广府、闽南、客家三大民系的南迁,极大地压缩了土白话的生存空间,将其从原来的粤西、桂东、桂南及越南北部等地,大幅压缩到了粤西和广西的一小部分地区。

然而,这一过程并没有结束,如曾经被广泛使用的南宁平话,被广府白话和官话"挤"到了郊区,而曾有吴川话分布的廉江被同化成了使用广府白话和客家话的地区,当地的吴川话已完全消亡。

随着社会和经济的发展,现代吴川话更是受到了前所未有的冲击。其中,在坡头等边缘地区受广府白话同化的现象尤为明显,很多坡头青年将"湛江"读成了广府白话"湛光"。

保护吴川话,保护土白话已经成了刻不容缓的事情。我们必须立刻行动起来,否则包括吴川话在内的整个土白话都将有消亡的可能。

伝语书写系统：

由于汉化程度较深,吴川人一般采用书面汉语书写,有时候也像越南喃字、广府粤语字一样采用同音汉字转写,或自造汉字,即书中所谓的"骨字"。

伝字,是一套以吴阳、黄坡两地口音为重要参考依据而设立的书写系统,由阿茂儿(A Mâu-j)独自创立。伝字采用拉丁字母拼写,共26个字母,是一种严谨的拼音文字。同时,伝字可以通过电脑和手机输入,是一种与现代社会和网络时代相契合的文字。

"伝"在吴川话中,为"我、我们"之意,故"伝字"为"我的字,我们的字"之意。

伝字采用"同音字标注"的方式,简洁而有效地避免了拼音文字中普遍存在的同音字问题。

注释:本书括号的使用

1. 小括号为解释或补充,如:单元音（韵母）。
2. 中括号用于标注伝语音素,如:[ɑ]、[ɔ]、[ɛ]、[i]、[u]。
3. 大括号用于标注汉字的普通话拼音,如:nông e—嬰婗{yī ní}—婴儿。

目 录

第一部分：语音基础   1

Tâib yà föd 第一课 …………………………………………………… 2

Tâib jî föd 第二课 …………………………………………………… 8

Tâib sam föd 第三课 ………………………………………………… 13

Tâib sëi föd 第四课 ………………………………………………… 20
    语法：主语＋谓语＋（连带成分）

Tâib vǒu föd 第五课 ………………………………………………… 25
    小结与复习

第二部分：语音会话（一）   33

Tâib ló föd 第六课 …………………………………………………… 34
    Mâ'ng hâub 问候

Tâib tà föd 第七课 …………………………………………………… 42
    Gäik xîu 介绍

Tâib bä föd 第八课 …………………………………………………… 46
    Xī gang kông já kēid 时间和日期

Tâib gāu föd 第九课 ………………………………………………… 51
    Bäi fūngb 拜访

Tâib xǎ'p föd 第十课 ………………………………………………… 54
    Tingf hëid kông hëid hâub 天气和气候

第三部分：语音会话（二）   59

Tâib xǎ'p yà föd 第十一课 …………………………………………… 60
    Mâi má 购物

Tâib xǎ'p jî föd 第十二课 …………………………………………… 64
    Dã tîng wâ 打电话

Tâib xǎ'p sam föd 第十三课 ………………………………………… 67
    Gäob yóf 教育

Tâib xǎ'p sëi föd 第十四课 ………………………………………… 70
    Gao tongk 交通

1

Tâib xǎ'p vǒu föd 第十五课 ·· 73
    Lěif yāud 旅游

第四部分：阅读   75

Tâib xǎ'p ló föd 第十六课 ·· 76
    Tūngl xib 唐诗
Tâib xǎ'p tà föd 第十七课 ·· 80
    Söngb tēi 宋词
Tâib xǎ'p bä föd 第十八课 ·· 83
    Yîng tuôif xib god 现代诗歌
Tâib xǎ'p gāu föd 第十九课 ·· 88
    Yîng tuôif mā'ng wǐk tó（1）现代文阅读（一）
Tâib jî xǎ'p föd 第二十课 ··· 91
    Yîng tuôif mā'ng wǐk tó（2）现代文阅读（二）

生词表   95

Tâib yà föd 第一课 ·· 96
Tâib jî föd 第二课 ··· 96
Tâib sam föd 第三课 ··· 96
Tâib sëi föd 第四课 ··· 96
Tâib ló föd 第六课 ·· 96
Tâib tà föd 第七课 ·· 97
Tâib bä föd 第八课 ·· 97
Tâib gāu föd 第九课 ·· 98
Tâib xǎ'p föd 第十课 ··· 98
Tâib xǎ'p yà föd 第十一课 ·· 99
Tâib xǎ'p jî föd 第十二课 ··· 99
Tâib xǎ'p sam föd 第十三课 ··· 99
Tâib xǎ'p sëi föd 第十四课 ·· 100
Tâib xǎ'p vǒu föd 第十五课 ··· 100
Tâib xǎ'p ló föd 第十六课 ··· 100
Tâib xǎ'p tà föd 第十七课 ··· 100
Tâib xǎ'p bä föd 第十八课 ··· 101
Tâib xǎ'p gāu föd 第十九课 ··· 103
Tâib jî xǎ'p föd 第二十课 ·· 104

伝语（吴川话）字典	107
第一部分：常用伝字	108
A	108
AA	109
O	109
OO	110
E	110
EE	111
I	111
II	111
U	111
UU	112
B	112
P	115
M	118
F	122
D	125
T	130
N	137
L	140
G	145
K	150
H	153
Z	158
C	161
X	165
Y	170
W	173
V（ng）	176
J（nh）	178
S（sl）	180
Q（gw）	183
R（kw）	184

第二部分：非常用伝字 ... 186
- A ... 186
- O ... 186
- E ... 186
- I ... 186
- U ... 187
- B ... 187
- P ... 188
- M ... 189
- F ... 191
- D ... 192
- T ... 193
- N ... 196
- L ... 197
- G ... 198
- K ... 200
- H ... 201
- Z ... 203
- C ... 204
- X ... 206
- Y ... 208
- W ... 209
- V（ng） ... 210
- J（nh） ... 210
- S（sl） ... 211
- Q（gw） ... 212
- R（kw） ... 213

第三部分：化学元素名称 ... 214

附录 ... 219
《伝语（吴川话）字典》查询指引 ... 220
- 第一部分：常用伝字 ... 220
- 第二部分：非常用伝字 ... 224
- 第三部分：化学元素名称 ... 224

伝语电脑和手机输入法——软件使用说明 …………………………………… 225
录音说明 ………………………………………………………………………… 232
统计说明 ………………………………………………………………………… 233
伝语的危机 ……………………………………………………………………… 235
作者寄语 ………………………………………………………………………… 236
作品说明及意见收集 …………………………………………………………… 237
方案二架构下的伝字 …………………………………………………………… 238
方案二架构下的伝语字典 ……………………………………………………… 240

第一部分:语音基础

Tâib yà föd
第一课

音素,即语音中不可再分的最小发音单位。

伝语有单元音10个(其中,普通元音5个,弱元音5个),辅音(声母)21个。

"普通元音"一般被称为"元音",但为了与"弱元音"进行区分,本书一律采用"普通元音"的叫法。

一、单元音(韵母)(◎听录音)

1. 单元音一(◎听录音)

音素	[ɑ]	[ɔ]	[ɛ]	[i]	[u]
原形	a	o	e	i	u
伝字例子	ga	do	de	xi	fu
对应汉字	家	多	爹	书	夫

(1)上述单元音为"普通单元音",属"普通元音"。

(2)发音时要区分"i"和"yi","u"和"wu"。在学习的时候,切勿将普通话的习惯带到伝语中。

辨音练习:(◎听录音)

  a   o   e   i   u

  a-o   o-e   e-i   i-u   u-a

2. 单元音二(◎听录音)

音素	[*ɑ]	[*ɔ]	[*ɛ]	[*i]	[*u]
原形	aa	oo	ee	ii	uu
伝字例子	aā	oō	eê	iĭ-x	uũ-x
对应汉字	阿	哦	—	咦	—

(1)上述单元音为"弱单元音",属"弱元音"。弱元音由普通元音弱化所致。

(2)弱元音的原形虽然是两个字母,但读音只有一个音节。

辨音练习:(◎听录音)

  aa   oo   ee   ii   uu

  a-aa   o-oo   e-ee   i-ii   u-uu

知识拓展:普通元音与弱元音

1. 伝语客观上存在区分普通元音和弱元音的现象,即普通元音弱化后,其代表的意思会发生改变,虽然该现象不是特别明显。例如:伝字"e"与"ee"同源异义,这两个伝字都源于婴儿的叫声和啼哭声,但意思并不相同。

2. 弱元音虽发音和普通元音不同,但当其与其他音素结合,并被置于词尾时,其组合后的发音与对应的普通元音相同。例如:"ha"和"haa","ei"和"eii"的读音相同。

3. 只有弱元音的零声母字,即弱元音单独拼读,或组合时被置于词头,读音才会为弱元音。例如:"aa""eei""oong"。

4. 弱元音和普通元音均可拼写对方零声母字以外的所有字,但为了伝字的简洁性,伝字只有在拼写弱元音零声母字时才使用弱元音,其余情况一律采用普通元音拼写,故不存在类似于"eii""haa"这样的伝字。

5. 伝语中,由弱元音组成的常用韵母共 9 个,除了 5 个单元音外,还有[*ɑi]、[*əu]、[*ɛi]、[*ɑy],原形分别为 aai、oou、eei、aay。

二、介音(◎听录音)

音素	[i]	[u]
原形	i	u
介音组合	ia iu	ua uao uoi ui

1. 伝语中,介音"i"和"u"属于韵母的一部分。例如:"duoi"的读法为"d-uoi",而不是"d-u-oi"。

2. 实际上,"w"也是介音,属于声母的一部分,但伝语声母不采用拼法"gw"和"kw"。

3. 为了伝字的简洁性,伝字不作 iao、iap、iam、iang、uang、gw、kw 等拼写组合。

辨音练习:(◎听录音)

    ia   iu   ua   uao   uoi   ui

a-ia-ua   ao-uao-uoi

三、辅音(声母)(◎听录音)

1. 辅音一(◎听录音)

音素	[bɔ]	[pɔ]	[mɔ]	[fɔ]	[dɔ]	[tɔ]	[nɔ]	[lɔ]	[gɔ]	[kɔ]	[hɔ]
原形	b	p	m	f	d	t	n	l	g	k	h
伝字例子	bo	po	mo	fo	do	to	nô	lō	go	kò	hõ
对应汉字	波	坡	摸	科	多	拖	懦	罗	哥	曲	可

3

2. 辅音二（◎听录音）

音素	[zi]	[ci]	[xi]	[yi]	[wu]	[vɔ]	[jɔ]	[sɔ]	[qɔ]	[rɔ]
原形	z	c	x	y	w	v	j	s	q	r
伝字例子	zi	ci	xi	yī	wu	vo	jó	sò	qa	ra
对应汉字	之	痴	书	如	呜	鹅	肉	速	瓜	夸

（1）"y"与普通话"衣"同音。
（2）"v"与伝语"鹅"、越南语拼读的"ngo"同音。
（3）"j"与越南语拼读的"nho"同音，为伝语"肉"的声母。
（4）"s"与伝语"so（唆）"同音。"s"为"新""心""撒""宿""昔"等字的声母，其发音为：读[xɔ]的时候，先将舌头顶住上颚，再随着气流放开，类似于英语拼读的[slɔː]。
（5）"q"即圆嘴的"g"，与普通话"锅"、英语拼读的[gwɔː]同音，为伝语"瓜"的声母。
（6）"r"即圆嘴的"k"，与英语拼读的[kwɔː]同音，为伝语"夸"的声母。
（7）伝语中，声母"v"同"ng"，"j"同"nh"，"s"同"sl"，"q"同"gw"，"r"同"kw"，但为了伝字的简洁性，声母不采用拼法"ng""nh""sl""gw""kw"。"q""r"不与"u"进行组合，因其本身已含有"w"。

辨音练习：（◎听录音）

ba	bo	be	bi	bu
pa	po	pe	pi	pu
ma	mo	me	mi	mu
fa	fo	fe	fi	fu
da	do	de	di	du
ta	to	te	ti	tu
na	no	ne	ni	nu
la	lo	le	li	lu
ga	go	ge	gi	gu
ka	ko	ke	ki	ku
ha	ho	he	hi	hu
za	zo	ze	zi	zu
ca	co	ce	ci	cu
xa	xo	xe	xi	xu
ya	yo	ye	yi	yu
wa	wo	we	wi	wu
va	vo	ve	vi	vu
ja	jo	je	ji	ju
sa	so	se	si	su
qa	qo	qe	qi	—
ra	ro	re	ri	—

四、元音与声调

1. 伝语中,元音的第一至第五声为去音,即长元音;第六至第九声为入音,即短元音。
2. 注音时,普通元音按照 a、o、e、i、u 的顺序标注声调。例如:āo 为正确的注音,aō 为错误的注音。
3. 弱元音标注声调的顺序与普通元音相同。当注音落在弱元音字母上时,声调标于其第二个字母上,如:aâi 为正确的注音,âai 为错误的注音。

补充:非独立元音

音素	[ʌ]
原形	a'

1. 伝语中,非独立元音必须与其他音素结合才能拼读伝字,而不能单独作韵母。非独立元音理论上也可以弱化,但实际生活中并没有出现弱化现象。因此,伝语的非独立元音只有 1 个。
2. [ʌ] 的发音和英语音标 [ʌ] 相同,只拼读 [ʌŋ]、[ʌp]、[ʌm] 三个音素,对应的原形分别为 a'ng、a'p、a'm。
3. 严格来说,"A'(a')"也是一个字母,但伝语将其归为"A(a)"的一个变形。

书写方式:

1. 以从左到右、从上到下的方式书写。
2. 句首字母大写,人名、地址、书名等首字母大写。
3. 段首空 4 格,带外文时加双引号。

日常用语:(◎听录音)

伝字(wā'ng têid):
A:Něi hàt ziub mā aâ?
B:Vǒ hàt lê, něi hàt mā aâ?

骨字(qà têid):
A:你吃朝嘛啊?
B:我吃咧,你吃嘛啊?

汉字(hüngb têid):
A:你吃早饭了没?
B:我吃了,你吃了没?

生词(xang tēi):(◎听录音)

něi 你

hàt ziub 吃早饭

mā aâ 嘛啊,了没呀

vǒ 我

lê 咧,语气词

练习:

1. 熟读本课所学的10个单元音、2个介音、21个辅音,并学会区分普通元音和弱元音。

2. 做以下辨音练习。(◎听录音)

ba-ma	ma-na	na-va	va-ja	ja-sa
bo-mo	mo-no	no-vo	vo-jo	jo-so
be-me	me-ne	ne-ve	ve-je	je-se
bi-mi	mi-ni	ni-vi	vi-ji	ji-si
bu-mu	mu-nu	nu-vu	vu-ju	ju-su
ma-me	na-ne	va-ve	ja-je	sa-se
me-mi	ne-ni	ve-vi	je-ji	se-si
mi-mo	ni-no	vi-vo	ji-jo	si-so
mo-mu	no-nu	vo-vu	jo-ju	so-su
a-aa	o-oo	e-ee	i-ii	u-uu
ai-ay-ei	ao-au-ou	ap-a'p-op	am-a'm-om	ang-a'ng-ong
a-ia-ua	ao-uao-uoi			
gua-qa	kua-ra			

3. 听课文录音,并听写本课所学的元音、介音和辅音。

4. 抄写本课所学的元音、介音、辅音和日常用语。

5. 抄写伬语字母表。(◎听录音)

大写	A	O	E	I	U	B	P	M	F
小写	a	o	e	i	u	b	p	m	f
大写	D	T	N	L	G	K	H	Z	C
小写	d	t	n	l	g	k	h	z	c
大写	X	Y	W	V	J	S	Q	R	
小写	x	y	w	v	j	s	q	r	

注:严格来说,"A'(a')"也是一个字母,但伬语将其归为"A(a)"的一个变形。

6. 读童谣。(◎听录音)

伝字(wā'ng têid)	骨字(qà têid)	汉字(hüngb têid)
Gäob jāu xěng mó A Mâu-j	教牛上木 阿茂儿	教牛爬树 阿茂儿
Gäob jāu xěng mó, Buao fâng mǒu xó; Däu fõ mǒu hông, Fâng buao xēin zò.	教牛上木， 煲饭无熟； 斗火无烘， 饭煲成粥。	简直是教牛爬树， 连饭都煮不熟； 火也烧不好， 饭都熬成粥了。
Gäob jāu xěng mó, Gāng sěi mǒu fó; Tëi tëi sē têid, Fa lei kò lò.	教牛上木， 讲死无服； 次次写字， 花厘曲碌。	简直是教牛爬树， 还老不听劝； 每次写字， 潦草马虎。
Gäob jāu xěng mó, Yǎu xi mǒu tó; Já já zuid gay, Yāuf yāuf-x ziq hò.	教牛上木， 有书无读； 日日追鸡， 悠悠知哭。	简直是教牛爬树， 还无心向学； 整天只知道招花引蝶， 别到头来悔不当初。
Gäob jāu xěng mó, Cunb ga'mb däib vó; Gäw lēik lā'ngf xě, Tāy tāy-x hēi ò.	教牛上木， 穿金戴玉； 隔篱邻舍， 齐齐起屋。	简直是教牛爬树， 就知道把钱花在奢侈品上； 看看隔壁邻居， 个个都建起了大房子。

注：
(1)教牛上木，吴川俚语，寓义"孺子不可教"。
(2)第一段：孩子小时候，因不会煮饭而受到妈妈的训斥。
(3)第二段：孩子上学后，因不好好练字而受到妈妈的训斥。
(4)第三段：孩子长大后，因早恋废学，让妈妈担忧而受到训斥。
(5)第四段：孩子刚出社会，被社会的浮华吸引不知积蓄，让妈妈担忧而受到训斥。
(6)全文展现了典型的吴川教育方式——用训斥来表达爱，充满了对孩子的期待，表现了父母对孩子的谆谆教诲。
(7)骨字中的"悠悠知哭"和"齐齐起屋"，实际为"悠悠阿知哭"和"齐齐阿起屋"，文中为了工整而省略了连词"阿"。另外，由于合音的原因，"悠悠阿知哭"和"齐齐阿起屋"虽各有五个字，但实际上只发四个音。

Tâib jî föd
第二课
韵母

伝语的常用韵母共 52 个,其中,第一课已经介绍了 14 个(普通单元音 5 个,弱单元音 5 个,以及常用韵母 aai、oou、eei、aay)。本课将逐一介绍剩下的 38 个常用韵母。

一、元音复合——下颚音(◎听录音)

音素	[ɑi]	[ɛi]	[ɑo]	[ɑu]	[əu]	[ɛu]
原形	ai	ei	ao	au	ou	eu
伝字例子	ai	ei	bao	au	dou	meu
对应汉字	唉	医	包	欧	都	猫

注:伝语中,"eu"同"iao",但为了伝字的简洁性,不采用拼法"iao"。

辨音练习:(◎听录音)

    ai   ei   ao   au   ou   eu

    ai-ei-eu   ao-au-ou

二、介元音复合——下颚音(◎听录音)

音素	[iu]	[ui]	[iɑ]	[uɑ]	[uɑo]	[uɔi]
原形	iu	ui	ia	ua	uao	uoi
伝字例子	iu	dui	iä	uä	duao	uoi
对应汉字	要	堆	约	恶	刀	哀

注:伝语不存在单独的[ɔi]音素,但有[uɔi]这个音素。

辨音练习:(◎听录音)

    iu   ui   ia   ua   uao   uoi

    iu-ui   uao-uoi   ao-uao   a-ia-ua

三、元辅音复合——下颚音(◎听录音)

音素	[ɑŋ]	[ʌŋ]	[əuŋ]	[ɛŋ]	[iŋ]	[uŋ]	[ɑy]
原形	ang	a'ng	ong	eng	ing	ung	ay
伝字例子	dang	a'ng	ong	eng	ting	ung	say
对应汉字	单	因	翁	央	千	安	西

1. 伝语中,"eng"同"iang",但为了伝字的简洁性,不采用拼法"iang"。
2. 伝语中,"ung"同"uang",但为了伝字的简洁性,不采用拼法"uang"
3. 伝语中,"aʼ"的发音为[ʌ],[ʌ]的发音和英语音标发音相同,只拼读[ʌŋ]、[ʌp]、[ʌm]三个音素。
4. 伝语中,[ʌ]为非独立元音,必须与其他音素结合才能拼读伝字,而不能单独作韵母。

辨音练习:(◎听录音)

ang　　　　aʼng　　　　ong　　　　eng　　　　ing　　　　ung　　　　ay
ang-aʼng-ong　　　eng-ing-ung　　　ai-ay-ei

四、元辅音复合——上颚音(◎听录音)

音素	[εin]	[un]
原形	ein	un
伝字例子	ein	cun
对应汉字	英	川

注:伝语没有[εn]、[in]这两个音素,但有[εin]这个音素。

辨音练习:(◎听录音)

ein　　　　un　　　　ein-eng　　　　un-ung

五、闭口音(◎听录音)

1. 塞韵闭口音(◎听录音)

音素	[ɑp]	[ʌp]	[əup]	[εp]	[ip]	[up]
原形	ap	aʼp	op	ep	ip	up
伝字例子	äp	nāʼp	köp	dep	yïp	hüp
对应汉字	鸭	凹	—	嚼	页	合

(1)伝语中,"ep"同"iap",但为了伝字的简洁性,不采用拼法"iap"。
(2)伝语中,"up"同"uap",但为了伝字的简洁性,不采用拼法"uap"。

辨音练习:(◎听录音)

ap　　　　aʼp　　　　op　　　　ep　　　　ip　　　　up
ap-aʼp-op　　　ep-ip-up

2. 鼻韵闭口音（◎听录音）

音素	[ɑm]	[ʌm]	[əum]	[ɛm]	[im]	[um]
原形	am	a'm	om	em	im	um
伝字例子	dam	ga'm	bom	nem	im	um
对应汉字	担	今	泵	拈	阉	庵

(1)伝语中，"em"同"iam"，但为了伝字的简洁性，不采用拼法"iam"。
(2)伝语中，"um"同"uam"，但为了伝字的简洁性，不采用拼法"uam"。

辨音练习：（◎听录音）

  am   a'm   om   em   im   um
  am-ang a'm-a'ng om-ong em-eng im-ing um-ung
  am-a'm-om em-im-um

六、纯入音（◎听录音）

音素	[ɑt]	[ɛit]	[ut]
原形	at	eit	ut
伝字例子	hàt	èit	püt
对应汉字	吃	亿	泼

1.纯入音只拼读入音，没有去音，纯入音全部都是上颚入音。
2.伝语没有[ɛt]、[it]这两个音素，但有[ɛit]这个音素。

辨音练习：（◎听录音）

  at   eit   ut
  a-at ei-eit u-ut

七、特殊音素（◎听录音）

音素	[m̩]	[ŋ̍]
原形	m	ng
伝字例子	m̩	ṇg
对应汉字	呣	嗯

1.读特殊音素[m̩]要双唇紧闭，[ŋ̍]双唇打开。这两个韵母是伝语中仅有的不带元音的独立韵母。
2.在伝语中，这两个韵母仅作叹词，为叹息或叹气时的发音。而叹息和叹气声千变万化，超出伝语的声调范围，因此，严格来说，这两个韵母并非语言的范畴。故伝字不将其标注声调，只在其下面标注"."，以表示其作为特殊韵母(m̩和ṇg)。

辨音练习：（◎听录音）

m　　　　ng

八、元音与声调

1. 伝语中，单元音、"ia"和"ua"的声调共九声，纯入音共四声，其余元音共六声。

2. 伝语中，特殊音素虽可单独作韵母，但并非元音。

日常用语：（◎听录音）

伝字（wā'ng têid）：
　A：Něi häm à má mēinb têid aâ?
　B：Vǒ häm duäo a Mâu ji, něi ne?

→

　A：Něi häm-d má mēinb têid aâ?
　B：Vǒ häm duäo-x Mâu-j, něi ne?

骨字（qà têid）：
　A：你喊阿物名字啊？
　B：我喊到阿茂儿，你呢？

汉字（hüngb têid）：
　A：你叫什么名字？
　B：我叫阿茂儿，你呢？

生词（xang tēi）：（◎听录音）

häm duäo 喊到，叫作
à má 阿物，什么
mēinb têid 名字

a 阿，加在称呼上的词头，如：阿姨
ne 呢，疑问词

练习

1. 做以下辨音练习（◎听录音）

ai	ay	ei	ao	au	ou	eu
iu	ui	ia	ua	uao	uoi	
ang	a'ng	ong	eng	ing	ung	
am	a'm	om	em	im	um	
ap	a'p	op	ep	ip	up	
at	eit	ut				
ein	un					
m	ng					

11

2.抄写本课所学的常用韵母和日常用语。

3.常用韵母表。(◎听录音)

a	o	e	i	u	ai	ay	ei	ao
au	ou	eu	iu	ui	ia	ua	uao	uoi
ang	a'ng	ong	eng	ing	ung	ein	un	ap
a'p	op	ep	ip	up	am	a'm	om	em
im	um	at	eit	ut	aa	oo	ee	ii
uu	aai	aay	eei	oou	m	ng		

4.读童谣。(◎听录音)

伩字(wā'ng têid)　　　　　骨字(qà têid)　　　　　汉字(hüngb têid)

A ma hëi tun　　　　　阿妈去村　　　　　妈妈回娘家

Gaub līmb xē,　　　　　钩镰蛇,　　　　　你这小壁虎,
Lǒu xī měif,　　　　　老鼠尾,　　　　　和老鼠的尾巴一样小,
A ma hëi tun mǒu ga'ngf měif,　　阿妈去村无跟尾,　　妈妈回娘家探亲你别跟着来,
Mâi fongb guaol,　　　　买封糕,　　　　　到时候买包米糕,
Dā'ng lôu něi.　　　　　等路你。　　　　　送你做礼物。

注:
(1)钩镰蛇,即壁虎。
(2)本文描述了妈妈回娘家时,孩子缠着妈妈要跟着去的日常生活画面,体现了妈妈对孩子的怜爱。

Tâib sam föd
第三课

一、声调——注音规则

类别	第一声	第二声	第三声	第四声	第五声	第六声	第七声	第八声	第九声
声调		ˉ	ˇ	ˆ	˜	¨	ˊ	ˋ	ˀ
儿合音	-j	-j	-j	-j	-j	-j	-j	-j	-j
双合音	-x	-x	-x	-x	-x	-x	-x	-x	-x
对合音	-d	-d	-d	-d	-d	-d	-d	-d	-d
完合音	-w	-w	-w	-w	-w	-w	-w	-w	-w
语境变调	—	—	—	—	—	—	—	—	—
伝字例子	ga	pā	vǎ	nâ	gā	gä	tá	gà	dả
对应汉字	家	爬	瓦	那	假	觉	贼	吉	唧

1. 伝语的声调共有九声,其中第一至第五声为去音声调,第六至第九声为入音声调。

2. 儿合音为本字与表示"小""少""轻"等程度低的"ji(儿)"和"ni(呢)"两字的合音。合音后,上颚音增加[-n]这个音,下颚音增加[-ŋ]这个音,闭口音则增加[-m]这个音,儿合音在本字后面加"-j"以示区别,而不变其本字字根。如:"zuä-j(鸟)"的发音为[zuä-ŋ]。

3. 双合音最常见的是动词与[ɑ]、[ɒ̇]、[ˀɑ]、[ˀɒ̇]的合音,一般是动词与"阿(a,ǎ)处""阿(a,ǎ)试",词句与"啊(aab)"的合音。合音后,在本字元音后面增加一个对应的韵母,在本字后面加"-x"以示区别,而不变其本字字根。合音规则:第一至第六声合第一声,第七至第九声合第九声。如:"去阿处"合音为"hëi-x",读音为[hëi-ɛi];"几平宜都要百把纸啊"的"纸啊"可合音为"zīz-x"。

4. 对合音最常见的是动词与[ā]、[à]、[ˀā]、[ˀà]的合音,一般是动词与"阿(ā,à)物",动词和形容词与"一(āf,àd)"的合音。合音后,在本字元音后面增加一个对应的韵母,在本字后面加"-d"以示区别,而不变其本字字根。合音规则:第一至第六声合第二声,第七至第九声合第八声。如:"做阿物"合音为"döu-d",读音为[döu-āu]。

5. 完合音最常见的是动词与"lô""lö""lê"进行合音,一般是动词与"lô tôb""lö tôb""lê tôb"的合音,表示事情已经完成。合音后,在本字元音后面增加一个对应的韵母,在本字后面加"-w"以示区别,而不变其本字字根。合音规则:第一至第五声合第四声,第六至第九声合第六声。如:"去咯堕"合音为"hëi-w",读音为[hëi-ɛ̈i]。

6. 儿合音、双合音、对合音、完合音四者不同时存在,如"去"进行儿合,就不能同时进行双合或对合了,即不存在 hëi-j-d、hëi-x-d 或 hëi-j-d 等合音。

7. 合音符号:"-"为合音标识,"j、x、d、w"为合音类型。其中,"j"为"儿(ji)"的首字母,代表儿合音;"x"为"双(xung)"的首字母,代表双合音;"d"为"对(duï)"的首字母,代表对合音;"w"为"完(wīngx)"的首字母,代表完合音。伬语中,合音标识符号与合音类型符号必须同时使用,不能省略。因此,不存在类似于"wīngx-"的写法。

8. 合音后,在本字后面增加的元音可以是对应的普通元音,也可以是对应的弱元音,二者可择其一。如:"hëi-x"的读音可以为[hɛ̌i-ɛi],也可以为[hɛ̌i-ᵋɛi]。

9. 合音采用"合音字 + 合音标识 + 合音类型",而不是"合音字 + 合音标识 + 被合音字",主要是为了方便辨别读音,如:"果儿"和"果呢"的合音皆为"gō-j",而非"gō-ji"和"gō-ni"。毕竟,伬语中可以被合音的字较多,而合音的类型有限,更何况合音中还存在着一些特殊情况。至于合音的意思,可以根据上下文进行判断。

10. 语境变调有很多种,本书介绍以下三种:

(1)重读音。

①重读音,在表示加强语气的同时,往往带有不满、否定等意义。伬语重读音的发音与英语重读音、普通话第四声相似。

②重读音不与其他合音重复,如:一个字进行儿合音后,就不再重读;重读后,就不再进行儿合音。

③语境变调非文字合音,根据声调语言的惯例,不做特殊标明,而根据上下文自行变调。

(2)惊叹变调。

①在表示惊叹的语气词中,单字语气词,本字变调;非单字语气词,变调视情况而定。如:"哎哟",在表示惊叹时,"哎"字进行变调;在表示痛楚时,"哟"字进行变调。

②惊叹变调的变调规则与双合音相同。根据声调语言的惯例,语境变调一般不做特殊标明,但在伬语中,该变调比较特殊,存在一些固定用语,如"hāi-x zëit zëit"中的"hāi-x"的读音是固定的,所以本书将惊叹变调中的固定用语归类为双合音中"词句与'啊(aab)'的合音",在变调的字后面加上"-x"以示区别;非固定用语则视为语境变调,不做特殊标明,而根据上下文自行变调。

(3)问句变调。

①带有语气词的问句,通常不进行问句变调。如:去阿处呢?

②不带有语气词的问句,如"嘛要好多钱?"的"钱"需要变调,其变调规则与双合音相同,根据声调语言的惯例,不做特殊标明,而根据上下文自行变调。

知识拓展:九声五调

1. 实际上,在不区分去音和入音的情况下,九声也可以分为五调,其中第一和第九声、第二和第八声、第三和第七声、第四和第六声同调。

2. 正因为伬语存在九声五调的现象,所以才会出现双合音合第一或第九声、对合音合第二或第八声、完合音合第四或第六声的情况。

3. 和其他声调语言不同,伬语的每个韵母都可以存在入音。而一般的声调语言,其入音主要为"ak、ok、ek、ik、uk、at、ot、et、it、ut"等,不存在"ap、om、ung"等入音。因此,客观上决定了伝字只采用九声，而不采用五调。否则，"ap、om、ung"的入音就应当写成"äkp、ökm、ükng"，这样既不合常规又显得冗长。因此，伝语除了纯入音"at、eit、ut"添加上颚入音符号"t"外，其余的一律用声调区分去音和入音。

4. 伝语声调按照实际的发音情况由低到高进行排列。

二、注音表

字母\声调		第一声	第二声	第三声	第四声	第五声	第六声	第七声	第八声	第九声
A	大写	A	Ā	Ǎ	Â	Ã	Ä	Á	À	Å
	小写	a	ā	ǎ	â	ã	ä	á	à	å
O	大写	O	Ō	Ǒ	Ô	Õ	Ö	Ó	Ò	Ỏ
	小写	o	ō	ǒ	ô	õ	ö	ó	ò	ỏ
E	大写	E	Ē	Ě	Ê	Ẽ	Ë	É	È	Ẻ
	小写	e	ē	ě	ê	ẽ	ë	é	è	ẻ
I	大写	I	Ī	Ǐ	Î	Ĩ	Ï	Í	Ì	Ỉ
	小写	i	ī	ǐ	î	ĩ	ï	í	ì	ỉ
U	大写	U	Ū	Ǔ	Û	Ũ	Ü	Ú	Ù	Ủ
	小写	u	ū	ǔ	û	ũ	ü	ú	ù	ủ

辨音练习：（◎听录音）

声调		第一声	第二声	第三声	第四声	第五声	第六声	第七声	第八声	第九声
普		a	ā	ǎ	â	ã	ä	á	à	å
		o	ō	ǒ	ô	õ	ö	ó	ò	ỏ
		e	ē	ě	ê	ẽ	ë	é	è	ẻ
		i	ī	ǐ	î	ĩ	ï	í	ì	ỉ
		u	ū	ǔ	û	ũ	ü	ú	ù	ủ
通		ay	āy	ǎy	ây	ãy	äy	—	—	—
		a'p	ā'p	ǎ'p	â'p	ã'p	ä'p	—	—	—
		a'm	ā'm	ǎ'm	â'm	ã'm	ä'm	—	—	—
		a'ng	ā'ng	ǎ'ng	â'ng	ã'ng	ä'ng	—	—	—
音		—	—	—	—	—	ät	át	àt	åt
		—	—	—	—	—	ëit	éit	èit	ẻit
		—	—	—	—	—	üt	út	ùt	ủt
儿合音		a-j	ā-j	ǎ-j	â-j	ã-j	ä-j	á-j	à-j	å-j
双合音		a-x	ā-x	ǎ-x	â-x	ã-x	ä-x	á-x	à-x	å-x
对合音		a-d	ā-d	ǎ-d	â-d	ã-d	ä-d	á-d	à-d	å-d
完合音		a-w	ā-w	ǎ-w	â-w	ã-w	ä-w	á-w	à-w	å-w
重读音		a	ā	ǎ	â	ã	ä	á	à	å

三、韵母常用声调表

韵母 \ 声调	去音					入音			
	第一声	第二声	第三声	第四声	第五声	第六声	第七声	第八声	第九声
单元音	√	√	√	√	√	√	√	√	√
ia、ua									
纯入音	—	—	—	—	—	√	√	√	√
其他	√	√	√	√	√	√	—	—	—

1. 为了伩字的简洁性,伩字采用声调来区分去音和入音。
2. 和其他声调语言不同,伩语每个韵母都可以存在入音。
3. 特殊音素不标注声调。

辨音练习:(◎听录音)

a   ā   ǎ   â   ã   ä   á   à   å
ua   uā   uǎ   uâ   uã   uä   uá   uà   uå
ao   āo   ǎo   âo   ão   äo
ät   át   àt   åt

a-ā-ǎ-â-ã-ä-á-à-å
o-ō-ǒ-ô-õ-ö-ó-ò-ő
e-ē-ě-ê-ẽ-ë-é-è-ė
i-ī-ǐ-î-ĩ-ï-í-ì-ı̇
u-ū-ǔ-û-ũ-ü-ú-ù-ů

四、同音字

同音字标注表

标形字母	原形	—							
	单标	b	f	d	l	k	h	z	c
		x	w	v	j	s	q	r	
	双标	bb	—						
	混标	hw	hv	hs	lw	ls	bs	—	

1. 原形后面标形的字母,是不参加拼写韵母原形的字母,如 ay、ang、op、eit、un、am 为原形,所以 y、n、g、t、p、m 及所有的元音字母都不作为标形字母。
2. 标形字母加在原形后面,仅作辨形,不做发音。如:yī、yīf 的读音皆为[yī],但对应的汉字分别为"如""愚"。
3. 伩语中,标形字母用于区分同音字,其中原形和单标用于常用伩字,双标用于非常用伩字,混标用于化学元素名称。

辨音练习：（◎听录音）

a	a b	a bb
o	o f	o hw
e	e d	e hs
i	i l	i lw
u	u k	u bs

同音字举例：（◎听录音）

［tɑ］		［mūŋ］		［yī］	
ta	他	mūng	芒	yīf	愚
tab	她	mūngl	忙	yīj	吁

日常用语：（◎听录音）

伝字（wā'ng têid）：

A：Něi hëi a cïf lā aâ?　　　　→　　A：Něi hëi-x cïf lā aâ?
B：Vam vam cä'ngb gaib huī luōi.　　B：Vam vam cä'ngb gaib huī luōi.

骨字（qà têid）：
A：你去阿处啦啊？
B：啱啱衬街回来。

汉字（hüngb têid）：
A：你去哪里了呀？
B：刚刚买菜回来。

生词（xang tēi）：（◎听录音）

ta 他	hëi 去
tab 她	a cïf 阿处,哪里,什么地方
mūng 芒	vam vam 刚刚
mūngl 忙	cä'ngb gaib 衬街,买菜
yīf 愚	huī luōi 回来
yīj 吁	

思考题：

1. 伝语有几个声调,如何标注声调？

17

2. 伝语有几种合音？
3. 儿合音有哪几种？
4. 双合音、对合音有什么异同？
5. 完合音有什么特点？
6. 伝字如何区分同音字？

练习：

1. 做以下辨音练习（◎听录音）

ba	bā	bǎ	bâ	bã	bä	bá	bà	bả
po	pō	pǒ	pô	põ	pö	pó	pò	pỏ
me	mē	mě	mê	mẽ	më	mé	mè	mẻ
fi	fī	fǐ	fî	fĩ	fï	fí	fì	fỉ
du	dū	dǔ	dû	dũ	dü	dú	dù	dủ

tao	tāo	tǎo	tâo	tão	täo
nuoi	nuōi	nuǒi	nuôi	nuõi	nuöi
lam	lām	lǎm	lâm	lãm	läm
gop	gōp	gǒp	gôp	gõp	göp
keng	kēng	kěng	kêng	kẽng	këng
hein	hēin	hěin	hêin	hẽin	hëin

qät	qát	qàt	qảt
këit	kéit	kèit	kẻit
düt	dút	dùt	dủt

2. 抄写本课所学的去音、入音和日常用语。

3. 读童谣。（◎听录音）

伝字（wā'ng têid）：	骨字（qà têid）：	汉字（hüngb têid）：
Dĩm giä nāy nauf	点脚泥鳅	点脚泥鳅
Dĩm giä nāy nauf,	点脚泥鳅，	点脚泥鳅，
Tōngd xūnb tě zaub,	同船坐舟，	同船坐舟，
Sam gunl tě kîu,	三官坐轿，	三官坐轿，
Pä vǎy hāng kīu,	白蚁行桥，	白蚁行桥，

Kīu ji nāu nāu,	桥儿扭扭，	桥儿扭扭，
Nāu duäo sam gunl tâi lôu hāu,	扭到三官大路口，	扭到三官大路口，
Lôu hāu zā'p zèit sěi gāul,	路口拾只死狗，	路口捡只死狗，
Huī qay běi a de söng xiu dāuk.	回归比阿爹送烧酒。	回家给爷爷下酒。

注："点脚泥鳅"是一种大人陪幼儿玩的游戏。

Tâib sëi föd
第四课
语法
主语 + 谓语 +（连带成分）

一、肯定式（◎听录音）

伝字（wā'ng têid）：

A	
vǒ něi kēi	hàt fâng xuî gäo hëi läm tāyb xi

B		
wā'ng dèit jā'ng něi dèit jā'ng kēi dèit jā'ng	hàt döu tāyb sẽ	lê lǐu lê

骨字（qà têid）：

A	
我 你 其	吃饭 睡觉 去 läm 睇书

B		
伝的人 你的人 其的人	吃 做 睇 写	咧 了咧

汉字（hüngb têid）：

A	
我 你 他	吃饭 睡觉 去玩 看书

B		
我们 你们 他们	吃 做 看 写	了 完了

二、否定式（◎听录音）

伝字（wā'ng têid）：

| vǒ někī | mā'ng mǒu | hàt döu tãyb xuî |

骨字（qà têid）：

| 我你其 | 文无 | 吃做睇睡 |

汉字（hüngb têid）：

| 我你他 | 还没不 | 吃做看睡 |

三、疑问式（◎听录音）

伝字（wā'ng têid）：

A		
kēi	hàt döu tãyb xuî	mā aâ

B		
kēi	hàt döu tãyb xuî	mô

C			
kēi	xǐ xěi	hàt döu tãyb xuî	gö mô

骨字（qà têid）：

A		
其	吃做睇睡	嘛啊

B		
其	吃做睇睡	磨

C			
其	是	吃做睇睡	个磨

汉字（hüngb têid）：

A		
他她它	吃做看睡	了吗

B		
他她它	吃做看睡	吗

C			
他她它	是不是真的	吃做看睡	呀

1. 肯定回答

伝字（wā'ng têid）：

A		
kēi	hàt döu tãyb xuî	lô

B		
kēi	hàt döu tãyb xuî	oô

C			
xǐ oô / xěi oô	kēi	hàt döu tãyb xuî	oô

骨字（qà têid）：

A		
其	吃做睇睡	咯

B		
其	吃做睇睡	哦

C			
是哦	其	吃做睇睡	哦

汉字（hüngb têid）：

A		
他她它	吃做看睡	了

B		
他她它	吃做看睡	啊

C			
是呀	他她它	吃做看睡	呀

2. 否定回答

伝字（wā'ng têid）：

A			
mā'ng aâ	kēi	mā'ng	hàt döu tãyb xuî	aâ

B/C			
mǒu oô	kēi	mǒu	hàt döu tãyb xuî	oô

骨字(qà têid)：

A				
文啊	其	文	吃做睇睡	啊

B/C				
无哦	其	无	吃做睇睡	哦

汉字(hüngb têid)：

A				
还没呢	他她它	还没	吃做看睡	呢

B/C				
不	他她它	不	吃做看睡	了啦

知识拓展：趣味伝语

1. 伝语属百越语系,所以存在定语后置的情况,如：
(1) 鸡公——公鸡
(2) 阿东只(zèit)——这(那)是阿东
(3) 阿物那的——那些是什么东西
(4) 阿人的钱个——的钱阿人个——这些钱是谁的
(5) 均屌我事——均我屌事——关我鸟事(不关我事)

2. 虽然伝人早已汉化,但从伝语中依旧可以看出伝人先民以右为尊的痕迹,如：
(1) zëin xāu——正手——右手
(2) puî xāu——puî 手——左手

日常用语：(◎听录音)

伝字(wā'ng têid)	骨字(qà têid)	汉字(hüngb têid)
A：Něi ga nīng gěi do suï aâ? B：Vǒ xǎ'p suï lê.	A：你家年几多岁啊？ B：我十岁咧。	A：你今年多少岁了？ B：我十岁了。

23

生词(xang tēi)：(◎听录音)

kēi 其,第三人称单数,他、她、它
hàt fâng 吃饭
xuî gäo 睡觉
hëi läm 去玩
tāyb xi 睇书,看书
lĭu lê 了咧,(做)完了
wā'ng 伝,第一人称单复数,我、我们
wā'ng dèit jā'ng 伝的人,我们
něi dèit jā'ng 你的人,你们
kēi dèit jā'ng 其的人,他们

sẽ 写
mā'ng 文,还没有
mŏu 无,不,没有
xĭ gö mô 是个磨,是真的吗
xěi gö mô 是个磨,是真的吗
oô 哦
ga nīng 家年,今年
gēi do 几多,多少
xă'p suï 十岁

练习：

1.熟悉本课的语法知识。

2.抄写本课所学的语法句子和日常用语。

3.读童谣。(◎听录音)

伝字(wā'ng têid)	骨字(qà têid)	汉字(hüngb têid)
Huāo pā'ng yăuf	好朋友	好朋友
Dä'ngd dä'ngd xāu,	拃拃手,	握握手,
Huāo pā'ng yăuf,	好朋友,	好朋友,
Něi gïb fa'ngz,	你结婚,	你结婚,
Vŏ jā'm dāuk,	我饮酒,	我喝酒,
Něi dā gao,	你打交,	你打架,
Vŏ bung xāu,	我帮手,	我帮手,
Něi gāi fül,	你解裤,	你脱裤,
Vŏ fäif dāud.	我快走。	我快跑。

Tâib vǒu föd
第五课
小结与复习

一、韵母

（一）单元音

1. 单元音一（◎听录音）

音素	[ɑ]	[ɔ]	[ɛ]	[i]	[u]
原形	a	o	e	i	u

（1）上述单元音为"普通单元音"，属"普通元音"。
（2）发音区分"i"和"yi"，"u"和"wu"，即"i"的发音不是"yi"，"u"的发音不是"wu"。
（3）注音时，按照 a、o、e、i、u 的顺序标注声调，如：ao 为正确的注音，aō 为错误的注音。
（4）第一至第五声为去音，即长元音；第六至第九声为入音，即短元音。

2. 单元音二（◎听录音）

音素	[ˇɑ]	[ˇɔ]	[ˇɛ]	[ˇi]	[ˇu]
原形	aa	oo	ee	ii	uu

（1）上述单元音为"弱单元音"，属"弱元音"。弱元音由普通元音弱化所致。
（2）弱元音的原形虽然有两个字母，但读音只有一个音节。
（3）弱元音标注声调的顺序与普通元音相同。当注音落在弱元音字母上时，声调标于其第二个字母上，如："aâi"为正确的注音，"âai"为错误的注音。

（二）元音复合——下颚音（◎听录音）

音素	[ɑi]	[ɛi]	[ɑo]	[au]	[ɔu]	[ɛu]
原形	ai	ei	ao	au	ou	eu

注：伝语中，"eu"同"iao"，但为了伝字的简洁性，不采用拼法"iao"。

（三）介元音复合——下颚音（◎听录音）

音素	[iu]	[ui]	[iɑ]	[uɑ]	[uɑo]	[uɔi]
原形	iu	ui	ia	ua	uao	uoi

注：伝语不存在单独的[iɔ]音素，但有[uɔi]这个音素。

25

（四）元辅音复合——下颚音（◎听录音）

音素	[ɑŋ]	[ʌŋ]	[əuŋ]	[ɛŋ]	[iŋ]	[uŋ]	[ɑy]
原形	ang	a'ng	ong	eng	ing	ung	ay

（1）伝语中，"eng"同"iang"，但为了伝字的简洁性，不采用拼法"iang"。

（2）伝语中，"ung"同"uang"，但为了伝字的简洁性，不采用拼法"uang"。

（3）伝语中，"a'"的发音为[ʌ]，与英语音标[ʌ]的发音相同，只拼读[ʌŋ]、[ʌp]、[ʌm]三个音素。

（4）伝语中，[ʌ]为非独立元音，必须与其他音素结合才能拼读伝字，而不能单独作韵母。

（五）元辅音复合——上颚音（◎听录音）

音素	[ɛin]	[un]
原形	ein	un

注：伝语没有[ɛn]、[in]这两个音素，但有[ɛin]这个音素。

（六）闭口音（◎听录音）

1. 塞韵闭口音

音素	[ɑp]	[ʌp]	[əup]	[ɛp]	[ip]	[up]
原形	ap	a'p	op	ep	ip	up

（1）伝语中，"ep"同"iap"，但为了伝字的简洁性，不采用拼法"iap"。

（2）伝语中，"up"同"uap"，但为了伝字的简洁性，不采用拼法"uap"。

2. 鼻韵闭口音

音素	[ɑm]	[ʌm]	[əum]	[ɛm]	[im]	[um]
原形	am	a'm	om	em	im	um

（1）伝语中，"em"同"iam"，但为了伝字的简洁性，不采用拼法"iam"。

（2）伝语中，"um"同"uam"，但为了伝字的简洁性，不采用拼法"uam"。

（七）纯入音（◎听录音）

音素	[ɑt]	[ɛit]	[ut]
原形	at	eit	ut

（1）纯入音只拼读入音，没有去音，纯入音全部都是上颚入音。

（2）伝语没有[ɛt]、[it]这两个音素，但有[ɛit]这个音素。

（八）特殊音素（◎听录音）

音素	[m̩]	[ŋ̍]
原形	m	ng

补充：特殊音素
1. 伝语中，特殊音素并非元音，且超出伝语的声调范围。
2. 伝语中，特殊音素仅用作叹词，表示叹息或叹气。
3. 伝字不对特殊音素标注声调，只在其下面标注"．"。
4. 常见用法和读音：
（1）"ṃ"和"ṇg"表示应允或肯定，读音分别为[m̩]和[ŋ̍]；"hṃ"和"hṇg"表示应允、不满或否定，读音分别为[hm̩]和[hŋ̍]。转重读音时，表示加重语气。
（2）"ṃ-x"和"ṇg-x"表示惊叹或疑问，读音分别为[m̩-m]和[ŋ̍-ŋ]；"hṃ-x"和"hṇg-x"表示惊叹或疑问，读音分别为[hm̩-m]和[hŋ̍-ŋ]。
（3）"ṃ-w"和"ṇg-w"表示叹息，读音分别为[m̩-m̈]和[ŋ̍-ÿ]；"hṃ-w"和"hṇg-w"表示叹息，读音分别为[hm̩-m̈]和[hŋ̍-ÿ]。
（4）以上读音为常用发音，并非唯一的读音。

（九）韵母常用声调表

声调 韵母	去音					入音			
	第一声	第二声	第三声	第四声	第五声	第六声	第七声	第八声	第九声
单元音 ia、ua	√	√	√	√	√	√	√	√	√
纯入音	—	—	—	—	—	√	√	√	√
其他	√	√	√	√	√	√	—	—	—

1. 为了伝字的简洁性，伝字采用声调来区分去音和入音。
2. 和其他声调语言不同，伝语每个韵母都可以存在入音。
3. 特殊音素不标注声调。

二、介音（◎听录音）

音素	[i]	[u]
原形	i	u
介音组合	ia　iu	ua　uao　uoi　ui

1. 伝语中，介音"i"和"u"属于韵母的一部分。如："duoi"的读法为"d-uoi"，而不是"d-u-oi"。
2. 实际上，"w"也是介音，属于声母的一部分，但伝语声母不采用拼法"gw"和"kw"。
3. 为了伝字的简洁性，伝字不做"iao"、"iap"、"iam"、"iang"、"uang"、"gw"、"kw"等拼

写组合。

三、声母（◎听录音）

（一）辅音一

音素	[bɔ]	[pɔ]	[mɔ]	[fɔ]	[dɔ]	[tɔ]	[nɔ]	[lɔ]	[gɔ]	[kɔ]	[hɔ]
原形	b	p	m	f	d	t	n	l	g	k	h

（二）辅音二

音素	[zi]	[ci]	[xi]	[yi]	[wu]	[vɔ]	[jɔ]	[sɔ]	[qɔ]	[rɔ]
原形	z	c	x	y	w	v	j	s	q	r

1. "y"与普通话"衣"同音。
2. "v"与伝语"鹅"、越南语拼读的"ngo"同音。
3. "j"与越南语拼读的"nho"同音,为伝语"肉"的声母。
4. "s"与伝语"so（唆）"同音。"s"为"新""心""撒""宿""昔"等字的声母,其发音为：读[xɔ]的时候,先将舌头顶住上颚,再随着气流放开,类似于英语拼读的[slɔː]。
5. "q"即圆嘴的"g",与普通话"锅"、英语拼读的[gwɔː]同音,为伝语"瓜"的声母。
6. "r"即圆嘴的"k",与英语拼读的[kwɔː]同音,为伝语"夸"的声母。
7. 伝语中,声母"v"同"ng","j"同"nh","s"同"sl","q"同"gw","r"同"kw",但为了伝字的简洁性,声母不采用拼法"ng""nh""sl""gw""kw"。"q""r"不与"u"进行组合,因其本身已含有"w"。

四、声调——注音规则

类别	第一声	第二声	第三声	第四声	第五声	第六声	第七声	第八声	第九声
声调	原型	-	ˇ	^	~	..	`	´	'
儿合音	-j	-j	-j	-j	-j	-j	-j	-j	-j
双合音	-x	-x	-x	-x	-x	-x	-x	-x	-x
对合音	-d	-d	-d	-d	-d	-d	-d	-d	-d
完合音	-w	-w	-w	-w	-w	-w	-w	-w	-w
语境变调	—	—	—	—	—	—	—	—	—
伝字例子	ga	pā	vǎ	nâ	gã	gä	tá	gà	dǎ
对应汉字	家	爬	瓦	那	假	觉	贼	吉	唧

1. 伝语的声调共九声,其中第一至第五声为去音声调,第六至第九声为入音声调。
2. 儿合音为本字与表示"小""少""轻"等程度低的"ji（儿）"和"ni（呢）"两字的合音。合音后,上颚音增加[-n]这个音,下颚音增加[-ŋ]这个音,闭口音则增加[-m]这个音。儿合

28

音在本字后面加"-j"以示区别,而不变其本字字根。如:"zuä-j(鸟)"的发音为[zuä-ŋ]。

3. 双合音最常见的是动词与[ɑ]、[å]、[*ɑ]、[*å]的合音,一般是动词与"阿(a,å)处"、"阿(a,å)试",词句与"啊(aab)"的合音。合音后,在本字元音后面增加一个对应的韵母,在本字后面加"-x"以示区别,而不变其本字字根。合音规则:第一至第六声合第一声,第七至第九声合第九声。如:"去阿处"合音为"hëi-x",读音为[hëi-ɛi];"几乎宜都要百把纸啊"的"纸啊"可合音为"zīz-x"。

4. 对合音最常见的是动词与[ā]、[à]、[*ã]、[*ȧ]的合音,一般是动词与"阿(ā,à)物",动词和形容词与"一(āf,àd)"的合音。合音后,在本字元音后面增加一个对应的韵母,在本字后面加"-d"以示区别,而不变其本字字根。合音规则:第一至第六声合第二声,第七至第九声合第八声。如:"做阿物"合音为"döu-d",读音为[dǝu-ōu]。

5. 完合音最常见的是动词与"lô,lö,lê"进行合音,一般是动词与"lô tôb""lö tôb""lê tôb"的合音,表示事情已经完成。合音后,在本字元音后面增加一个对应的韵母,在本字后面加"-w"以示区别,而不变其本字字根。合音规则:第一至第五声合第四声,第六至第九声合第六声。如:"去咯堕"合音为"hëi-w",读音为[hëi-ɛi]。

6. 儿合音、双合音、对合音、完合音四者不同时存在,如"去"进行儿合,就不能同时进行双合或对合了,即不存在"hëi-j-d"、"hëi-x-d"或"hëi-j-d"等合音。

7. 合音符号:"-"为合音标识,"j、x、d、w"为合音类型。其中,"j"为"儿(ji)"的首字母,代表儿合音;"x"为"双(xung)"的首字母,代表双合音;"d"为"对(duï)"的首字母,代表对合音;"w"为"完(wīngx)"的首字母,代表完合音。伝语中,合音标识符号与合音类型符号必须同时使用,不能省略。因此,不存在类似于"wīngx-"的写法。

8. 合音后,在本字后面增加的元音可以是对应的普通元音,也可以是对应的弱元音,二者可择其一。如:"hëi-x"的读音可以为[hëi-ɛi],也可以为[hëi-*ɛi]。

9. 合音采用"合音字 + 合音标识 + 合音类型",而不是"合音字 + 合音标识 + 被合音字",主要是为了方便辨别读音,如:"果儿"和"果呢"的合音皆为"gõ-j",而非"gõ-ji"和"gõ-ni"。毕竟,伝语中可以被合音的字较多,而合音的类型有限,更何况合音中还存在着一些特殊情况,至于合音的意思,可以根据上下文进行判断。

10. 语境变调有很多种,本书介绍以下三种:
(1)重读音。
①重读音,在表示加强语气的同时,往往带有不满、否定等意义。伝语重读音的发音与英语重读音、普通话第四声相似。
②重读音不与其他合音重复,如一个字进行儿合后,就不再重读;重读后,就不再进行儿合。
③语境变调非文字合音,根据声调语言的惯例,不做特殊标明,而根据上下文自行变调。
(2)惊叹变调。
①在表示惊叹的语气词中,单字语气词,本字变调,非单字语气词,变调视情况而定。如:"哎哟",在表示惊叹时,"哎"字进行变调,在表示痛楚时,"哟"字进行变调。
②惊叹变调的变调规则与双合音相同。根据声调语言的惯例,语境变调一般不做特殊标明,但在伝语中,该变调比较特殊,存在一些固定用语,如"hāi-x zëit zëit"中的"hāi-x"的读音是固定的,所以本书将惊叹变调中的固定用语归类为双合音中"词句与'啊(aab)'的合

音",在变调的字后面加上"-x"以示区别;非固定用语则视为语境变调,不做特殊标明,而根据上下文自行变调。

(3)问句变调。

①带有语气词的问句,通常不进行问句变调。如:去阿处呢?

②不带语气词的问句,如"嘛要好多钱?"的"钱"需要变调,其变调规则与双合音相同,根据声调语言的惯例,不做特殊标明,而根据上下文自行变调。

五、注音表

字母 \ 声调		第一声	第二声	第三声	第四声	第五声	第六声	第七声	第八声	第九声
A	大写	A	Ā	Ǎ	Â	Ã	Ä	Á	À	Å
	小写	a	ā	ǎ	â	ã	ä	á	à	å
O	大写	O	Ō	Ǒ	Ô	Õ	Ö	Ó	Ò	Ö̊
	小写	o	ō	ǒ	ô	õ	ö	ó	ò	ǒ̊
E	大写	E	Ē	Ě	Ê	Ẽ	Ë	É	È	E̊
	小写	e	ē	ě	ê	ẽ	ë	é	è	e̊
I	大写	I	Ī	Ǐ	Î	Ĩ	Ï	Í	Ì	I̊
	小写	i	ī	ǐ	î	ĩ	ï	í	ì	i̊
U	大写	U	Ū	Ǔ	Û	Ũ	Ü	Ú	Ù	Ů
	小写	u	ū	ǔ	û	ũ	ü	ú	ù	ů

六、同音字标注表

标形字母	原形	—	—	—	—	—	—	—	—
	单标	b	f	d	l	k	h	z	c
		x	w	v	j	s	q	r	—
	双标	bb	—	—	—	—	—	—	—
	混标	hw	hv	hs	lw	ls	bs	—	—

1. 原形后面标形的字母,为不参加拼写韵母原形的字母。如 ay、ang、op、eit、un、am 为原形,所以 y、n、g、t、p、m 及所有的元音字母,都不作为标形字母。

2. 标形字母加在原形后面,仅作辨形,不做发音。如:yī、yīf 的读音皆为[yī],但对应的汉字分别为:如、愚。

3. 伝语中,标形字母用于区分同音字,其中原形和单标用于常用伝字,双标用于非常用伝字,混标用于化学元素名称。

七、伝语字母表（◎听录音）

（一）字母表（◎听录音）

大写	A	O	E	I	U	B	P	M	F
小写	a	o	e	i	u	b	p	m	f
大写	D	T	N	L	G	K	H	Z	C
小写	d	t	n	l	g	k	h	z	c
大写	X	Y	W	V	J	S	Q	R	
小写	x	y	w	v	j	s	q	r	

注：严格来说，"A'（a'）"也是一个字母，但伝语将其归为"A（a）"的一个变形。

（二）常用韵母表（◎听录音）

a	o	e	i	u	ai	ay	ei	ao
au	ou	eu	iu	ui	ia	ua	uao	uoi
ang	a'ng	ong	eng	ing	ung	ein	un	ap
a'p	op	ep	ip	up	am	a'm	om	em
im	um	at	eit	ut	aa	oo	ee	ii
uu	aai	aay	eei	oou	m	ng		

八、语法（◎听录音）

主语 + 谓语 +（连带成分）

Vǒ hàt fâng.

Vǒ mā'ng hàt.

Kēi hàt mā aâ?

Kēi hàt lô.

Mā'ng aâ, kēi mā'ng hàt aâ.

思考题：

1. 伝语中一共有多少个字母？你是否掌握了这些字母的名称、读音和写法？

2. 伝语中一共有多少元音、介音、辅音和声调？你能否准确读写？

3. 伝语声母、韵母、声调相互间的组合，有哪些值得注意的拼音规则？

练习：

1.抄写本课的声母和韵母。

2.熟读、抄写本课所学的句子。

3.读古诗句。（◎听录音）

伝字（wā'ng têid）	汉字（hüngb têid）
Sèit vǒ wǔng yǐk, Yēngd lǎu eil eil. Ga'm vǒ luōi seik, Yǐx süt feid feid.	昔我往矣， 杨柳依依。 今我来思， 雨雪霏霏。

第二部分：语音会话（一）

Tâib ló föd　Mâ'ng hâub
第六课　问候

Tēin gẽinf 1　Já xēngd seng yîw
情景 1　日常相遇

伝字(wā'ng têid)：
A：Něi hàt äng mā aâ?
B：Hàt lô, něi dou hàt lâ-x?
A：Mā'ng aâ, gö câ'ng-j a huī hëi hàt aâ.

骨字(qà têid)：
A：你吃晏嘛啊?
B：吃咯,你都吃啦啊?
A：文啊,个阵儿阿回去吃啊。

汉字(hüngb têid)：
A：你吃午饭了吗?
B：吃了,你也吃了吧?
A：还没呢,现在才回家去吃。

Tēin gẽinf 2　Tōngd hä seng yîw
情景 2　同学相遇

伝字(wā'ng têid)：
A：Eẽi-x! Gä'mb vam gö-x, něi hëi-x cïf aâ?
B：Vŏ huī hä hâo fòl tă'p, něi ne?
A：Vŏ dou xǐ wŏ.
B：A gö děi, wā'ng-d tāy hëi lǒ.

骨字(qà têid)：
A：Eẽi-x! 咁啱个啊,你去阿处啊?
B：我回学校复习,你呢?
A：我都是喔。
B：阿个子,伝一齐去咯。

汉字（hüngb têid）：

A：哎哟，这么巧，你去哪里啊？

B：我去学校复习，你呢？

A：我也是哦。

B：既然这样子，我们一起去吧。

Tēin gēinf 3　Gã kēid huī hëi tãyb fû mǒuh
情景3　假期回家看望父母

伝字（wā'ng têid）：

A：Ma!

B：Huī luōi-w tôb, ga já sà ce mô?

A：Mǒu oô, něi gō pāi-j xa'ng tāy-x něng dēi aâ?

B：Gõ gēi já văng mǒu xuî dà mäy, gö lěng já ne yâud huāo-d dǐm-j lê.

A：A gö dēi, něi ïu hëi bēi jā'ng tāyb wǎ.

B：Vǒ ziq duäo lô, mǒu xãy něi yaub aâ.

A：A ba hëi-x cǐf lô?

B：Tuôi gäw lēik ò gēi gal oô, dã'ng câ'ng-j câu huī luōi lô. Fäif-j nëu dèit hāng lěi huāo, vǒ hëi buao mǎng.

A：Dà!

骨字（qà têid）：

A：妈！

B：回来咯堕，家日塞车磨？

A：无哦，你果排儿身体阿赀子啊？

B：果几日眼无睡得睐，个两日呢又好一点儿咧。

A：阿个子，你要去比人睇喔。

B：我知到咯，无使你忧啊。

A：阿爸去阿处咯？

B：在隔篱屋几加哦，等阵儿就回来咯。快呢 nëu 的行李好，我去煲晚。

A：得！

汉字（hüngb têid）：

A：妈！

B：回来了呀，今天塞车吗？

A：没有，你最近身体怎样啊？

B：那几天睡不着，这两天又好了点。

A：这样的话，你要去看医生啊。

35

B：我知道啦，你不要担心。
A：爸爸去哪里了？
B：在隔壁邻居家而已，等一下就回来了。快点把行李放好，我去煮晚饭。
A：行！

生词(xang tēi)：(◎听录音)

hàt äng 吃晏,吃午饭
dou 都,也
gö câ'ng-j 个阵儿,现在
a 阿,连词
gä'mb vam 咁啱,这么巧
gö 个,的
hä hâo 学校
fòl tǎ'p 复习
wǒ 喔
a gö dēi 阿个子,这个样子,这样的话
àd tāy 一齐,一起
lǒ 咯,语气词
gā kēid 假期
huī hēi 回去,回家去
ma 妈
lô tôb 了啦
ga já 家日,今天
sà ce 塞车
gö pāi-j 果排儿,最近一段时间
xa'ng tāy 身体
a nëng dēi 怎么样
gö gēi já 果几日,这几天,那几天
văng 眼

dà 得,行,能够
mäy 眼困,睡着
gö lěng já 个两日,这两天
yâud 又
huāo 好
àd dīm-j 一点儿
ïu 要
bēi jā'ng tāyb 比人睇,给人看,去看医生
wǎ 喔
ziq duäo 知到,知道
mǒu xāy 无使,不要,不用
yaub 忧,担忧
tuôi 在
gäw lēik ò 隔篱屋,隔壁邻居家
gēi 几,这,这里
gal 加,而已
dā'ng câ'ng-j 等阵儿,等一会儿
câu 就
fäif ni 快呢,快点儿
nëu 提
dèit 的,个的,这些,指示代词
hāng lěi 行李
buao mǎng 煲晚,做晚饭

注释：
1.伡语亲属称谓。
(1)祖孙。

	内祖孙	外祖孙
祖	de—爹—爷爷 nǎib—奶—奶奶	gongz—公—外公 pō—婆—外婆

孙	sun—孙—孙子 sun něib—孙女	wâyc xangl—外甥—外孙(也可以特指外孙子) wâyc xangl lūngf—外甥郎—外孙子 wâyc xangl něib—外甥女—外孙女

注:伝语中,"外甥"既可以指"女儿的孩子",也可以指"姐妹的孩子"。

(2)父母。

日常称谓(现称)	日常称谓(旧称)	伝语正式称谓	汉语正式称谓
ba—爸—爸爸 ma—妈—妈妈	go—哥—爸爸,tâi—大—爸爸 suāo—嫂—妈妈	ye—爷—父亲 nā—娜—母亲	fû—父—父亲 mǒuh—母—母亲

①通常"ye nā"和"fû mǒuh"并用,"ye nā fû mǒuh"即父母双亲。
②"两子娜(nā)"既可指母子俩,也可指母女俩。

(3)父亲的兄弟姐妹。

父亲的兄弟姐妹	父亲的兄弟姐妹的配偶
bäl de—伯爹—伯父—父亲的哥哥 xò—叔—叔叔—父亲的弟弟 bu něib—晡奶—姑妈—父亲的姐姐 gu—姑—父亲的妹妹	bäl něib—伯奶—伯母—父亲哥哥的配偶 xā'mf—婶—婶婶—父亲弟弟的配偶 bu de—晡爹—父亲姐姐的配偶 gu cěng—姑丈—父亲妹妹的配偶

(4)母亲的兄弟姐妹。

母亲的兄弟姐妹	母亲的兄弟姐妹的配偶
kǎu de—舅爹—母亲的哥哥 kǎu—舅—母亲的弟弟 bu něib—晡奶—母亲的姐姐 yīh—姨—母亲的妹妹	kǎ'm něib—妗奶—母亲哥哥的配偶 kǎ'm—妗—母亲弟弟的配偶 bu de—晡爹—母亲姐姐的配偶 yīh cěng—姨丈—母亲妹妹的配偶

(5)家公家婆。

qa'ng ye—君爷—家公   ga pō—家婆

(6)岳父岳母。

wâyc luǎo—外老—岳父   wâyc mǒuh—外母—岳母

(7)兄弟姐妹。
①未成家。
tâi—大—哥哥(旧称),go—哥—哥哥(现称)

säy—细—弟弟(细、细个、细佬—弟弟)
bou—哺—姐姐
säy muî—细妹—妹妹

②已成家(女性婚后对婆家的称呼,以前一般与子女相同,现在一般与丈夫相同)。

兄弟姐妹	兄弟姐妹的配偶
tâi—大—哥哥(旧称),go—哥—哥哥(现称)	suāo—嫂—嫂子
bou—哺—姐姐	bou go—哺哥—姐夫
säy—细—男方弟弟(细、细个、细佬—男方弟弟)	säy xā'mf—细婶—男方弟媳
säy kǎu—细舅—女方弟弟	säy kǎ'm—细妗—女方弟媳
säy gu—细姑—男方妹妹	säy gu cěng—细姑丈—男方妹夫
säy yīh—细姨—女方妹妹	säy yīh cěng—细姨丈—女方妹夫

(8)堂关系。

xò bäl—叔伯—亲堂　　　　　　　　côngtūngd—仲堂—远堂

(9)表关系。

lěng bīu—两表—姑表　　　　　　　lěng ga'mb—两金—姨表

(10)夫妻。

lǒu gongz—老公　　　　　　　　　lǒu pō—老婆

(11)下一辈。

dāy—仔—儿子
hum něib—酣女—女儿
cá-j—侄儿—侄子—男方兄弟的儿子
cá něib—侄女—男方兄弟的女儿
wâyc cá—外侄—女方兄弟的儿子
wâyc cá něib—外侄女—女方兄弟的女儿
wâyc xangl—外甥—姐妹的孩子(也可以特指姐妹的儿子)
wâyc xangl lūngf—外甥郎—姐妹的儿子
wâyc xangl něib—外甥女—姐妹的女儿

（12）辈分。

nëu	bë	sàb	sun	dëi	gēid	luǎo	de	gongz dõud	bë dõud	nëu dõud
nëu	bë	膝	孙	子	己	老	爹	公祖	bë祖	nëu祖
来孙	玄孙	曾孙	孙	子	己	父	祖	曾祖	高祖	天祖

注：曾祖及以上的辈分一般统称"公祖"，用"几世祖"来表示，如：bë dõud—四世祖。

2. 伝语人称称谓。

(1) 第一人称。

  vǒ—我（单数）。

  wā'ng—伝—我、我们（单、复数）。

  vǒ dèit jā'ng—我的人—我们（复数）。

  wā'ng dèit jā'ng—伝的人—我们（复数）。

(2) 第二人称。

  něi—你（单数）。

  něi dèit jā'ng—你的人—你们（复数）。

(3) 第三人称。

  kēi—其—他、她（单数）。

  kēi dèit jā'ng—其的人—他们、她们（复数）。

  kēi—不区分性别、物种，包括他、她、它；通常为单数，有时可为复数。

(4) 老人。

  gongz-j—公儿—老年男性。

  pō-j—婆儿—老年女性。

(5) 中年人。

  luǎo-j—老儿—中年男性。

  fu nēng-j—夫娘儿—中年女性。

(6) 年轻人。

  dāy-j—仔儿—年轻男性，nāmb dāy-j—男仔儿—年轻男性。

  něib-j—女儿—年轻女性，hum něib-j—酺女儿—年轻女性。

(7) 小孩。

  nông-j—婴儿—小孩儿。

  "nông"的对应汉字为"婴"，但民间一般转写成：弄、侬、烘。

(8) 婴儿。

  nông e—婴婗—婴儿。

  "婴婗"的普通话拼音为{yī ní}。

(9) "伝的人"与"我的人"的区别。

  伝的人，包括所有人。

  我的人，不包括对方，即不包括"你的人""其他的人"。

39

3. 伩语习惯在单字称谓前加"a(阿)",如:阿东,阿爹。

4. 连词 a 跟在儿合音后面时,可以省略。

如:　　　　　　Gö câ'ng-j a huī hëi hàt aâ.　　　　个阵儿阿回去吃啊。
可省略为:　　　Gö câ'ng-j huī hëi hàt aâ.　　　　　个阵儿回去吃啊。

5. "nëng(訉)"是伩语的日常用语,意为"怎么、怎样"。"nëng"的前面一般加"a(阿)",其常见用法如下。

伩字(wā'ng têid)	骨字(qà têid)	汉字(hüngb têid)
a nëng dëi	阿訉子	怎么样,什么情况
a nëng gö	阿訉个	怎么样,什么情况
a nëng gāng	阿訉讲	怎么说
a nëng döu	阿訉做	怎么做
a nëng fāc	阿訉法	怎么办

6. 伩语受古汉语的影响较大,也保留了很多古汉语的痕迹。

字	词	意
屋	屋房	房间
	屋里	家里
	屋里人	家人
行	—	走
走	—	跑
吃	—	吃、喝
—	邻舍、隔篱邻舍	邻居
—	无有	没有
—	乱之来	乱来
—	回书房、上学堂	上学
—	出世	出生
—	回世	死亡

练习:

1.熟读和背诵课文。

2.完成下列句子。

(1) A：Nëi _____ mā aâ?

　　 B：_____ ?

（2）A：Eẽi-x! _____, _____?

　　B：Vǒ _____, něi ne?

　　A：Vǒ _____.

　　B：A gö děi, _____.

3.将下列句子翻译成伝语。
（1）你吃饭了没？
（2）我吃了,你也吃了吧？
（3）你最近身体怎么样？
（4）你不用担心。
（5）我去做饭了。

Tâib tà föd　　Gäik xîu
第七课　介绍

Tēin gēinf 1　Põu tongk cēngb hüp têib vǒ gäik xîu
情景1　普通场合自我介绍

伝字（wā'ng têid）：

A：Něi huāo!

B：Něi huāo! Něi häm-d má mēinb têid aâ?

A：Vǒ häm duäo-x Dong. Něi ne, něi häm-d má mēinb têid aâ?

B：Vǒ häm duäo-x Ein. Něi xǐ-x Mēin säy mô?

A：Xěi oô, vǒ säy kēi lěng suï.

骨字（qà têid）：

A：你好!

B：你好! 你喊阿物名字啊?

A：我喊到阿东。你呢,你喊阿物名字啊?

B：我喊到阿英。你是阿明细磨?

A：是哦,我细其两岁。

汉字（hüngb têid）：

A：你好!

B：你好! 你叫什么名字啊?

A：我叫阿东。你呢,你叫什么名字啊?

B：我叫阿英。你是阿明的弟弟吗?

A：是的,我小他两岁。

Tēin gēinf 2　Zëin xèitf cēngb hüp têib vǒ gäik xîu
情景2　正式场合自我介绍

伝字（wā'ng têid）：

A：Něi huāo, vǒ häm duäo-x Dong, Hângl huî, hângl huî.

B：Něi huāo, vǒ häm duäo-x Ga'mb, něi xǐ-x cïf jā'ng aâ?

A：Vǒ xǐ Vōu Cun jā'ng, něi xǐ-x cïf gö oô?

B：Vǒ dou xǐ Vōu Cun gö wǒ, Vǒ Vōu Yēng gö, něi ne?

A：Vǒ Wūngc Po gö. Něi döu-d má gö aâ?
B：Vǒ döu gïngb còl gö.

骨字（qà têid）：
A：你好,我喊到阿东,幸会,幸会。
B：你好,我喊到阿金,你是阿处人啊?
A：我是吴川人,你是阿处个哦?
B：我都是吴川个喔,我吴阳个,你呢?
A：我黄坡个。你做阿物个啊?
B：我做建筑个。

汉字（hüngb têid）：
A：你好,我叫阿东,幸会,幸会。
B：你好,我叫阿金,你是哪里人啊?
A：我是吴川人,你是哪里的啊?
B：我也是吴川的呢,我是吴阳的,你呢?
A：我是黄坡的。你是做什么的啊?
B：我是做建筑的。

Tēin gēinf 3　Bung jā'ng gäik xîu pā'ng yăuf
情景 3　给别人介绍朋友

伝字（wā'ng têid）：
A：A Dong, luōi gēi, vǒ gäik xîu-d zèit pā'ng yăuf bēi něi xèit. Gõ zèit xǐ-x Fungl, gõ zèit xǐ-x Dong.
B—C：Ẽid-x yâ, yău hâng wayb nâb!
C—B：Za'ng wây gāng wâ, do têb ra dēng.

骨字（qà têid）：
A：阿东,来几,我介绍一只朋友比你识。果只是阿芳,果只是阿东。
B—C：咿哟,有限威哪!
C—B：真为讲话,多谢夸奖。

汉字（hüngb têid）
A：阿东,来这儿,我介绍一个朋友给你认识。这个是阿芳,这个是阿东。
B—C：哎哟,好漂亮啊!
C—B：真会说话,多谢夸奖。

生词(xang tēi)：(◎听录音)

gäik xîu 介绍
něi huāo 你好
dong 东
ein 英
mēin 明
säy 细,小,弟弟
lěng suï 两岁
hângl huî 幸会
ga'mb 金
vōu cun 吴川,县级市名
vōu yēng 吴阳,镇名
wūngc po 黄坡,镇名

döu à má 做阿物,做什么
gïngb còl 建筑
àd zèit 一只,一个,一位,一头
pā'ng yǎuf 朋友
gõ （指示代词）果,这,那
fungl 芳
ēid-x yâ 哎哟
yǎu hâng wayb 有限威,很漂亮
nâb 哪,语气词
za'ng wây 真为,真会
gāng wâ 讲话,说话
do têb ra dēng 多谢夸奖

注释：

1.介绍名字：①人称 + häm duäo(喊到,叫作) + 名字，②人称 + xǐ(是) + 名字。例如：

vǒ häm duäo a Dong.
我喊到阿东。
我叫阿东。

vǒ xǐ a Dong.
我是阿东。

2.介绍对象关系：被介绍对象 + xǐ(是) + 指定对象 + 关系界定词。例如：
Něi xǐ a Mēin säy mô?
你是阿明细磨?
你是阿明的弟弟吗?

3.介绍职务：人称 + döu(做) + 行业 + gö(个,的)。例如：
Vǒ döu gïngb còl gö.
我做建筑个。
我是做建筑的。

练习：

1.熟读和背诵课文。

2.完成下列句子。
　(1) A：Něi huāo!
　　　B：_____! Něi häm-d má mēinb têid aâ?
　　　A：_____. Něi ne, _____?

44

B：_____.

（2）A：Něi huão,_____, Hângl huî, hângl huî.

　　B：_____, vǒ häm duäo-x Ga'mb,_____?

　　A：Vǒ _____, něi xǐ-x cïf gö oô?

　　B：Vǒ _____, Vǒ _____ gö, něi ne?

　　A：Vǒ _____.

3.将下列句子翻译成伝语。
(1)我介绍个朋友给你认识,这是阿明。
(2)我叫阿英,我是吴川人。
(3)我哥哥比我大两岁。

Tâib bä föd　Xī gang kông já kēid
第八课　时间和日期

Tēin gēinf 1　Gö câ'ng-j gēi do dĩm lô
情景1　现在几点了

伝字（wā'ng têid）：

A：Gö câ'ng-j gēi do dĩm lô?

B：Bä dĩm däp xǎ'p, gal ca lěng zèit têid gāu dĩm.

A：Bä dĩm däp xǎ'p xǐ gēi do dĩm oô?

B：Bä dĩm vǒu xǎ'p fa'ng, àd zèit têid vǒu fa'ng zongf.

A：Ô, vǒ mēin pä lô.

骨字（qà têid）：

A：个阵儿几多点咯？

B：8点搭10，加差两只字9点。

A：8点搭10是几多点哦？

B：8点50分，一只字5分钟。

A：哦，我明白咯。

汉字（hüngb têid）：

A：现在几点了？

B：8点搭10，还差两个字9点。

A：8点搭10是几点啊？

B：8点50分，一个字5分钟。

A：哦，我明白了。

Tēin gēinf 2　Ga já sein kēid gēi
情景2　今天星期几

伝字（wā'ng têid）：

A：Ga já sein kēid sam lê, xǐ mô?

B：Tód já ne sein kēid sam, ga já sein kēid sëi.

A：A gö děi, gal dõud já mā hāo xǐ lê? Vǒ-x mā'ng fòl tǎ'p-w wõ.

B：A gö děi, wā'ng ga mǎng hëi tōu xi gūn fòl tǎ'p lǒ.

46

A：Huāo！

骨字(qà têid)：
A：家日星期三咧，是磨？
B：族日呢星期三，家日星期四。
A：阿个子，加祖日嘛考试咧？我阿文复习咯喔！
B：阿个子，伝家晚去图书馆复习咯！
A：好！

汉字(hüngb têid)：
A：今天星期三了，对吗？
B：昨天才是星期三，今天星期四。
A：这样子，明天岂不是要考试了啊？我还没复习呢！
B：这样子，我们今晚去图书馆复习吧！
A：好！

Tēin gēinf 3　Ga já gēi do huâo lô
情景 3　今天多少号了

伝字(wā'ng têid)：
A：Ga já gēi do huâo lô?
B：Xǎ'p huâo lô, dõu má oô?
A：Xǎ'p huâo co vǒu, xěi mô? Co bä ïu hǎ ga singf, duäo xī hâub gëi dà tāyl sẽinb vǒ wǒ.
B：Dà oô.

骨字(qà têid)：
A：家日几多号咯？
B：10 号咯，堵物哦？
A：10 号初五，是磨？初八要下家仙，到时候记得提醒我喔。
B：得哦。

汉字(hüngb têid)：
A：今天几号了？
B：10 号了，怎么啦？
A：10 号（是）初五，对吗？初八要祭祖，到时候记得提醒我哦。
B：行。

47

生词(xang tēi)：(◎听录音)

bä dĭm 八点,八点钟
däp xǎ'p 搭十,五十分
gal ca 加差,还差
lěng zèit têid 两只字,十分钟
gāu dĭm 九点,九点钟
vǒu fa'ng zongf 五分钟
mēin pä 明白
ga já 家日,今天
sein kēid sam 星期三
tód já 族日,昨天
sein kēid sëi 星期四

dōud já 祖日,明天
wõ 喔
ga mǎng 家晚,今晚
tōu xi gūn 图书馆
huâo 号
dōu má 堵物,什么事情,怎么,怎样
co vǒu 初五
co bä 初八
ïu 要
hǎ ga singf 下家仙,祭祖
duäo xī hâub 到时候

注释：

1. 吴川人将60分钟分为12等份,每一份为5分钟,俗称"àd zèit têid(一只字)",用"däp(搭)"或"däm(担)"将时点数和"têid(字)"数组合起来。组合时,省略"zèit têid(只字)"字眼。例如：

10点50分
10点搭10
10点担10

8点30分
8点搭半或8点半
8点担半或8点半

2. 不是"5分钟整数倍"的时间表述,一般用"dāud cà(走出)"或者"gal ca(加差)"来使时间成为"字(5分钟)"的整数倍。例如：

10点12分
十点搭二走出两分钟
十点担二走出两分钟

10点13分
加差两分钟十点搭三,十点搭三加差两分钟
加差两分钟十点担三,十点担三加差两分钟

(1) 一般而言,当多出的分钟数小于3分钟时,用"dāud cà(走出)"；大于或等于3分钟时,用"gal ca(加差)"。

(2) 当多出的分钟数为"2分钟"时,要说成"两分钟"。

3. 早上、上午、中午、下午、晚上、夜里的日常说法：

ziub ga duāo	ziub ga	äng ga	mǎng ga	yêb ga
朝家早	朝家	晏家	晚家	夜家
早上	上午	中午、下午	晚上	夜里

(1) "äng tē(晏斜)"本意指中午的阳光已经斜斜地射进了屋子里,故一般指上午与中午之交的时间段,有时也指太阳西沉的时间段,还可以指时间紧迫,处理事情的时间所剩无几。

（2）"gay tāyk（鸡啼）"或"gay tāyk tâib gẽi（鸡啼第几）"本意指夜已深，深到接近黎明时分，已经能听见鸡啼声。故一般指午夜时分，也可以指做事情做到很晚。

（3）"mong mong（蒙蒙）"，"ziub ga mong mong（朝家蒙蒙）"或"gay-x mā'ng tāyk（鸡阿文啼）"指黎明时分。

4. 前天、昨天、今天、明天、后天的日常说法：

tīngb já	tód já	ga já	dõud já	hâu já
前日	族日	家日	祖日	后日
前天	昨天	今天	明天	后天

5. 上两个月、上一个月、这个月、下一个月、下两个月的日常说法：

xêng lěng zèit wǐ	xêng-d zèit wǐ	gö zèit wǐ, gō zèit wǐ	hâ-d zèit wǐ	hâ lěng zèit wǐ
上两只月	上一只月	个只月，果只月	下一只月	下两只月
上两个月	上一个月	这个月	下一个月	下两个月

注："gō zèit wǐ（果只月）"既可以指"这个月"，也可以指"那个月"。

6. 大前年、前年、去年、今年、明年、后年、大后年的日常说法：

tâi tīngb nīng	tīngb nīng	kâu nīng	ga nīng	mēin nīng	hâu nīng	tâi hâu nīng
大前年	前年	旧年	家年	明年	后年	大后年
大前年	前年	去年	今年	明年	后年	大后年

7. 伝语在表示未来比较短的时间时，往往要在时间前面加"加"或"阿"。如：加祖日、阿后日、加两日、阿两日、加祖晏、阿后朝。

练习：

1. 熟读和背诵课文。

2. 完成下列句子。

（1）A：Gö câ'ng-j gẽi do dĭm lô?

B：_____, gal ca _____.

（2）A：Ga já _____, xǐ mô?

B：Tód já ne _____, ga já _____.

A：A gö dēi, _____?

3. 将下列句子翻译成伄语。
(1) 现在几点了?
(2) 现在 5 点了。
(3) 今天星期几?
(4) 今天星期四。
(5) 今天几号了?
(6) 今天 5 号,初二。

Tâib gãu föd　Bäi fũngb
第九课　拜访

Tēin gẽinf 1　Täm fũngb pā'ng yăuf
情景 1　探访朋友

伩字（wā'ng têid）：
A：Yǎu jā'ng tuôi ò mô?
B：À jā'ng zèit aâ?
A：A Mâu aâ.
B：Fäif fäif jǎ'p luōi, tě zib ěi gẽi, vǒ za'm bui xuī bēi něi.
A：Mǒu xāy oô, vǒ tě-d câ'ng-j huī hëi lô.

骨字（qà têid）：
A：有人在屋磨？
B：阿人只啊？
A：阿茂啊。
B：快快入来,坐支椅几,我斟杯水比你。
A：无使哦,我坐阿阵儿回去咯。

汉字（hüngb têid）：
A：有人在家吗？
B：谁啊？
A：我是阿茂。
B：快快进来,坐这椅子吧,我倒杯水给你。
A：不用了,我坐一会儿就回去了。

Tēin gẽinf 2　Bäi fũngb xang pêin gö pā'ng yăuf
情景 2　拜访生病的朋友

伩字（wā'ng têid）：
A：Xa'ng tāy-x nëng dēi lô?
B：Huão-j lê, gõ-j tingf xī, duŕd yōng yî lāuc hāng gūmb muâo.
A：Vǒ mâi lěng zèit pēink gö bēi něi, mǒu ziq hõu hàt-x mǒu hõu hàt.
B：Yâud xāy mâi má luōi-d, gä'mb häd hëid.

51

骨字（qà têid）：

A：身体阿诀子咯？

B：好呢咧，果呢天时，最容易流行感冒。

A：我买两只苹果比你，无知好吃阿无好吃。

B：又使买物来啊，咁客气。

汉字（hüngb têid）：

A：身体怎样啦？

B：好点了，这种天气，最容易得流行感冒。

A：我买了几个苹果给你，不知道好不好吃。

B：哪用买东西来啊，这么客气。

Tēin gēinf 3　Tuôi ò lěic ängb tēin pā'ng yǎuf
情景3　在家里宴请朋友

伝字（wā'ng têid）：

A：Ga mǎng mǒu xāy buao fâng lê, dang jāu jó dou mâi duāod xēin xǎ'p ga'ngd dèit lê.

B：Xǐ nôb, yǎu mâi duāod be dāuk mô? Xiu haod mǒu be dāuk, mǒu göb yǎ'ngb wǒ.

A：Xīu-j hàt gō-j má aâ, mâi lěng pēinl hō luä ne za'ng xá gõ.

C：M̥, mǒu tö.

骨字（qà têid）：

A：家晚无使煲饭咧，单牛肉都买倒成十斤的咧。

B：是哪，有买倒啤酒磨？烧烤无啤酒，无过瘾喔。

A：少呢吃果呢物啊，买两瓶可乐呢真实果。

C：呣，无错。

汉字（hüngb têid）：

A：今晚不用煮饭啦，光牛肉都买了近十斤了。

B：对了，啤酒有没有买了？烧烤没有啤酒，不够过瘾哦。

A：少喝点那些东西，买两瓶可乐还差不多。

C：嗯，不错。

生词（xang tēi）：（◎听录音）

tuôi ò 在屋，在家
à jā'ng 阿人，谁

fäif fäif jǎ'p luōi 快快入来，快快进来
tě zib ēi gēi 坐支椅几，坐这张椅子

52

za'm bui xuĭ 斟杯水,倒杯水
mŏu xāy 无使,不用
tingf xī 天时,天气,气候
duĭd 最
yōng yî 容易
lāuc hāng gūmb muâo（患）流行感冒
pēink gõ 苹果
häd hëid 客气
dang 单,单是,光光
jāu jó 牛肉

xēin xǎ'p ga'ngd 成十斤,将近十斤
be dāuk 啤酒
xiu haod 烧烤
göb yǎ'ngb 过瘾
gõ-j má 果呢物,那种东西
pēinl 瓶
hõ luä 可乐
za'ng xá 真实,实在
m̩ 呣,嗯
mŏu tö 无错,不错

注释:
1.伝语的"hàt(吃)",不但包括吃,也包括喝。例如:

　　hàt fâng　　　　　　　　hàt xuĭ
　　吃饭　　　　　　　　　吃水

2."À jā'ng zèit aâ?（阿人只啊?）"可以省略成"Jā'ng zèit aâ?（人只啊?）"。

练习:
1.熟读和背诵课文。

2.完成下列句子。
（1）A:Yǎu jā'ng _____?
　　　B:_____?

（2）A:Xa'ng tāy-x nëng dĕi lô?
　　　B:_____.

（3）A:Vŏ mâi _____, _____.
　　　B:_____.

3.将下列句子翻译成伝语。
（1）有人在家吗?
（2）你坐这里吧。
（3）不用这么客气。
（4）你要喝啤酒吗?
（5）你喝不喝可乐?

53

Tâib xǎ'p föd　Tingf hëid kông hëid hâub
第十课　天气和气候

Tēin gēinf 1　Tingf hëid
情景 1　天气

伝字（wā'ng têid）：

A：Eid yâ, jǐ tāu däy göb fõ, xéitb tāu-x xäi bäo.

B：Dā'ng câ'ng-j dà lô, tód măng tingf hëid yîl buäo gāng ga já yǎu xuȳ luäk.

A：A gö dēi duȳd huão lo.

骨字（qà têid）：

A：哎哟,热头帝过火,石头阿晒爆。

B：等阵儿得咯,族晚天气预报讲家日有水落。

A：阿个子最好咯。

汉字（hüngb têid）：

A：哎哟,太阳比火还猛,石头都晒爆了。

B：等一会儿就好了,昨晚天气预报说今天有雨。

A：那最好啦。

Tēin gēinf 2　Hëid hâub
情景 2　气候

伝字（wā'ng têid）：

A：Vōu Cun ni hëid hâub dou hõ yǐz wǒ.

B：M̧, mǒu tö. Àd nīng duäo tāu dou mǒu gēi do já lăng gö.

A：A nëng gāng dou xǐ jǐ däi têi keib, yâud käo gangd lā'mb huõi.

B：M̧, dā'ng vǒ luǎo tâi, huī Vōu Cun yěng luǎo.

骨字（qà têid）：

A：吴川呢气候都可以喔。

B：嗨,无错。一年到头都无几多日冷个。

A：阿詏讲都是热带地区,又靠江临海。

B：呣,等我老大,回吴川养老。

汉字(hüngb têid)：
A：吴川的气候还不错啊。
B：嗯,对。一年下来都没几天冷的。
A：怎样说都是热带地区,又靠江临海。
B：嗯,等我老了,回吴川养老。

Tēin gēinf 3　Fä tâi dä'mb
情景 3　水淹

伝字(wā'ng têid)：
A：Cà mūn däi yĭx zef wǒ, tingf hëid yîl buäo gāng ga já luäk tâi xuī wǒ.
B：Gö gēi já, já já dou yǎu xuī luäk.
A：M̦, sa'ng mā'ngf dou buäo, hōu do dä cĭf hām cīu fangf.
B：Hâd qäyk ni tingf hëid dou xǐ-x gö dēi gö la.

骨字(qà têid)：
A：出门带雨遮喔,天气预报讲家日落大水喔。
B：个几日,日日都有水落。
A：呣,新闻都报,好多 dä 处咸潮翻。
B：夏季呢天气都是阿个子个啦。

汉字(hüngb têid)：
A：出门要带雨伞哦,天气预报说今天会下大雨。
B：这几天,天天都下雨。
A：嗯,新闻都有报道,很多地方发生洪涝灾害。
B：夏天的天气都是这样子的啦。

生词(xang tēi)：(◎听录音)

eid yâ 哎呀,哎哟	hëid hâub 气候
jī tāu 热头,太阳,阳光	hō yĭz 可以,不错
däy göb fō 帝过火,(阳光)比火还猛	àd nīng duäo tāu 一年到头,一年下来
xéitb tāu 石头	lăng 冷
xäi bäo 晒爆	a nĕng gāng 怎样说,毕竟
tingf hëid yîl buäo 天气预报	jī däi tēi keib 热带地区
yǎu xuī luäk 有水落,有雨下	käo gangd lā'mb huõi 靠江临海
duïd huäo 最好	luäo tâi 老大,老了

yěng luǎo 养老
fā tāi dä'mb 发大浸,水淹,洪水
cà mūn 出门
däi 带
yǐx zef 雨遮,雨伞

sa'ng mā'ngf 新闻
hōu do dä cīf 很多地方
hām cīu fangf 咸潮翻,洪涝
hâd qäyk 夏季
tingf hëid 天气

注释：

1. a câ'ng-j、ā câ'ng-j、à câ'ng-j、ǎ câ'ng-j、aa câ'ng-j、aā câ'ng-j、aà câ'ng-j、aǎ câ'ng-j 皆为"阿阵儿"，即"一会儿"。

2. āf、àd、yà、aāf、aàb 皆为"一"，但用法不完全相同。
（1）āf、àd、aāf、aàb 为口语常用词,其中 àd 最常用。
（2）yà 为正式用词,主要用于文读或读数。

3. 伝语中,"遮、洋遮"即"伞","雨遮"即"雨伞"。

4. 如何用伝语表达"的、地、得"。

汉语	伝语		例子	
			汉语	伝语（骨字）
的	ni（呢）		吴川的气候	吴川呢气候（可以进行儿合）
	gö（个）		吴川的气候	吴川个气候
		无数量	吴川的气候	吴川气候
		有数量	我的女儿	我只酬女①
	dèit（的）		我的女儿们	我的酬女②
地	—		努力地做	比心机做
	hëi（去）		努力地做	比心机去做
	dèit（的）		慢慢地做	悠悠的做
	gö（个）		慢慢地做	悠悠个做
得	dà（得）		吃得好	吃得好
	dèit（的）		吃得好	吃的好
	duāo（到）		高兴得不得了	爽到爆

备注：

（1）"我只酬女"，即"我一只酬女"。数词为"一"时,可以省略,其他数词则不可省略,如："我两只仔""我两架车"。

（2）"的"在伝语中常被用作指示代词"这、这些,那、那些",一般指复数或不可数。

练习：

1. 熟读和背诵课文。

2. 完成下列句子。

(1) A：Eid yâ, jï tāu däy göb fõ, _____.
　　B：_____, tód mǎng _____.
　　A：_____.

(2) A：Cà mūn _____, tingf hëid yîl buäo _____.
　　B：Gö gēi já, _____.
　　A：Ṃ.

3. 将下列句子翻译成伝语。
(1) 阳光太猛烈了。
(2) 天天都下雨。
(3) 出来要带伞哦。
(4) 回老家养老。
(5) 吴川这地方靠江临海，气候不错。

第三部分:语音会话(二)

Tâib xǎ'p yà föd Mâi má
第十一课 购物

Tēin gēinf 1　Mâi xi
情景 1　买书

伝字（wā'ng têid）：

A：Mǒu guoi mâ'ng hǎ, něi gēi yǎu guao sam fòl tǎ'p deid lîu mâib mô?

B：Yǎu, něi ïu mâi sing ni fo mób gö oô?

A：Jǐh Mā'ng kông Ein Jǐh.

骨字（qà têid）：

A：无该问下,你几有高三复习资料卖磨?

B：有,你要买先呢科目个哦?

A：语文共英语。

汉字（hüngb têid）：

A：请问一下,你这有高三复习资料卖吗?

B：有,你要买哪些科目呢?

A：语文和英语。

Tēin gēinf 2　Mâi xuĩ gõ
情景 2　买水果

伝字（wā'ng têid）：

A：Pēink gõ gēi do tīng-d ga'ngd aâ?

B：Tǎyb wayb cāu, wayb gö ló mein zĭz-d ga'ngd, cāu dĭm-j gö sam mein.

A：Gä'mb qäy aāb.

B：Sam mein zĭz-d ga'ngd dou qäy aāb?

A：Gõ-j cāu-d dây, wayb gö vǒu mein zĭz dou dà-w pab.

B：Sün lê, mǒu kông něi gāng gäx lê, vǒu mein vǒu zĭz, buäb něi hâ-d tëi huĩ tāu lǒ.

A：Cein cein gõ dèit bẽi vǒ tǎyb tāyb gö.

B：Vam vam lěng ga'ngd, xǎ'p yà mein zĭz.

60

骨字（qà têid）：

A：苹果几多钱一斤啊？

B：睇威丑,威个6 銀纸一斤,丑点儿个3 銀。

A：咁贵啊。

B：3 銀纸一斤都贵啊？

A：果呢丑阿弟（dây）,威个5 銀纸都得咯吧？

B：算咧,无共你讲价咧,5 銀5 纸,搏你下一次回头咯。

A：称称果的比我睇睇个。

B：啱啱两斤,十一銀纸。

汉字（hüngb têid）：

A：苹果多少钱一斤啊？

B：看漂不漂亮,漂亮的6 块钱一斤,差一点的3 块。

A：这么贵啊。

B：3 块钱一斤还贵啊？

A：这些太差了,漂亮的5 块一斤行不行？

B：算了,不和你讲价了,5 块5,希望你能成为回头客。

A：称一下这些看看。

B：刚好两斤,十一块钱。

生词（xang tēi）：（◎听录音）

mǒu guoi mâ'ng hǎ 无该问下,请问一下	ga'ngd 斤
guao sam 高三	wayb cāu 威丑,美丑
deid lîu 资料	mein zǐz 元
mâib 卖	qäy 贵
sing ni 先呢,哪些	ā dây 太,非常
fo mób 科目	pab 语气词,吧
jǐh mā'ng 语文	sün lê 算咧,算了
kông 共,和	gäng gäx 讲价
ein jǐh 英语	buäb 搏,希望
pēink gõ 苹果	huī tāu 回头
gēi do tīng 几多钱,多少钱	cein cein 称称,称一下

61

注释：

1. 数词

yà	jî	sam	sëi	vǒu
一	二	三	四	五
ló	tà	bä	gãu	xǎ'p
六	七	八	九	十
bäh	ting	mâng	èit	
百	千	万	亿	

2. 量词：常用量词

zèit	只	最常用的量词,包括有生命和无生命的
tīud	条	管状物品、衣服等
mein	鈠	钱
gâu	一	块状物
dau	兜	管状物品、衣服等
pēinl	瓶	瓶状物
dunb	樽	瓶状物
bũn	本	书籍
tuôib	袋	袋装物品
bao	包	袋装物品

3. 货币单位的使用

汉字	伝字		备注
分	fa'ng		—
角	gäj		—
元	mein	mein zīz	金额<20元,一般用 mein 或 mein zīz
	zīz	mein zīz	20元≤金额<100元,且为10元的整数倍,一般用 mein zīz 或 zīz
	zīz		金额≥100元,且为10元的整数倍,一般用 zīz
	—		金额≥100万元,一般不带货币单位

（1）表中货币单位的使用情况,为习惯性用法,非固定用法。

（2）"mein zīz"也可以用在"金额≥100元"和"金额≥100万元"的情况。如:120元,可以说成"百二纸",也可以说成"一百二十鈠纸"。

（3）一般而言,"mein"和"mein zīz"表示金额的数额较小,"zīz"表示数额较大,不带货币单位表示数额很大。

(4)伩语中,"散纸""纸儿(zĭz-j)""散纸儿(zĭz-j)"皆指"零钱"。

4.指示代词

| gö—个—这
nâ—那 | gö dèit—个的—这些
nâ dèit—那的—那些 | gõ—果—这、那
dèit—的—这、那;这些、那些
ni—呢—这、那;这些、那些
gõ dèit—果的—这些、那些
gõ ni—果呢—这些、那些
zèit—只—这个、那个 |

(1)指示代词"gõ(果)"一般带量词,或与"ni(呢)""dèit(的)"进行组合,而非单独使用。
(2)指示代词"只(zèit)"是"果只、个只、那只"的省略用法,可作后置定语,如:"阿人只啊"。
(3)除"只(zèit)"外,"的(dèit)"和"呢(ni)"也可作后置定语。

练习:
1.熟读和背诵课文。

2.完成下列句子。
　(1)A:Mǒu guoi mâ'ng hǎ, něi gēi yǎu ＿＿＿＿＿＿＿＿＿＿＿?
　　　B:Yǎu, ＿＿＿＿＿＿＿＿＿＿＿＿＿?
　　　A:＿＿＿＿＿＿＿＿＿＿＿＿.

　(2)A:＿＿＿＿＿＿＿＿ gēi do tīng-d ga'ngd aâ?
　　　B:Tãyb wayb cāu, ＿＿＿＿＿＿＿＿＿＿＿＿.
　　　A:＿＿＿＿＿＿＿＿＿＿＿＿.

3.将下列句子翻译成伩语。
(1)我要买一本书。
(2)我要买十斤苹果。
(3)你这件衣服好漂亮啊。

Tâib xǎ'p jî föd   Dã tîng wâ
第十二课 打电话

Tēin gēinf 1   Dã tîng wâ
情景1 打电话

伝字（wā'ng têid）：
A：Wãy-x, a Mǎy-j xǐ mô? Vǒ xǐ-x Dong aâ.
B：Ô, a Dong tôb, ā má xî mab?
A：Vǒ dã něi-x ba xāu geix, něi-x ba xāu geix qang geix lê, něi ziq kēi hëi-x cïf lô mô?
B：Vǒ mǒu ziq wǒ, dã'ng-x câ'ng-j kēi huī luōi vǒ kông kēi gāng-d xein lo.
A：M̩, huão, xǐ-x gö děi.
B：M̩, xǐ-x gö děi.

骨字（qà têid）：
A：喂,阿米儿是磨？我是阿东啊。
B：哦,阿东堕,阿物事吗？
A：我打你阿爸手机,你阿爸手机关机咧,你知其去阿处咯磨？
B：我无知喔,等阿阵儿其回来我共其讲一声咯。
A：呣,好,是阿个子。
B：呣,是阿个子。

汉字（hüngb têid）：
A：喂,你是不是阿米儿啊？我是阿东。
B：哦,阿东啊,有什么事吗？
A：我打你爸爸的手机,你爸爸的手机关机了,你知道他去哪里了吗？
B：我不知道哦,等一下他回来了,我跟他说一下。
A：嗯,好,先这样。
B：嗯,先这样。

Tēin gēinf 2　Dã tö tîng wâ
情景 2　打错电话

伝字（wā'ng têid）：

A：Wãy-x, a Mǎy-j mab? Něi-x ba huī luōi mā oô?

B：Něi dā tö-w pab, vǒ mǒu xǐ-x Mǎy-j wǒ.

A：Â, mǒu huāo ëi seik, dā tö lê.

B：Mǒu gā'ngk ïu.

骨字（qà têid）：

A：喂,阿米儿吗? 你阿爸回来嘛哦?

B：你打错咯吧,我无是阿米儿喔。

A：啊,无好意思,打错咧。

B：无紧要。

汉字（hüngb têid）：

A：喂,阿米儿吗? 你爸爸回来了吗?

B：你打错了吧,我不叫阿米儿。

A：啊,不好意思,打错了。

B：不要紧。

生词（xang tēi）：(◎听录音)

wãy-x 打电话开头语,喂	mǒu ziq 无知,不知道
mǎy 米,人名	xǐ-x gö děi 打电话结束语,是阿个子,先这样
ā má xî 阿物事,什么事	tö 错
dā 打	mǒu huāo ëi seik 无好意思,不好意思
xāu geix 手机	gā'ngk ïu 紧要,要紧
qang geix 关机	

注释：常用的打电话结束语。

1. xǐ-x gö děi—xěi-x gö děi—是阿个子
2. xǐ-j gö děi—是呢个子

练习：

1. 熟读和背诵课文。

65

2.完成下列句子。

(1) A：Wãy-x, _____? Vǒ xǐ-x _____ aâ.

　　B：Ô, _____ tôb, _____?

(2) A：Â, _____, dã tö lê.

　　B：_____.

3.将下列句子翻译成伝语。

(1)喂,你是阿东吗?

(2)我不是阿东,我是阿英。

(3)先这样说吧。

(4)不好意思,打错电话了。

(5)没事,这不重要。

Tâib xǎ'p sam föd　Gäob yóf
第十三课　教育

Tēin gēinf 1　Dà dēng
情景1　获奖

伝字(wā'ng têid)：
A：Něi zèit dãy tó xi yǎu hâng nā'ng hâi nôb, nīng nīng-x yǎu dēng.
B：Něi zèit hum něib nīng gal dou yǎu aab?
A：Kēi gāuk gāuk yǎu, gāuk gāuk mǒu, mǒu dà wā'ng têin.

骨字(qà têid)：
A：你只仔读书有限能懈哪，年年阿有奖。
B：你只酾女年加都有啊？
A：其久久有，久久无，无得稳定。

汉字(hüngb têid)：
A：你儿子读书很聪明啊，年年都得奖。
B：你女儿每年也有吧？
A：她有时有，有时没有，不能稳定。

Tēin gēinf 2　Dã gao
情景2　打架

伝字(wā'ng têid)：
A：Tēin mā'ngf gāng, něi zèit dãy kông jā'ng dã gao, qät xengb jā'ng ga lê, xǐ mô?
B：Xěi cad, gö zèit täyb yēng něu, mǒu xèit tingf kông têi, ca dǐm-j zuäb jā'ng ga dǎ'm huī xäy. Puīd duäo xēin lěng mâng zīz běi jā'ng lê, něi dèit tīuf xang tīuf sēi-x mā'ng wā'ngb duäod gö lěng mein zīz!
A：Mǒu xäy gèitf aâ, nông-j mǒu xèit xî, huāo huāo gäob yóf gäob yóf, tâi zèit mǒu yaub lô.

骨字(qà têid)：
A：听闻讲，你只仔共人打交，qät 伤人家咧，是磨？
B：是嗟！个只涕阳 něu，无识天共地，差点儿捉人家 dǎ'm 回世。赔到成两万纸比人咧，你的跳生跳死阿文搵倒果两鈠纸！

67

A：无使激啊,婴儿无识事,好好教育教育,大只无忧咯。

汉字(hüngb têid)：
A：听人说,你儿子和别人打架,打伤人家了,是吗?
B：可不是!这个臭小子,不知天高地厚,差点将别人打到没命。已经给人家赔了近两万块,你拼死拼活才赚不到这两块钱!
A：别生气,小孩不懂事,好好教育教育,长大了就不会了。

注释：
1. 情景1中的"gö zèit täyb yēng nëu"明显表达出父亲对儿子不良行为的不满,所以"gö"字应当重读。另外,"涕阳 nëu"也称"涕阳",意思为"小屁孩,臭小子"。
2. 根据声调语言的惯例,情景变调不做特殊标明。因为,与文字合音不同,情景变调仅表达情感程度,而不含文字意义上的改变。
3. 文中"无识天共地"更常用的说法为"无识生共死"。

生词(xang tēi)：(◎听录音)

tó xi 读书	ca dīm-j 差点儿,差一点
nā'ng hâi 能僻,聪明	zuäb 捉,将,把
hum něib 酣女,女儿	dā'm 口语,打
nīng gal 年加,历年,每年	huī xäy 回世,没命,死
gāuk gāuk 久久,有时候	puīd 赔
wā'ng têin 稳定	tīuf xang tīuf sēi 跳生跳死,拼死拼活
tëin mā'ngf gāng 听闻讲,听说	wā'ngb duāod 搵倒,赚到,找到
dā gao 打交,打架	gèitf 激,生气
qät xengb 打伤	nông-j 孩子
jā'ng ga 人家,别人	mǒu xèit xî 无识事,不懂事
cad 嗟,语气词	gäob yóf 教育
täyb yēng nëu 臭小子	tâi zèit 大只,长大了
mǒu xèit tingf kông têi 无识天共地,不知天高地厚	mǒu yaub 无忧,不会

练习：

1. 熟读和背诵课文。

2. 完成下列句子。
(1) A：Něi zèit dāy _____, nīng nīng-x _____.
　　B：_____ nīng gal _____ aab?
　　A：_____, mǒu dà wā'ng têin.

（2）A：Tëin mā'ngf gāng,＿＿＿＿＿＿＿＿＿＿＿＿＿＿＿＿，xǐ mô？

　　B：Xěi cad,＿＿＿＿＿＿＿＿＿＿＿＿＿＿＿＿．

　　A：＿＿＿＿＿＿＿＿＿＿＿＿＿＿＿＿．

3.将下列句子翻译成伩语。

(1)你女儿读书真聪明。

(2)你今年获奖了吗？

(3)打架是不对的。

(4)小孩子不懂事,要好好教育。

(5)每天拼死拼活的,也赚不到多少钱。

Tâib xǎ'p sëi föd　Gao tongk
第十四课　交通

Tēin gēinf 1　Mâ'ng lôu
情景 1　问路

伝字（wā'ng têid）：
A：Mǒu guoi mâ'ng hǎ, xǐb cēngb tuôi-x cǐf oô?
B：Ga'm dau lôu céit hāng, duäo xǎ'p têid lôu hāu dõ zūnf câu xǐ lê.
A：Do têb wǒ.

骨字（qà têid）：
A：无该问下,市场在阿处哦?
B：今兜路直行,到十字路口左转就是咧。
A：多谢喔。

汉字（hüngb têid）：
A：请问一下,市场在哪里?
B：沿着这条路直走,到十字路口左转就是了。
A：多谢了。

Tēin gēinf 2　Sà ce
情景 2　塞车

伝字（wā'ng têid）：
A：Ga já yǎu hâng sà nôb.
B：Fäif göb nīng lê, ray têin sà gö la.
A：M̥, ni ce tūn pôud dou huī luōi lê.
B：Ni jā'ng bāi má yâud bāi cà tīud gaib dèit, mǒu sà tuōi qäi.

骨字（qà têid）：
A：家日有限塞哪。
B：快过年咧,规定塞个啦。
A：姆,呢车全部都回来咧。
B：呢人摆物又摆出条街的,无塞才怪。

汉字（hüngb têid）：

A：今天好堵啊。
B：快过年了,肯定堵的啦。
A：嗯,那些车全部都回来了。
B：那些人摆东西又摆到街上去了,不堵才怪。

注释：

1. 情景2中的"mǒu sà tuōi qäi（无塞才怪）"为青少年的新潮说法,日常说法为"mǒu sà a qäi（无塞阿怪）"或"mǒu sà a cà kēiz（无塞阿出奇）"。
2. 伝语中,"街"的量词一般为"兜"。现在越来越多的人将"条"用作"街"的量词,主要是受普通话影响所致。
3. 伝语最常用的连词为"a（阿）""mā（嘛）"。

生词（xang tēi）：（◎听录音）

mâ'ng lôu 问路	sà ce 塞车
xǐb cēngb 市场	ray têin 规定,肯定
ga'm 今,沿着	ni 呢,这些,那些
dau 兜,条	tūn pôud 全部
lôu 路	bāi má 摆物,摆东西
céit hāng 直行,直走	tīud 条
xǎ'p têid lôu hāu 十字路口	gaib 街
dõ zūnf 左转	tuōi qäi 才怪

练习：

1. 熟读和背诵课文。

2. 完成下列句子。

（1）A：Mǒu guoi mâ'ng hǎ, _____?
　　B：_____ céit hāng, duäo _____ câu xǐ lê.
　　A：Do têb wǒ.

（2）A：Ga já _____ nôb.
　　B：_____, ray têin _____ gö la.

3.将下列句子翻译成伝语。

(1)请问,市场在哪里?

(2)沿着这条路直走,就可以了。

(3)今天塞车了。

(4)路上好多车。

(5)要过年了,大家都回家了。

Tâib xǎ'p vǒu föd　Lěif yāud
第十五课　旅游

Tēin gẽinf 1　Tãyb huõi
情景 1　看海

伝字（wā'ng têid）：
A：Něi gūl vǒ dā'ng câ'ng-j ïu hëi-x cïf lô?
B：Cà huõi.
A：Vam! Něi-x něng ziq gö oô?
B：Vǒ tãyb cong něi däi wêin eih lê.

骨字（qà têid）：
A：你估我等阵儿要去阿处咯？
B：出海。
A：啱！你阿诶知个哦？
B：我睇充你带泳衣咧。

汉字（hüngb têid）：
A：你猜我等一下要去哪里呢？
B：去海边。
A：对！你怎么知道的呀？
B：我看见你带泳衣了。

Tēin gẽinf 2　Cà guä lěif yāud
情景 2　出国旅游

伝字（wā'ng têid）：
A：Tēin mā'ngf gãng, něi vam vam zà guä wâyc huī luōi gal, xǐ mô?
B：Xěi oô, hëi Au Zaud kông Měi Guä läm gö bā wǐ lā.
A：Mā ïu hõu do tīng?
B：Xēin bün nīng gongb deid dèit lê.

骨字（qà têid）：
A：听闻讲,你啱啱质国外回来加,是磨？

B：是哦，去欧洲共美国 läm 个把月啦。
A：嘛要好多钱？
B：成半年工资的咧。

汉字（hüngb têid）：
A：听说，你才刚刚从国外回来，对吗？
B：对，去欧洲和美国玩了个把月。
A：那岂不是要很多钱？
B：花了将近半年的工资。

生词（xang tēi）：（◎听录音）

gūl 估，估计，猜
cà huōi 出海，去海边
vam 啱，对
tāyb cong 看见
wêin eih 泳衣
zà 质，在，从
guä wâyc 国外

au zaud 欧洲
měi guä 美国
gö bā wī 个把月
mā 嘛，那岂不是
tīng 钱
bün nīng 半年
gongb deid 工资

练习：
1.熟读和背诵课文。

2.完成下列句子。
（1）A：Něi gūl _____？
　　　B：_____.
　　　A：Vam! _____？
　　　B：Vǒ _____.

（2）A：Tëin mā'ngf gāng, _____, xǐ mô？
　　　B：Xěi oô, _____.

3.将下列句子翻译成伝语。
(1)你猜我要去哪里？
(2)去旅游要花很多钱的。
(3)带上泳衣到海里游泳去。
(4)我刚刚从国外回来。
(5)大海好漂亮啊！

第四部分：阅读

Tâib xǎ'p ló föd　　Tūngl xib
第十六课　唐诗

Tâib yà xãub：
第一首：

Têinf yêb seik
　　　　　　Lěi Pä

Xūng tīngb mēin wǐ gungx,
Jīx xǐ têi xêng xungb.
Gēib tāu mûng mēin wǐ,
Dayd tāu seik gü hengb.

静夜思
　　　李白

床前明月光，
疑是地上霜。
举头望明月，
低头思故乡。

Tâib jî xãub：
第二首：

Ca'ng hĩu
　　　　Mǎngb Huâob Yīng

Ca'ng mīng bà gä hĩu,
Cǐf cǐf mā'ngf tāyk nĩu.
Yêb luōi fongk yǐx xein,
Fa luäk ziq do xīu.

春晓
　　　孟浩然

春眠不觉晓，
处处闻啼鸟。
夜来风雨声，
花落知多少。

生词(xang tēi):(◎听录音)

têinf yêb seik 静夜思	dayd tāu 低头
lěi pä 李白,人名	gü hengb 故乡
xūng tīngb 床前	ca'ng hĭu 春晓
mēin wĭ 明月	mǎngb huâob yīng 孟浩然,人名
gungx 光,亮	mīng 眠
jīx xĭ 疑是	bà gä 不觉
têi xêng 地上	tāyk nĭu 啼鸟
xungb 霜	fongk yĭx xein 风雨声
gēib tāu 举头	fa luäk 花落
mûng 望	do xīu 多少

注释:

1. 东川(鉴江)伝僚自唐朝开始汉化,借用汉字拼写本族语言,并最终融入汉族,从而形成了汉读、伝读和口语三种读音。其中,汉读,即文读,是读文章时所采用的读法。故阅读时,多采用汉读音。例如:

(1)"文武生"的汉读音为"mā'ng mǒul xang",伝读音为"mā'ng fǔf xang"。

(2)"是"的汉读音为"xǐ",伝读音为"xěi"。

2. 伝语产生汉读、伝读和口语三种读音的原因。

(1)伝语中,汉读为读文章时,将读音往各个时期的标准汉语发音靠拢所致,是东川伝僚接受汉化的必然结果。例如:"鳌"的汉读音为"vuāok","泥淖"的汉读音为"nāy nâob"。

(2)伝读则是在汉化的过程中,借用汉字表达本族语言所致,即用汉字的意来表伝字的音。例如:"鳌"的伝读音为"kûngb","泥淖"的伝读音为"nāy pângd"。

(3)另外,汉读和伝读的产生与误读也有关系。一个汉字,读错的人多了,那么这个汉字就会出现两种读音。其中,用于文章朗诵的读音,变成了汉读音,用于日常用语的读音,变成了伝读音。例子如下:

①"忏"的读音原本为"cängh",但由于很多人将其错读为"timc",所以"忏"字就有了两种读音。又因为"cängh"被多数人用于文章朗诵,故成了汉读音,"timc"则成了伝读音。相同的例子还有很多,如"颧—rīngl—günk"等。

②"徘"的读音原本为"puīk",但由于很多人将其错读为"pāif",所以"徘"字就有了两种读音。又因为"pāif"被多数人用于文章朗诵,故成了汉读音,"puīk"则成了伝读音。

③伝语中,因误读而产生新读音的字有很多。其中,比较典型的例子还有:

汉字	原本读音(伝读)	新读音(汉读)
蟾蜍	kā'ml xī	xīmk yībb
生肖	xang tĭud	xang siu

（4）口语则是因为语言的差异，无法用汉字直接标记对应的伝字所致。例如："vã'ng（肮脏）""lăm（玩耍）"。

（5）此外，伝语还有一些广府白话和英语的转读。例如："赐"的汉读音为"sëid"，伝读音为"sëd"，广府白话转读为"cïl"，"ko"则为英语"call"的转读。

3. 伝语中，也有不少字因多数人都读错了，结果产生了统一的读音，没有汉读和伝读的区分，如：

汉字	伝字	伝语读音产生的原因
吐蕃	töub fangd	将"蕃"读作"番"
谥号	èitl huâo	将"谥"读作"益"
鞑靼	täbb dängbb	将"靼"读作"旦"
靺鞨	mütbb kïbb	将"鞨"读作"揭"

4. 错读、误读的原因。
（1）辨音法。
辨音法是吴川人在汉化的过程中，逐渐形成的一种文读规律，它将标准汉语读音与特定的伝语读音绑定，如：

标准汉语读音（普通话拼音）	伝字原形
{ào}	âo、äo 等
{āi}	uoi
{ōu}	au
{biāo}	biu
{biǎo}	bïu
{píng}	pēin
{xīn}	sa'ng、sa'm、ha'm 等
{yān}	im、ïm 等
{yì}	ëi、ëit 等
{yīng}	ein

（2）辨形法则是俗称的"有边读边，无边读 kià"，在遇上不懂的汉字时，取其易懂的部分作为该汉字的读音。

（3）根据吴川人的汉字使用习惯，一般是先辨形，后辨音，而这便是错读、误读的根本原因。一个字读错的人多了，那么这个读音便会成为标准的读音，这也是伝语演化的重要原因——没有对错，只有多少；错的人多了，便成对的了。

练习：
1. 熟读和背诵课文。

2. 抄写课文全文。

3. 试将下文翻译成仾语。（◎听录音）

  咏鹅

    骆宾王

鹅,鹅,鹅,
曲项向天歌。
白毛浮绿水,
红掌拨清波。

Tâib xǎ'p tà föd　Sōngb tēi
第十七课　宋词

Tâib yà xāub：
第一首：

Nîm nōu giu · Cèitb Bèitf wāi gū
Sou Xèitz

Tâi gangd dong hëi, lûng tuāoz tâ'ng, ting gū fongk lāuc jā'ng má.
Gū luǐl say bing, jā'ng tuâof xǐ, sam guä Zau Lūngf Cèitb Bèitf.
Lûnb xéitb cunb hong, geink tuāol päq vûng, qīng hēi ting dui süt.
Gangd xangb yī wâf, yà xī do xīu huāo kïb.

Yīuk sēng Gongz Gā'ngl dung nīng, Sīu Kīuk co gäk lǐu, hōngl deih ein fä.
Yǐh xïng gunb ga'ngb, tām sïu gang, tēngd lǒuf hui fei ingl mï.
Gü guä xā'ng yāud, do tēin einf sïu vǒ, duäo xang wā fä.
Jā'ng xang yī môngˍ, yà dunb wāng luîbb gangd wï.

念奴娇·赤壁怀古
苏轼

大江东去,浪淘尽,千古风流人物。
故垒西边,人道是,三国周郎赤壁。
乱石穿空,惊涛拍岸,卷起千堆雪。
江山如画,一时多少豪杰。

遥想公瑾当年,小乔初嫁了,雄姿英发。
羽扇纶巾,谈笑间,樯橹灰飞烟灭。
故国神游,多情应笑我,早生华发。
人生如梦,一樽还酹江月。

Tâib jî xāub:

第二首：

Tiä kīu singf

Tā'ngk Gund

Timl wā'ngb lông hāof, fei sein cūnb hâ'ng, vā'ng hüngb tīub tīub üm tôuf.
Ga'mb fongk vó lôub yà seng fōng, pīng xëin hiä jā'ng gang mōu xöu.

Yāu tēin têil xuī, gaid kēid yī mông, jǎ'ng güb tiä kīu qay lôu.
Lěng tēin jiä xǐ gāuk cēng xī, yâud hěib tuôi ziub ziub môuh môuh.

鹊桥仙

秦观

纤云弄巧，飞星传恨，银汉迢迢暗度。
金风玉露一相逢，便胜却人间无数。

柔情似水，佳期如梦，忍顾鹊桥归路。
两情若是久长时，又岂在朝朝暮暮。

生词 (xang tēi)：(◎听录音)

sōngb tēi 宋词	süt 雪
nîm nōu giu 念奴娇,词牌名	gangd xangb yī wâf 江山如画
cèitb bèitf 赤壁,地名	yà xī 一时
wāi gū 怀古	huāo kǐb 豪杰
sou xèitz 苏轼,人名	yīuk sēng 遥想
tâi gangd 大江	gongz gā'ngl 公瑾,即周瑜,人名
lûng tuāoz tâ'ng 浪淘尽	dung nīng 当年
ting gū 千古	sīu kīuk 小乔,人名
fongk lāuc 风流	co gäk 初嫁
jā'ng má 人物	hōngl deih ein fä 雄姿英发
gü luǐl say bing 故垒西边	yǐh xīng gunb ga'ngb 羽扇纶巾
tuâof 道,说	tām sïu gang 谈笑间
sam guä 三国	tēngd lǒuf 樯橹
zau lūngf 周郎,即周瑜,人名	hui fei ingl mï 灰飞烟灭
lûnb xéitb cunb hong 乱石穿空	gü guä xā'ng yāud 故国神游
geink tuāol päq vûng 惊涛拍岸	do tēin 多情
qīng hēi 卷起	einf 应
ting dui 千堆	duāo xang wā fä 早生华发

jā'ng xang yī mông 人生如梦
dunb 樽
wāng luîbb 还酹
tiä kīu singf 鹊桥仙,词牌名
tā'ngk gund 秦观,人名
timl wā'ngb lông hāof 纤云弄巧
fei sein cūnb hâ'ng 飞星传恨
vā'ng hüngb 银汉,银河
tīub tīub 迢迢
üm tôuf 暗度
ga'mb fongk vó lôub 金风玉露
seng fōng 相逢

pîng 便
xëin hiä 胜却,胜过
jā'ng gang 人间
mōu xöu 无数
yāu tēin têil xuī 柔情似水
gaid kēid yī mông 佳期如梦
jǎ'ng gūb 忍顾
qay lôu 归路
jiä xǐ 若是,倘若
hēib 岂
ziub ziub môuh môuh 朝朝暮暮

练习:

1. 熟读和背诵课文。

2. 抄写课文全文。

3. 试用伝语读下文。(◎听录音)

浪淘沙

李煜

帘外雨潺潺,春意阑珊,罗衾不耐五更寒。
梦里不知身是客,一晌贪欢。

独自莫凭栏,无限江山,别时容易见时难。
流水落花春去也,天上人间。

Tâib xǎ'p bä föd   Yîng tuôif xib god
第十八课   现代诗歌

Tâib yà xāub:
第一首:

Gã yī xang wüt hei pïng lǐu něi
Põu Heik Ga'mb

Gã yī xang wüt hei pïng lǐu něi,
Bà ïu beil xengb, bà ïu sa'm gā'pb!
Yaub wà dèit já dēi lěic sei ïu zä'ngb têinf:
Seng sä'ng pâ, fäif luä dèit já dēi deng huî luōi lā'mb!
Sa'm ji wěin wǐng hëng wǔng ciä mêi luōi;
Yîng tuôi hiä xēngd xǐ yaub wà.
Yà cüt dou xǐ xä'ngb sèitz,
Yà cüt dou deng huî göb hëi;
Jīb nâ göb hëi lǐu dèit,
Tâu huî xēin wāy ta'ng cüt dèit wāi lūn.

假如生活欺骗了你
普希金

假如生活欺骗了你,
不要悲伤,不要心急!
忧郁的日子里须要镇静:
相信吧,快乐的日子将会来临!
心儿永远向往着未来;
现在却常是忧郁。
一切都是瞬息,
一切都将会过去;
而那过去了的,
就会成为亲切的怀恋。

Tâib jî xãub：

第二首：

Sä'ng nîm

A Mâu-j

Māy mūngb dèit sa'm, rä'ng eiz mângf cēng dèit hà yêb；
Yīf mêif yǐl mōu ziq, zef bäyb täu sèitd za'ng lěik dèit xung văng；
Māng mób dèit zuid tóx, zongb mōu fäc wǐng tïul za'ng ziq dèit pēi vûng.

Cǐ qà dèit hūngf fongk, dõngf xǐ cūn jǐu ciä xàf luäk dèit sa'm lēinx；
Lāy mēin dèit têih muäh, gěinl xǐ yī tēib yīuk wǐng；
Giub yēng dèit gungx mūng, hiä wāyb yǎu tuôi mông zong cângb fūng.

Wéit hēid, yîng xá dèit töng fūb gängb nā'ng ging têin nuôif sa'm dèit sä'ng jěng；
Sa'm lēinx dèit fud wûnf, zongb deng congb pö hà üm dèit luāob lōngb, cōng zā'p gungx mēin dèit sä'ng nîm；
Yîng tuôi, sä'ng nîm yǐ mǔn xa'ng sa'm：
Mêin wâ'ng deng bà duöi xāy vǒ ràd fó！

Sä'ng nîm zi gungx,
Yǎ'ng lěin vǒ duäd pǐ luäk já fāu wā'ngb,
Zë mǐuf sīu dèit sein kāub duöi yě mōu fäc còb fuä vǒ füng fei dèit lēinx wā'ngl,
Têib yāuh dèit sa'm lēinx zongb deng rab wǐf xī hong dèit gäid hâng！

Vǒ sa'm ging sä'ng, vǒ deng wǔng fāngb tingf têi, gāu tingf lǎmb wǐ, xāu zäd sein xā'ngk；
Vǒ sa'm ging sä'ng, vǒ deng fäk wāy cēng fongk, wāngf rab sein däyl, õng puǎo vā'ng hō；
Dongb kēi lôu mângf mângf,
Zī a'ng vǒ sa'm ging sä'ng：vǒ deng mōu xõ bà nā'ng！

信念

阿茂儿

迷茫的心，困于漫长的黑夜；
愚昧与无知，遮蔽透析真理的双眼；
盲目的追逐，终无法远眺真知的彼岸。

刺骨的寒风，总是缠绕着失落的心灵；
黎明的序幕，竟是如此遥远；
骄阳的光芒，却唯有在梦中绽放。

或许,现实的痛苦更能坚定内心的信仰;
心灵的呼唤,终将冲破黑暗的牢笼,重拾光明的信念;
现在,信念已满身心:
命运将不再使我屈服!

信念之光,
引领我作别落日浮云,
这渺小的星球再也无法束缚我放飞的灵魂,
自由的心灵终将跨越时空的界限!

我心坚信,我将往返天地,九天揽月,手摘星辰;
我心坚信,我将化为长风,横跨星际,拥抱银河;
纵其路漫漫,
只因我心坚信——我将无所不能!

生词(xang tēi):(◎听录音)

yîng tuôif 现代	yîng tuôi 现在
xib god 诗歌	hiä 却
gā yī 假如	xēngd 常
xang wüt 生活	yà cüt 一切
hei pïng 欺骗	xä'ngb sèitz 瞬息
pōu heik ga'mb 普希金,人名	deng huî 将会
bà ïu 不要	göb hëi 过去
beil xengb 悲伤	jīb 而
sa'm gā'pb 心急	nâ 那
yaub wà 忧郁	tâu huî 就会
já dēi 日子	xēin wāy 成为
lěic 里	ta'ng cüt 亲切
sei ïu 须要	wāi lūn 怀恋
zä'ngb têinf 镇静	sä'ng nîm 信念
seng sä'ng 相信	a mâu-j 阿茂儿,人名
pâ 吧,语气词	māy mūngb 迷茫
fäif luä 快乐	rä'ng eiz 困于
luōi lā'mb 来临	mângf cēng 漫长
wěin wǐng 永远	hà yêb 黑夜
hëng wǔng ciä 向往着	yīf mêif 愚昧
mêi luōi 未来	yǐ 与

85

mōu ziq 无知
zef bäyb 遮蔽
täu sèitd 透析
za'ng lěik 真理
xung văng 双眼
māng mób 盲目
zuid tóx 追逐
zongb 终
mōu fäc 无法
wǐng tïul 远眺
za'ng ziq 真知
pēi vûng 彼岸
cï qà 刺骨
hūngf fongk 寒风
dōngf xǐ 总是
cūn jǐu 缠绕
xàf luäk 失落
sa'm lēinx 心灵
lāy mēin 黎明
têih muäh 序幕
gēinl 竟
yī tēib 如此
yīuk wǐng 遥远
giub yēng 骄阳
gungx mūng 光芒
wāyb yău 唯有
mōng zong 梦中
cângb füng 绽放
wéit hēid 或许
yîng xá 现实
töng fūb 痛苦
gängb nā'ng 更能
ging têin 坚定
nuôif sa'm 内心
sä'ng jěng 信仰

fud wûnf 呼唤
congb pö 冲破
hà üm 黑暗
luāob lōngb 牢笼
cōng zā'p 重拾
gungx mēin 光明
yǐ mǔn 已满
xa'ng sa'm 身心
mêin wâ'ng 命运
bà duöi 不再
xāy 使
ràd fó 屈服
yǎ'ng lěin 引领
duäd pï 作别
luäk já fāu wā'ngb 落日浮云
zē 这
mīuf sïu 渺小
sein kāub 星球
còb fuä 束缚
füng fei 放飞
lēinx wā'ngl 灵魂
têib yāuh 自由
rab wïf 跨越
xī hong 时空
gäid hâng 界限
wǔng fāngb tingf têi 往返天地
gāu tingf lǎmb wï 九天揽月
xāu zäd sein xā'ngk 手摘星辰
fäk wāy cēng fongk 化为长风
wāngf rab sein däyl 横跨星际
õng puǎo vā'ng hö 拥抱银河
dongb kēi lôu mângf mângf 纵其路漫漫
zï a'ng 只因
ging sä'ng 坚信
mōu xõ bà nā'ng 无所不能

练习：

1. 熟读和背诵课文。

2. 抄写课文全文。

3. 试用伝语读下文。(◎听录音)

七夕

阿茂儿

星空,总是那样的迷人。
那是爱神赐予的祝福,
还是你眼中闪烁的泪光?

嘘!
可知银河两端,
那对痴情人儿,
已默守千年?

来,轻轻地告诉你:
只要能牵着你的手,
我宁愿抛弃整个宇宙。

Tâib xǎ'p gāu föd　Yîng tuôif mā'ng wïk tó（1）
第十九课　现代文阅读（一）

Tongd tongd

Zid Têib Teinl

　　Ĭng dēi hëi lǐu, yǎu duöi luōi dèit xī hâub；yēngd lǎu guk lǐu, yǎu duöi tein dèit xī hâub；tuāok fa têb lǐu, yǎu duöi huoi dèit xī hâub. Tângd xǐ, tong mēin dèit, něi guäo söub vǒ, vǒ mūnb dèit já dēi wây xǎ'pf mob yà hëi bà fòl fāngb ne？— Xǐ yǎu jā'ng taub lǐu ta mūnb pâb：nâ xǐ xuī？Yâud tūngz tuôi hōf cïf ne？Xǐ ta mūnb têib gēid tuāoc dāud lǐu pâb：yîng tuôi yâud duäo lǐu nâb lěic ne？

　　Vǒ bà ziq tuâof ta mūnb gā'p lǐu vǒ do xīu já dēi, tângd vǒ dèit xāu kuä fūk xǐ tîm tîm hong heid lǐu. Tuôi mád mád lěic sǔn ciä, bä ting do já dēi yǐ geinh tōng vǒ xāu zong laub hëi；tēngd za'mf dim xēng yà dèitf xuī dèitf tuôi tâi huöi lěic, vǒ dèit já dēi dèitf tuôi xī gang dèit lāuc lěic, müt yǎu xein ya'm, yě müt yǎu ēin dēi. Vǒ bà gä'm tāu kā'mb kā'mb jīb luǎ xangx xangx lǐu.

　　Hëi dèit tâ'ng gūnb hëi lǐu, luōi dèit tâ'ng gūnb luōi ciä；hëi luōi dèit zong gang, yâud dä'm yēng têi tongd tongd ne？Duāo xēng vǒ hēi luōi dèit xī hâub, sīu ò lěic xê dä'ng lěng sam fung tē tē dèit täi yēng. Täi yēng ta yǎu giä ab, heinl heinl tīu tīu têi nōd yīk lǐu；vǒ yě mūngb mūngb yīng ga'ngf ciä cûn zūnf. Eiz xǐ — sāy xāu dèit xī hâub, já dēi tōng xuī pūnf lěic göb hëi；hàt fâng dèit xī hâub, já dēi tōng fâng ūn lěic göb hëi；mád mád xī, pîng tōng vā'ngb yīng dèit xung vǎng tīngb göb hëi. Vǒ gä cäd ta hëi dèit tongd tongd lǐu, xa'ngb cà xāu zef wǎngb xī, ta yâud tōng zef wǎngb ciä dèit xāu bing göb hëi, tingf hà xī, vǒ tūngf tuôi xūng xēng, ta pîng lēink lēink lêid lêid têi tōng vǒ xa'ng xēng rab göb, tōng vǒ giä bing fei hëi lǐu. Dā'ng vǒ zangb huoi vǎng wō täi yēng duöi gǐng, zē sǔn yâud laub dāud lǐu yà já. Vǒ ǐmb ciä mîng täng sèitz. Tângd xǐ sa'ng luōi dèit já dēi dèit ēin ji yâud huoi xīh tuôi täng sèitz lěic xīm göb lǐu.

　　Tuôi tuāoc hëi yī fei dèit já dēi lěic, tuôi ting mūn mâng fǔl dèit xäy gäid lěic dèit vǒ nā'ng döu seb xǎ'pf mob ne？Zī yǎu pāif huīb pâb lǐu, zī yǎu tongd tongd pâb lǐu；tuôi bä ting do já dèit tongd tongd lěic, cīl pāif huīb wâyc, yâud xēin seb xǎ'pf mob ne？Göb hëi dèit já dēi yī heinl ingl, pêi mēil fongk cui säng lǐu, yī puä môul, pêi co yēng zeinl yōngl lǐu；vǒ lāud ciä seb xǎ'pf mob hā'ngb dèitz ne？Vǒ hōf tā'ngb lāud ciä tēngd yâud seif yēng dèit hā'ngb dèitz ne？Vǒ cèitb lõ lõ luōi duäo zē xäy gäid, zūnf vǎng gang yě deng cèitb lõ lõ dèit huī hëi pâb？Tângd bà nā'ng pēin dèit, wây xǎ'pf mob pingb ïu pä pä dāud zē yà duaof ab？

　　Něi tong mēin dèit, guäo söub vǒ, vǒ mūnb dèit já dēi wây xǎ'pf mob yà hëi bà fòl fāngb ne？

匆匆

朱自清

燕子去了,有再来的时候;杨柳枯了,有再青的时候;桃花谢了,有再开的时候。但是,聪明的,你告诉我,我们的日子为什么一去不复返呢?——是有人偷了他们罢:那是谁?又藏在何处呢?是他们自己逃走了罢:现在又到了哪里呢?

我不知道他们给了我多少日子,但我的手确乎是渐渐空虚了。在默默里算着,八千多日子已经从我手中溜去;像针尖上一滴水滴在大海里,我的日子滴在时间的流里,没有声音,也没有影子。我不禁头涔涔而泪潸潸了。

去的尽管去了,来的尽管来着;去来的中间,又怎样地匆匆呢?早上我起来的时候,小屋里射进两三方斜斜的太阳。太阳他有脚啊,轻轻悄悄地挪移了;我也茫茫然跟着旋转。于是——洗手的时候,日子从水盆里过去;吃饭的时候,日子从饭碗里过去;默默时,便从凝然的双眼前过去。我觉察他去的匆匆了,伸出手遮挽时,他又从遮挽着的手边过去,天黑时,我躺在床上,他便伶伶俐俐地从我身上跨过,从我脚边飞去了。等我睁开眼和太阳再见,这算又溜走了一日。我掩着面叹息。但是新来的日子的影儿又开始在叹息里闪过了。

在逃去如飞的日子里,在千门万户的世界里的我能做些什么呢?只有徘徊罢了,只有匆匆罢了;在八千多日的匆匆里,除徘徊外,又剩些什么呢?过去的日子如轻烟,被微风吹散了,如薄雾,被初阳蒸融了;我留着些什么痕迹呢?我何曾留着像游丝样的痕迹呢?我赤裸裸来到这世界,转眼间也将赤裸裸的回去罢?但不能平的,为什么偏要白白走这一遭啊?

你聪明的,告诉我,我们的日子为什么一去不复返呢?

注:本文与现行人教版的《匆匆》略有出入。

生词(xang tēi):(◎听录音)

tongd tongd 匆匆	xuī 谁
zid têib teinl 朱自清,人名	tūngz tuôi 藏在
ïng dēi 燕子	hōf cǐf 何处
duöi luōi 再来	têib gēid 自己
xī hâub 时候	tuāoc dāud 逃走
yēngd lǎu 杨柳	gā'p 给
guk 枯	do xĭu 多少
tein 青	xāu 手
tuāok fa 桃花	kuä fūk 确乎
tângd xǐ 但是	tîm tîm 渐渐
tong mēin 聪明	hong heid 空虚
guäo söub 告诉	mád mád 默默
vǒ mūnb 我们	laub 溜
wây xă'pf mob 为什么	têngd 像
yà hëi bà fòl fāngb 一去不复返	za'mf dim 针尖
taub 偷	tâi huõi 大海
pâb 罢	müt yău 没有

89

xein ya'm 声音	tingf hà 天黑
ẽin dẽi 影子	tūngf tuôi 躺在
tāu kā'mb kā'mb 头涔涔	xūng xêng 床上
luî xangx xangx 泪潸潸	lēink lēink lêid lêid têi 伶伶俐俐地
tâ'ng gūnb 尽管	rab göb 跨过
zong gang 中间	giä bing 脚边
dä'm yêng 怎样	fei hëi 飞去
duāo xêng 早上	zangb huoi 睁开
hēi luōi 起来	duöi gěng 再见
xê dä'ng 射进	īmb ciä mîng 掩着面
täi yēng 太阳	täng sèitz 叹息
heinl heinl tīu tīu têi 轻轻悄悄地	xīm göb 闪过
nōd yīk 挪移	ting mūn mâng fŭl 千门万户
mūngb mūngb yīng 茫茫然	xäy gäid 世界
ga'ngf ciä 跟着	pāif huīb 徘徊
cûn zūnf 旋转	heinl ingl 轻烟
eiz xǐ 于是	mēil fongk 微风
sãy xāu 洗手	cui säng 吹散
xuĩ pūnf 水盆	puä môul 薄雾
fâng ūn 饭碗	zeinl yōngl 蒸融
vā'ngb yīng 凝然	hā'ngb dèitz 痕迹
xung văng 双眼	cèitb lõ lõ 赤裸裸
gä cäd 觉察	pingb ïu 偏要
xa'ngb cà 伸出	pä pä 白白
zef wāngb 遮挽	dāud yä duaof 走一遭

练习:

1. 熟读和背诵课文。

2. 抄写课文全文。

3. 试用伥语读下文。(◎听录音)

陋室铭

刘禹锡

山不在高,有仙则名。水不在深,有龙则灵。斯是陋室,惟吾德馨。苔痕上阶绿,草色入帘青。谈笑有鸿儒,往来无白丁。可以调素琴,阅金经。无丝竹之乱耳,无案牍之劳形。南阳诸葛庐,西蜀子云亭。孔子云:何陋之有?

Tâib jî xǎ'p föd Yîng tuôif mā'ng wïk tó（2）
第二十课 现代文阅读（二）

Huõi xêng já cà

Bah Ga'mb

  Wây lĭu hüng já cà, vǒ xēngd xēngd duāo hēi. Nâ xī tingf wāng müt yǎu tâi lêng, zau wāyd feif xēngd lǎng teinl, xūnb xêng zī yǎu geix hëik dèit hēng xein.

  Tingf hong wāng xǐ yà pěng tǐng lām, vāng xà hā'ng tǐng. Zūnf vǎng gang tingf bing cà yîng lĭu yà tuôof hōng hā, mângb mângb têi tuôi kǔngb tâi taf dèit fângf wāyd, gal kēng taf dèit lêng gungx. Vǒ ziq tuôof tâi yēng ü tōng tingf bing xeinb hēi luôi lĭu, pîng mób bà zūnf deinz têi mûng ciä nâ lěic.

  Gõ yīng göb lĭu yà huî ji, tuôi nâ gö têi fung cà yîng lĭu tâi yēng dèit sĭu bün bing lĭm, hōng xǐ za'ng hōng, hiä müt yǎu lêng gungx. Zë gö tâi yēng huāo tēngd fûw ciä cǒng hô têil dèit yà pôub yà pôub, mângb mângb têi nǒu léit xêng xeinb, duäo lĭu duďd hâu, zongb eiz congb pö lĭu wā'ngb hā, wīngx tūn tīuf cà lĭu huõi mîng, vāng xà hōng dèit feif xēngd hō uöi. Yà säp nâ gang, zë gö xa'mb hōng dèit wīngh dong say, fàb yīng gang fä cà lĭu tüt mób dèit lêng gungx, xê dà jā'ng vǎng deinz fä töng, taf pūngf bing dèit wā'ngb pěng yě fàb yīng yǎu lĭu gungx tuôif.

  Yǎu xī tâi yēng dāud dä'ng lĭu wā'ngb dui zong, taf dèit gungx sïng hiä tōng wā'ngb lěic xê hǎ luôi, céit xê duäo xuī mîng xêng. Zë xī hâub ïu fa'ng pîngl cà nâb lěic xǐ xuī, nâb lěic xǐ tingf, duãod yě bà yōng yî, a'ng wây vǒ tâu zī hüng gǐng yà pěng tāngd lâng dèit lêng gungx.

  Yǎu xī tingf bing yǎu hà wā'ngb, jīb cēb wā'ngb pěng hā'ng hǎu, tâi yēng cà luôi, jā'ng vǎng wāng hüng bà gǐng. Yīng jīb tâi yēng tuôi hà wā'ngb lěic füng xê dèit gungx mūng, täu göb hà wā'ngb dèit cōng wāyd, täy hà wā'ngb sengd lĭu yà tuôof fä gungx dèit ga'mb bing. Hâu luôi tâi yēng tuôi mângb mângb têi congb cà cōng wāyd, cà yîng tuôi tingf hong, xâ'm zïz bā hà wā'ngb yě jǐm xēin lĭu děif xà wéit zē hōng xà. Zë xī hâub fä lêng dèit bà gā'ng xǐ tâi yēng, wā'ngb wō huõi xuī, lūnk vǒ têib gēid yě xēin lĭu mēin lêng dèit lĭu.

海上日出

巴金

  为了看日出,我常常早起。那时天还没有大亮,周围非常冷清,船上只有机器的响声。

  天空还是一片浅蓝,颜色很浅。转眼间天边出现了一道红霞,慢慢地在扩大它的范围,加强它的亮光。我知道太阳要从天边升起来了,便目不转睛地望着那里。

  果然过了一会儿,在那个地方出现了太阳的小半边脸,红是真红,却没有亮光。这个太阳好像负着重荷似的一步一步,慢慢地努力上升,到了最后,终于冲破了云霞,完全跳出了海面,颜色红的非常可爱。一霎那间,这个深红的圆东西,忽然间发出了夺目的亮光,射得人眼

91

睛发痛,它旁边的云片也忽然有了光彩。

有时太阳走进了云堆中,它的光线却从云里射下来,直射到水面上。这时候要分辨出哪里是水,哪里是天,倒也不容易,因为我就只看见一片灿烂的亮光。

有时天边有黑云,而且云片很厚,太阳出来,人眼还看不见。然而太阳在黑云里放射的光芒,透过黑云的重围,替黑云镶了一道发光的金边。后来太阳才慢慢地冲出重围,出现在天空,甚至把黑云也染成了紫色或者红色。这时候发亮的不仅是太阳、云和海水,连我自己也成了明亮的了。

注:本文与现行人教版的《海上日出》略有出入。

生词(xang tēi):(◎听录音)

bah ga'mb 巴金,人名
zau wāyd 周围
feif xēngd 非常
lăng teinl 冷清
xūnb xêng 船上
geix hëik 机器
hēng xein 响声
tingf hong 天空
wāng xǐ 还是
yà pëng 一片
tīng lām 浅蓝
vāng xà 颜色
zūnf văng gang 转眼间
tingf bing 天边
cà yîng 出现
yà tuâof hōng hā 一道红霞
mângb mângb têi 慢慢地
kŭngb tâi 扩大
fângf wāyd 范围
gal kēng 加强
lêng gungx 亮光
xeinb hĕi 升起
mób bà zūnf deinz 目不转睛
mûng 望
gō yīng 果然
yà huî ji 一会儿
têi fung 地方
sïu bün bing lĭm 小半边脸

za'ng hōng 真红
huāo tēngd 好像
fûw ciä 负着
cŏng hô 重荷
têil dèit 似的
yà pôub yà pôub 一步一步
nŏu léit 努力
duïd hâu 最后
zongb eiz 终于
wā'ngb hā 云霞
wīngx tūn 完全
huŏi mîng 海面
hō uöi 可爱
yà säp nâ gang 一霎那间
wīngh 圆
dong say 东西
fàb yīng gang 忽然间
fä cà 发出
tüt mób 夺目
xê dà 射得
văng deinz 眼睛
töng 痛
pūngf bing 旁边
wā'ngb pëng 云片
dāud dä'ng 走进
wā'ngb dui 云堆
gungx sïng 光线
hiä 却

tōng 从
fa'ng pîngl 分辨
yōng yî 容易
tāngd lâng 灿烂
hǎu 厚
yīng jīb 然而
gungx mūng 光芒

täu göb 透过
cōng wāyd 重围
täy 替
sengd 镶
ga'mb bing 金边
dēif xà 紫色

练习:

1. 熟读和背诵课文。

2. 抄写课文全文。

3. 试用伝语读下文。(◎听录音)

刻舟求剑

《吕氏春秋·察今》

楚人有涉江者,其剑自舟中坠于水。遽契其舟,曰:"是吾剑之所从坠。"舟止,从其所契者入水求之。舟已行矣,而剑不行。求剑若此,不亦惑乎!

生词表

Tâib yà föd　第一课

něi 你
hàt ziub 吃早饭
mā aâ 嘛啊,了没呀

vǒ 我
lê 咧,语气词

Tâib jî föd　第二课

häm duäo 喊到,叫作
à má 阿物,什么
mēinb têid 名字

a 阿,加在称呼上的词头,如:阿姨
ne 呢,疑问词

Tâib sam föd　第三课

ta 他
tab 她
mūng 芒
mūngl 忙
yīf 愚
yīj 吁

hëi 去
a cïf 阿处,哪里,什么地方
vam vam 刚刚
cä'ngb gaib 衬街,买菜
huī luōi 回来

Tâib sëi föd　第四课

kēi 其,第三人称单数,他、她、它
hàt fâng 吃饭
xuî gäo 睡觉
hëi läm 去玩
tāyb xi 睇书,看书
lǐu lê 了咧,(做)完了
wā'ng 伝,第一人称单复数,我、我们
wā'ng dèit jā'ng 伝的人,我们
něi dèit jā'ng 你的人,你们
kēi dèit jā'ng 其的人,他们

sẽ 写
mā'ng 文,还没有
mǒu 无,不,没有
xǐ gö mô 是个磨,是真的吗
xěi gö mô 是个磨,是真的吗
oô 哦
ga nīng 家年,今年
gēi do 几多,多少
xǎ'p suï 十岁

Tâib ló föd　第六课

hàt äng 吃晏,吃午饭
dou 都,也
gö câ'ng-j 个阵儿,现在
a 阿,连词
gä'mb vam 咁啱,这么巧

gö 个,的
hä hâo 学校
fòl tă'p 复习
wǒ 喔
a gö dēi 阿个子,这个样子,这样的话

96

àd tāy 一齐，一起
lŏ 咯，语气词
gā kēid 假期
huī hëi 回去，回家去
ma 妈
lô tôb 了啦
ga já 家日，今天
sà ce 塞车
gõ pāi-j 果排儿，最近一段时间
xa'ng tāy 身体
a nëng dĕi 怎么样
gõ gēi já 果几日，这几天，那几天
văng 眼
dà 得，行，能够
mäy 眼困，睡着
gõ lĕng já 个两日，这两天
yâud 又
huāo 好

Tâib tà föd　第七课

gäik xîu 介绍
nĕi huāo 你好
dong 东
ein 英
mēin 明
säy 细，小，弟弟
lĕng suī 两岁
hângl huî 幸会
ga'mb 金
vōu cun 吴川，县级市名
vōu yēng 吴阳，镇名
wūngc po 黄坡，镇名

Tâib bä föd　第八课

bä dĭm 八点，八点钟
däp xă'p 搭十，五十分
gal ca 加差，还差
lĕng zèit têid 两只字，十分钟

àd dĭm-j 一点儿
ïu 要
bēi jā'ng tāyb 比人睇，给人看，去看医生
wă 喔
ziq duäo 知到，知道
mŏu xāy 无使，不要，不用
yaub 忧，担忧
tuôi 在
gäw lēik ò 隔篱屋，隔壁邻居家
gēi 几，这，这里
gal 加，而已
dā'ng câ'ng-j 等阵儿，等一会儿
câu 就
fäif ni 快呢，快点儿
nëu 提
dèit 的，个的，这些，指示代词
hāng lĕi 行李
buao măng 煲晚，做晚饭

döu à má 做阿物，做什么
gïngb còl 建筑
àd zèit 一只，一个，一位，一头
pā'ng yăuf 朋友
gõ（指示代词）果，这，那
fungl 芳
ēid-x yâ 哎哟
yăo hāng wayb 有限威，很漂亮
nâb 哪，语气词
za'ng wây 真为，真会
gāng wâ 讲话，说话
do têb ra dēng 多谢夸奖

gāu dĭm 九点，九点钟
vŏu fa'ng zongf 五分钟
mēin pä 明白
ga já 家日，今天

97

sein kēid sam 星期三
tód já 族日,昨天
sein kēid sëi 星期四
dõud já 祖日,明天
wõ 喔
ga mǎng 家晚,今晚
tōu xi gūn 图书馆

huâo 号
dõu má 堵物,什么事情,怎么,怎样
co vǒu 初五
co bä 初八
ïu 要
hǎ ga singf 下家仙,祭祖
duäo xī hâub 到时候

Tâib gāu föd　第九课

tuôi ò 在屋,在家
à jā'ng 阿人,谁
fäif fäif jǎ'p luōi 快快入来,快快进来
tě zib ēi gēi 坐支椅几,坐这张椅子
za'm bui xuĩ 斟杯水,倒杯水
mǒu xāy 无使,不用
tingf xī 天时,天气,气候
duïd 最
yōng yî 容易
lāuc hāng gūmb muâo(患)流行感冒
pēink gõ 苹果
häd hëid 客气

dang 单,单是,光光
jāu jó 牛肉
xēin xǎ'p ga'ngd 成十斤,将近十斤
be dāuk 啤酒
xiu haod 烧烤
göb yǎ'ngb 过瘾
gõ-j má 果呢物,那种东西
pēinl 瓶
hõ luä 可乐
za'ng xá 真实,实在
m̩ 呣,嗯
mǒu tö 无错,不错

Tâib xǎ'p föd　第十课

eid yâ 哎呀,哎哟
jï tāu 热头,太阳,阳光
däy göb fõ 帝过火,(阳光)比火还猛
xéitb tāu 石头
xäi bäo 晒爆
tingf hëid yîl buäo 天气预报
yǎu xuĩ luäk 有水落,有雨下
duïd huāo 最好
hëid hâub 气候
hõ yǐz 可以,不错
àd nīng duäo tāu 一年到头,一年下来
lǎng 冷
a nëng gāng 怎样说,毕竟

jï däi têi keib 热带地区
käo gangd lā'mb huôi 靠江临海
luǎo tâi 老大,老了
yěng luǎo 养老
fä tâi dä'mb 发大浸,水淹,洪水
cà mūn 出门
däi 带
yǐx zef 雨遮,雨伞
sa'ng mā'ngf 新闻
hõu do dä cïf 很多地方
hām cīu fangf 咸潮翻,洪涝
hâd qäyk 夏季
tingf hëid 天气

Tâib xă'p yà föd 第十一课

mǒu guoi mâ'ng hǎ 无该问下，请问一下
guao sam 高三
deid lîu 资料
mâib 卖
sing ni 先呢，哪些
fo mób 科目
jǐh mā'ng 语文
kông 共，和
ein jǐh 英语
pēink gõ 苹果
gẽi do tīng 几多钱，多少钱

ga'ngd 斤
wayb cāu 威丑，美丑
mein zīz 元
qäy 贵
ā dây 太，非常
pab 语气词，吧
sün lê 算咧，算了
gāng gäx 讲价
buäb 搏，希望
huī tāu 回头
cein cein 称称，称一下

Tâib xă'p jî föd 第十二课

wāy-x 打电话开头语，喂
mǎy 米，人名
ā má xî 阿物事，什么事
dā 打
xāu geix 手机
qang geix 关机

mǒu ziq 无知，不知道
xǐ-x gö dẽi 打电话结束语，是阿个子，先这样
tö 错
mǒu huāo ëi seik 无好意思，不好意思
gā'ngk ïu 紧要，要紧

Tâib xă'p sam föd 第十三课

tó xi 读书
nā'ng hâi 能懈，聪明
hum něib 酣女，女儿
nīng gal 年加，历年，每年
gãuk gãuk 久久，有时候
wā'ng têin 稳定
tëin mā'ngf gāng 听闻讲，听说
dā gao 打交，打架
qät xengb 打伤
jā'ng ga 人家，别人
cad 嗟，语气词
täyb yēng nëu 臭小子
mǒu xèit tingf kông têi 无识天共地，不知天高地厚

ca dīm-j 差点儿，差一点
zuäb 捉，将，把
dā'm 口语，打
huī xäy 回世，没命，死
puīd 赔
tīuf xang tīuf sẽi 跳生跳死，拼死拼活
wā'ngb duäod 搵倒，赚到，找到
gèitf 激，生气
nông-j 孩子
mǒu xèit xî 无识事，不懂事
gäob yóf 教育
tâi zèit 大只，长大了
mǒu yaub 无忧，不会

Tâib xǎ'p sëi föd   第十四课

mâ'ng lôu 问路
xǐb cēngb 市场
ga'm 今,沿着
dau 兜,条
lôu 路
céit hāng 直行,直走
xǎ'p têid lôu hāu 十字路口
dō zūnf 左转

sà ce 塞车
ray têin 规定,肯定
ni 呢,这些,那些
tūn pôud 全部
bāi má 摆物,摆东西
tīud 条
gaib 街
tuōi qäi 才怪

Tâib xǎ'p vǒu föd   第十五课

gūl 估,估计,猜
cà huōi 出海,去海边
vam 啱,对
tāyb cong 看见
wêin eih 泳衣
zà 质,在,从
guä wâyc 国外

au zaud 欧洲
měi guä 美国
gö bā wǐ 个把月
mā 嘛,那岂不是
tīng 钱
bün nīng 半年
gongb deid 工资

Tâib xǎ'p ló föd   第十六课

têinf yêb seik 静夜思
lěi pä 李白,人名
xūng tīngb 床前
mēin wǐ 明月
gungx 光,亮
jīx xǐ 疑是
têi xêng 地上
xungb 霜
gēib tāu 举头
mûng 望

dayd tāu 低头
gü hengb 故乡
ca'ng hīu 春晓
mǎngb huâob yīng 孟浩然,人名
mīng 眠
bà gä 不觉
tāyk nīu 啼鸟
fongk yǐx xein 风雨声
fa luäk 花落
do xīu 多少

Tâib xǎ'p tà föd   第十七课

söngb tēi 宋词
nîm nōu giu 念奴娇,词牌名
cèitb bèitf 赤壁,地名
wāi gū 怀古

sou xèitz 苏轼,人名
tâi gangd 大江
lûng tuāoz tâ'ng 浪淘尽
ting gū 千古

100

fongk lāuc 风流
jā'ng má 人物
gü luǐl say bing 故垒西边
tuâof 道,说
sam guä 三国
zau lūngf 周郎,即周瑜,人名
lûnb xéitb cunb hong 乱石穿空
geink tuāol päq vûng 惊涛拍岸
qīng hẽi 卷起
ting dui 千堆
süt 雪
gangd xangb yī wâf 江山如画
yà xī 一时
huāo kǐb 豪杰
yīuk sēng 遥想
gongz gā'ngl 公瑾,即周瑜,人名
dung nīng 当年
sīu kīuk 小乔,人名
co gäk 初嫁
hōngl deih ein fä 雄姿英发
yǐh xǐng gunb ga'ngb 羽扇纶巾
tām sǐu gang 谈笑间
tēngd lǒuf 樯橹
hui fei ingl mǐ 灰飞烟灭
gü guä xā'ng yāud 故国神游
do tēin 多情

einf 应
duāo xang wā fä 早生华发
jā'ng xang yī mông 人生如梦
dunb 樽
wāng luîbb 还酹
tiä kīu singf 鹊桥仙,词牌名
tā'ngk gund 秦观,人名
timl wā'ngb lông hãof 纤云弄巧
fei sein cūnb hâ'ng 飞星传恨
vā'ng hüngb 银汉,银河
tīub tīub 迢迢
üm tôuf 暗度
ga'mb fongk vó lôub 金风玉露
seng fōng 相逢
pîng 便
xëin hiä 胜却,胜过
jā'ng gang 人间
mōu xöu 无数
yāu tēin têil xuī 柔情似水
gaid kēid yī mông 佳期如梦
jǎ'ng güb 忍顾
qay lôu 归路
jiä xǐ 若是,倘若
hẽib 岂
ziub ziub môuh môuh 朝朝暮暮

Tâib xǎ'p bä föd   第十八课

yîng tuôif 现代
xib god 诗歌
gā yī 假如
xang wüt 生活
hei pǐng 欺骗
põu heik ga'mb 普希金,人名
bà ïu 不要
beil xengb 悲伤
sa'm gā'pb 心急
yaub wà 忧郁

já dēi 日子
lĕic 里
sei ïu 须要
zä'ngb têinf 镇静
seng sä'ng 相信
pâ 吧,语气词
fäif luä 快乐
luōi lā'mb 来临
wĕin wǐng 永远
hëng wǔng ciä 向往着

mêi luōi 未来
yîng tuôi 现在
hiä 却
xēngd 常
yà cüt 一切
xä'ngb sèitz 瞬息
deng huî 将会
göb hëi 过去
jīb 而
nâ 那
tâu huî 就会
xēin wāy 成为
ta'ng cüt 亲切
wāi lūn 怀恋
sä'ng nîm 信念
a mâu-j 阿茂儿,人名
māy mūngb 迷茫
rä'ng eiz 困于
mângf cēng 漫长
hà yêb 黑夜
yīf mêif 愚昧
yǐl 与
mōu ziq 无知
zef bäyb 遮蔽
täu sèitd 透析
za'ng lěik 真理
xung văng 双眼
māng mób 盲目
zuid tóx 追逐
zongb 终
mōu fäc 无法
wǐng tïul 远眺
za'ng ziq 真知
pēi vûng 彼岸
cï qà 刺骨
hūngf fongk 寒风
dōngf xǐ 总是
cūn jǐu 缠绕
xàf luäk 失落

sa'm lēinx 心灵
lāy mēin 黎明
têih muäh 序幕
gēinl 竟
yī tēib 如此
yīuk wǐng 遥远
giub yēng 骄阳
gungx mūng 光芒
wāyb yǎu 唯有
mông zong 梦中
cângb füng 绽放
wéit hēid 或许
yîng xá 现实
töng fūb 痛苦
gängb nā'ng 更能
ging têin 坚定
nuôif sa'm 内心
sä'ng jěng 信仰
fud wûnf 呼唤
congb pö 冲破
hà üm 黑暗
luāob lōngb 牢笼
cōng zā'p 重拾
gungx mēin 光明
yǐ mǔn 已满
xa'ng sa'm 身心
mêin wâ'ng 命运
bà duöi 不再
xāy 使
ràd fó 屈服
yǎ'ng lěin 引领
duäd pǐ 作别
luäk já fāu wā'ngb 落日浮云
zë 这
mīuf sīu 渺小
sein kāub 星球
còb fuä 束缚
füng fei 放飞
lēinx wā'ngl 灵魂

têib yāuh 自由
rab wǐf 跨越
xī hong 时空
gäid hâng 界限
wǔng fāngb tingf têi 往返天地
gāu tingf lǎmb wǐ 九天揽月
xāu zäd sein xā'ngk 手摘星辰

fäk wāy cēng fongk 化为长风
wāngf rab sein däyl 横跨星际
õng puǎo vā'ng hō 拥抱银河
dongb kēi lôu mângf mângf 纵其路漫漫
zī a'ng 只因
ging sä'ng 坚信
mōu xō bà nā'ng 无所不能

Tâib xǎ'p gāu föd 第十九课

tongd tongd 匆匆
zid têib teinl 朱自清, 人名
ïng dĕi 燕子
duöi luōi 再来
xī hâub 时候
yēngd lǎu 杨柳
guk 枯
tein 青
tuāok fa 桃花
tângd xǐ 但是
tong mēin 聪明
guäo söub 告诉
vǒ mūnb 我们
wây xǎ'pf mob 为什么
yà hëi bà fòl fāngb 一去不复返
taub 偷
pâb 罢
xuī 谁
tūngz tuôi 藏在
hōf cǐf 何处
têib gēid 自己
tuāoc dāud 逃走
gā'p 给
do xīu 多少
xāu 手
kuä fūk 确乎
tîm tîm 渐渐
hong heid 空虚
mád mád 默默

laub 溜
têngd 像
za'mf dim 针尖
tâi huŏi 大海
müt yăub 没有
xein ya'm 声音
ĕin dĕi 影子
tāu kā'mb kā'mb 头涔涔
luî xangx xangx 泪潸潸
tâ'ng gūnb 尽管
zong gang 中间
dä'm yêng 怎样
duāo xêng 早上
hēi luōi 起来
xê dä'ng 射进
täi yēng 太阳
heinl heinl tĭu tĭu têi 轻轻悄悄地
nōd yīk 挪移
mūngb mūngb yīng 茫茫然
ga'ngf ciä 跟着
cûn zŭnf 旋转
eiz xǐ 于是
sāy xāu 洗手
xuī pūn 水盆
fāng ūn 饭碗
vā'ngb yīng 凝然
xung vǎng 双眼
gä cäd 觉察
xa'ngb cà 伸出

103

zef wăngb 遮挽
tingf hà 天黑
tūngf tuôi 躺在
xūng xêng 床上
lēink lēink lêid lêid têi 伶伶俐俐地
rab göb 跨过
giä bing 脚边
fei hëi 飞去
zangb huoi 睁开
duöi gĭng 再见
īmb ciä mîng 掩着面
täng sèitz 叹息
xīm göb 闪过

ting mūn mâng fŭl 千门万户
xäy gäid 世界
pāif huīb 徘徊
heinl ingl 轻烟
mēil fongk 微风
cui säng 吹散
puä môul 薄雾
zeinl yōngl 蒸融
hā'ngb dèitz 痕迹
cèitb lō lō 赤裸裸
pingb ïu 偏要
pä pä 白白
dāud yà duaof 走一遭

Tâib jî xă'p föd 第二十课

bah ga'mb 巴金,人名
zau wāyd 周围
feif xēngd 非常
lăng teinl 冷清
xūnb xêng 船上
geix hëik 机器
hēng xein 响声
tingf hong 天空
wāng xĭ 还是
yà pëng 一片
tīng lām 浅蓝
vāng xà 颜色
zūnf văng gang 转眼间
tingf bing 天边
cà yîng 出现
yà tuâof hōng hä 一道红霞
mângb mângb têi 慢慢地
kŭngb tâi 扩大
fângf wāyd 范围
gal kēng 加强
lêng gungx 亮光
xeinb hēi 升起
mób bà zūnf deinz 目不转睛

mûng 望
gō yīng 果然
yà huî ji 一会儿
têi fung 地方
sīu bün bing lĭm 小半边脸
za'ng hōng 真红
huäo têngd 好像
fûw ciä 负着
cŏng hô 重荷
têil dèit 似的
yà pôub yà pôub 一步一步
nŏu léit 努力
duïd hâu 最后
zongb eiz 终于
wā'ngb hä 云霞
wīngx tūn 完全
huöi mîng 海面
hŏ uöi 可爱
yà säp nâ gang 一霎那间
wīngh 圆
dong say 东西
fàb yīng gang 忽然间
fä cà 发出

生词表

tüt mób 夺目
xê dà 射得
văng deinz 眼睛
töng 痛
pūngf bing 旁边
wā'ngb pëng 云片
dāud dä'ng 走进
wā'ngb dui 云堆
gungx sïng 光线
hiä 却
tōng 从
fa'ng pîngl 分辨

yōng yî 容易
tāngd lâng 灿烂
hău 厚
yīng jīb 然而
gungx mūng 光芒
täu göb 透过
cōng wāyd 重围
täy 替
sengd 镶
ga'mb bing 金边
dēif xà 紫色

伝语（吴川话）字典

第一部分：常用伝字

A

a	阿	①加在称呼上的词头,如:阿姨 ②阿处,阿试,哪里 ③连词,如:去阿无去 ④阿阵儿,一会儿	à	阿	①阿处,阿试,哪里 ②连词,如:去阿无去 ③阿阵儿,一会儿
ab	啊	汉读,叹词	ao	凹	汉读,同汉义——凹{āo},如:凹陷;虽然"ao"为汉读,但一般读"nā'p"
af	亚	地名或人名,如:亚洲	âo	袄	汉读,同汉义
ad	屙	伝读,排泄大小便	âob	坳	汉读,同汉义,山间的平地
al	鸦	同汉义	āo	朽	同汉义
ak	丫	同汉义	āob	拗	用手将东西折断
ā	阿	①阿物,什么 ②阿无,要不,要么,否则 ③阿阵儿,一会儿 ④阿是,要是,如果 ⑤阿人,乜人,谁	āo	坳	伝读,同汉义,山间的平地
			āob	拗	①不顺,不顺从 ②固执,不驯顺,执拗 ③争拗,争执
āb	啊	①同汉义 ②āb hôb,表示惊叹:死了,完了	āof	窖	伝读,同汉义
āf	一	伝读,同"àd"	ai	唉	①同汉义——唉{āi},如:唉声叹气 ②重读时,同汉义——唉{ài},叹词
â	啊	同汉义	aib	埃	同汉义
ã-x	啊	叹词,表示强烈语气	aif	挨	同汉义
āb	哑	同汉义	aid	哎	①叹词 ②哎哟(aid yo),表惊讶或痛苦
āf	亚	①较差 ②亚军 ③亚轨道的			
ä	压	同汉义	āi	矮	同汉义
äb	押	汉读,同汉义	äi	蔼	①同汉义 ②äi câi,欺负 ③聚合,密集,如:市场好蔼,树木幽蔼
äf	呃	①同汉义 ②语气词			
äd	扼	①同汉义 ②手扼,手镯	äib	霭	同汉义
äl	厄	同汉义	äif	隘	同汉义
äk	遏	汉读,同汉义	au	欧	同汉义 ①地名,欧洲 ②姓
äh	握	同汉义	aub	殴	同汉义
à	阿	同"ā、aā、aà"	auf	区	同汉义——区{ōu},姓
àb	啊	àb hôb,表示惊叹:死了、完了	aud	瓯	①小碗 ②民族、地名
àf	扼	①摁,按压 ②扼水,打水	aul	鸥	同汉义
àd	一	伝读,同汉义	āu	呕	汉读,呕吐,恶心

äu	湅	长时间地浸泡,如:湅猪物	â'm		口语 ①婴儿进食 ②肿 â'm â'm,肿
äub	怄	同汉义,如:怄气	ā'm		口语,遮住,盖住
äp	鸭	同汉义	ä'm		口语,轻按
äpb	押	伝读,同汉义	a'ng	因	同汉义
ang	盎	①同汉义 ②用陶土制成的瓦罐、瓦缸	a'ngb	茵	同汉义
			a'ngf	殷	同汉义,如:殷勤,殷商
angb	莺	同汉义	a'ngd	姻	同汉义
äng	晏	①同汉义 ②中午 ③午饭	a'ngl	恩	同汉义
ängb	宴	汉读,同汉义	a'ngk		口语,象声词,讲 a'ngk gū,指婴儿咿呀学语
ây		口语,ây zây,不舒服			
äy	殹	伝读,同汉义,闭殹,不吉利、苦恼	ā'ng	隐	同汉义
			ä'ng	印	①同汉义 ②用力排便
ā'p		口语 ①贴,倒贴 ②给			

AA

aa	阿	同"a"	aä	呃	语气词
aab	啊	伝读,叹词	aà	阿	同"ā、à、aā"
aā	阿	同"ā、à、aā"	aàb	一	伝读,同"àd"
aāb	啊	助词,表怀疑或无所谓,如:是啊?	aå	阿	同"ǎ"
aāf	一	伝读,同"āf"	aai		口语,同"哎、唉"
aâ	啊	叹词	aâi		口语,同"哎、唉"
aā-x	啊	叹词,表示强烈语气	aãy-x		口语,语气词,表示嫌弃

O

o	阿	①山阿,山岳,小陵 ②阿胶,中药名 ③阿谀奉承 ④阿弥(neib)陀佛	òb	斡	同汉义
			ou	乌	①同汉义 ②ou kei(乌蹊),好的,英文"OK"的转写
ob	啊	①叹词 ②啊可能,完蛋			
of	哦	语气助词	oub	污	同汉义
od	屙	汉读,排泄大小便	ouf	钨	同汉义
ol	婀	婀娜	oud	坞	同汉义
ō	哦	语气助词	oul	噢	语气词
ô	哦	语气助词	õu-x		噢 语气词
ö	喔	语气词	öu	恶	同汉义——恶{wù},如:厌恶
ò	屋	①同汉义 ②起屋,建房子 ③屋房,房间 ④屋里,家里 ⑤屋里人,家人	öub	懊	同汉义
			öuf		噢 语气词

öud	澳	同汉义		õng	拥	同汉义
öul	奥	同汉义		õngb	臃	同汉义
ong	翁	同汉义		öng	瓮	同汉义
ongb	雍	①同汉义 ②撒,撒开		öngb	蕹	同汉义,蕹菜,即通心菜、空心菜

OO

oō	哦	语气助词		oö	喔	语气词
oô	哦	语气助词		oōu-x	噢	语气词

E

e	婗	伝读 ①nông e,婴婗,婴儿,小孩子 ②象声词,小孩哭声		èitb	抑	同汉义
				èitf	忆	同汉义
ê		口语 ①语声词 ②ê e,小孩,亦可作动词,指背小孩 ③小孩的大便		èitd	益	同汉义
				èitl	谥	同汉义
ẽ		象声词,同"vẽ" ①哭声 ②乞求声		ein	英	同汉义
ei	医	同汉义		einb	樱	同汉义
eib	伊	同汉义		einf	应	同汉义——应{yīng}
eif	咿	咿呀学语,即:讲 a'ngk gū		eind	缨	同汉义
eid	哎	①叹词,一般重读 ②象声词 ③eid yo,哎哟 ④eid ya,哎呀		einl	婴	同汉义
				eink	鹰	同汉义
eil	依	同汉义		ěin		口语,ěin ǔng,雨后蛙鸣声
eik	铱	同汉义		ẽin	影	①同汉义 ②影地,挡住视线,遮住
eih	衣	同汉义		ẽinb	映	伝读,同汉义
eiz	于	同汉义		ëin	应	同汉义——应{yìng}
êi	哎	①叹词 ②êi yô,êi yô-x,êi yā,哎哟		eu		口语,同"叫" ①呼喊 ②召唤
ẽi	椅	同汉义		ēu		口语,用手折断东西
ẽib	淤	同汉义		ēp		口语,下垂
ẽif	倚	①同汉义 ②倚火屎,同"mēu 火屎"		ëp		口语,下垂
ẽid-x	咿	语气词		eng	央	同汉义
ëi	意	同汉义		engb	殃	同汉义
ëib	噎	①噎颈,吃腻了 ②水噎噎,含水量过多,非常潮湿 ③语气词		engf	鸯	同汉义
				engd	秧	同汉义
ëif	臆	同汉义		êng		口语 ①理会 ②到,去
ëid	哎	ëid yö,哎哟		ēng	映	汉读 ①同汉义 ②理会 ③到,去
èit	亿	同汉义				

EE

ee	语声词		eẽi-x	语气词,表示惊讶
eê	语声词			

I

i	口语,象声词,i e e,烦人(声)		ïp	腌 ①用盐浸渍食物 ②被汗水或含盐分的东西浸渍身体,如:腌眼
ĭ-x	咦 叹词,表示惊讶			
ï	乙 同汉义		im	阉 ①同汉义 ②阉尖,挑剔
ïb	噫 ①痛 ②隐噫,憋屈 ③语气词		imb	俺 同汉义
ïf	噎 同汉义		ĭm	淹 同汉义
ì	嗝 传读,同汉义,如:打嗝		ĭmb	掩 ①同汉义 ②掩儿(ji),身体部位,肋骨下面软处
iä	约 同汉义			
iäb	糕点类食物的总称,汉字一般写为"粑",但实为"米乙"的合字		ĭmf	堰 同汉义
			ĭmd	奄 同汉义,如:气息奄奄,奄奄一息
iu	要 同汉义——要{yāo},如:要求		ïm	厌 同汉义
iub	夭 汉读,同汉义		ing	燕 同汉义——燕{yān},如:燕京
iuf	妖 同汉义		ingb	焉 同汉义
iud	邀 同汉义		ingf	蔫 同汉义
iul	腰 同汉义		ingd	咽 同汉义
ĭu	夭 传读 ①同汉义 ②夭命,乖戾,不近人情,不通人性		ingl	烟 ①同汉义 ②扑克牌中的"A"
			ïng	燕 同汉义——燕{yàn},如:燕子
ïu	要 同汉义——要{yào},如:需要		ïngb	宴 传读,同汉义

II

iĭ-x	咦 叹词,表示惊讶	

U

u	呜 语气词		uoi	哀 同汉义
ũ-x	呜 语气词		uoib	嗳 语声词,一般重读
uä	恶 ①同汉义——恶{ě}、恶{è},如:恶心,凶恶 ②难,不好 ③有本事的		uöi	爱 ①同汉义 ②要,需要
			ui	煨 同汉义,如:煨花薯
uäb	褐 同汉义		üp	①容量单位:合 ②做,如:üp 酒糟
uå	口语 ①象声词,呕吐声 ②呕吐		um	庵 ①同汉义 ②差不多,如:庵庵好咧

111

üm	暗	①同汉义 ②暗妈,天黑 ③按压	ünk	婉	汉读,同汉义
üt		口语 ①象声词 ②呛到水	ung	安	①同汉义 ②编造,无中生有
ůt		口语,象声词,吞水声	ungb	氨	同汉义
ün	碗	同汉义	ungf	胺	同汉义
ünb	惋	汉读,同汉义	ungd	鞍	同汉义
ünf	豌	同汉义	ǔng		口语,ěin ǔng,雨后蛙鸣声
ünd	宛	汉读,同汉义	üng	按	同汉义,按摩,伝语一般说"暗摩"
ünl	腕	同汉义	üngb	案	同汉义

UU

uũ-x		口语,语气词,表示惊讶

B

ba	爸	①同汉义 ②菩萨,神灵	bàb	毕	①同汉义 ②盛东西,如:毕饭
bab	吧	同汉义——吧{bā},如:酒吧	bàf	笔	同汉义
baf	芭	同汉义	bàd	北	①同汉义 ②驱赶,驱逐 ③闷,闷着,憋着 ④北闭,不通畅,不顺畅,不顺利
bad	疤	同汉义			
bal	叭	①象声词 ②喇叭,一般指扩音器,指乐器时一般说"di dǎ"	bà		口语 ①象声词 ②bà筒,一种竹制儿童玩具
bak	笆	同汉义	bao	包	同汉义
bah	巴	同汉义	baob	苞	同汉义
bâ	爸	小孩对爸爸的称呼:bâ ba	baof	鲍	同汉义
bā	把	同汉义	baod	胞	同汉义
bãb	靶	同汉义	bâo		口语 ①风气 bâo bâo,蛮横 ②烘 bâo bâo,炎热 ③走 bî bâo,见"bî"
bä	八	①同汉义 ②ká 八八,干燥少水			
bäb	捌	同汉义	bāo	饱	同汉义
bäf	陌	同汉义	bäo	爆	伝读 ①同汉义 ②凸出来,如:眼鬼 bäo bäo
bäd	霸	同汉义			
bäl	伯	同汉义	bäob	豹	同汉义
bäk	坝	同汉义,伝语一般用"堤"	bai	拜	bai bǎi,再见,英语"byebye"的转读
bäh	百	①同汉义 ②百足,蜈蚣			
bäz	佰	同汉义	baib	掰	同汉义
bäc	柏	同汉义	bǎi	拜	bai bǎi,再见
bà	不	同汉义			

bāi	摆	同汉义		bö	播	①同汉义 ②家播,柚子
bäi	拜	同汉义——拜{bài},如:拜托		böb	簸	同汉义——簸{bǒ},如:颠簸
bäib	湃	同汉义,如:澎湃		bò	卜	①占卜 ②卜嘴,接吻 ③圆圆的,如:卜 lui,脸圆
bau	褒	同汉义				
baub	垉	①水田,水塘 ②等待,如:垉流儿,装修行业用语,等待机会上门		bòb	补	同汉义
				bou	哺	①同汉义 ②姐姐 ③哺哥,姐夫
bang	班	同汉义		boub	脯	同汉义
bangb	颁	同汉义		bõu	补	同汉义
bangf	扳	①扳倒 ②另见"bāngf"		böu	布	①同汉义 ②瓜布,丝瓜布
bangd	斑	①同汉义 ②cīm 斑,一种活血化瘀的疗养手段 ③哈斑,咳嗽		böub	怖	同汉义
				böp		口语 ①象声词 ②摔跤
bāng	板	同汉义		bom	泵	同汉义
bāngb	版	同汉义		bôm	嘭	爆炸声
bāngf	扳	①扳手 ②另见"bangf"		bong		口语,量词,捆,把
bäng	扮	传读 ①同汉义 ②缠绕 ③翻转		bõng	捧	①同汉义 ②捧卵,拍马屁
bay	跛	传读,同汉义		be	啤	①同汉义 ②水泡
bäy	闭	①同汉义 ②闭 äy,不吉利		beb	枝	传读,同汉义,如:木枝(beb)
bäyb	蔽	同汉义		bẽ		口语 ①象声词,哭声 ②bẽ 鼻,塌鼻子 ③güpf(蛤)bẽ,青蛙
ba'ng	奔	汉读,同汉义				
ba'ngb	崩	同汉义,崩裂,破裂,裂开		bë		口语 ①背负,肩扛着 ②bë 祖,高祖 ③玄孙
ba'ngf	濒	同汉义				
ba'ngd	乓	同汉义		bei	稗	同汉义,如:稗官野史
ba'ngl	蹦	同汉义		beib	碑	同汉义
ba'ngk	斌	同汉义		beif	卑	同汉义
ba'ngh	宾	同汉义		beid	蓖	同汉义,如:蓖麻
ba'ngz	绷	同汉义		beil	悲	同汉义
ba'ngc	滨	同汉义		bēi	比	①同汉义 ②给,让,如:比人笑
ba'ngx	彬	同汉义		bëi	秘	同汉义
ba'ngw	膑	同汉义		bëib	匕	同汉义
bâ'ng		口语,背靠着		bëif	臂	同汉义
bã'ng	禀	同汉义		bëid	痹	同汉义
bä'ng		口语,平坦		bëil	泌	①同汉义 ②沥干,如:泌饮
bo	波	①同汉义 ②波令郑,蜥蜴的一种		bèit	逼	①同汉义 ②吃 ③狭窄,拥挤
bob	玻	①同汉义 ②玻子,玻璃球,弹珠		bèitb	碧	同汉义
bof	菠	①菠菜 ②菠萝,伝语称木菠萝为菠萝,称菠萝为麻子		bèitf	壁	同汉义
				bein	兵	同汉义

beinb	乒	同汉义	bingf	鞭	同汉义
beinf	冰	①同汉义 ②冰宝,珍惜,贵重	bĭng	贬	同汉义
bĕin		口语,bĕin bŭng ①打锣声 ②死亡	bĭngb	砭	同汉义
bẽin	饼	①同汉义 ②bẽin-j,饼儿,饼干	bĭng	变	同汉义
bẽinb	丙	同汉义	bĭngb	遍	传读,同汉义
bẽinf	秉	同汉义	bu	晡	①晡奶,父母的姐姐 ②晡爹,父母的姐夫 ③另见"boubb"
bẽind	炳	同汉义			
bẽin	并	①合在一起,如:合并,兼并,并吞 ②另见"pĕin"	buä	博	同汉义
			buäb	搏	同汉义
bẽinb	柄	①同汉义 ②搬,搬走	buäf	膊	①同汉义 ②膊头,肩膀
bêng		口语,闲逛,乱逛	buäd	驳	同汉义
bẽng	扁	①同汉义 ②擦拭,如:扁屎	buao	煲	同汉义
bẽngb	匾	同汉义	buão	宝	同汉义
bi		①bi 超,"B 超"的转写 ②bî bi,婴儿,英语"baby"的转读	buãob	堡	同汉义
			buãof	保	同汉义
bî		①走 bî bâo,拼命奔跑 ②bî bi,婴儿,英语"baby"的转读	buão	报	同汉义
			bui	杯	同汉义
bĭ	敝	同汉义	buï	辈	同汉义
bĭb	鳖	同汉义	buïb	狈	①同汉义 ②狈类,凶残,残暴
bĭf	憋	同汉义	buïf	背	同汉义
bĭd	必	同汉义	buïd	钡	同汉义
biä	瘪	①干瘪,传语用"lëp" ②因水多而成糊状,如:biä niä,pângd biä biä ③象声词,大便的声音,可作动词	buïl	贝	同汉义
			büt	拨	同汉义
			bütb	脖	同汉义,传语一般用"颈"
biä		口语,指因身体受损或病变而产生的水泡	bütf	勃	同汉义
			bütd	渤	同汉义
biu	表	①测量仪器,如:钟表、电表、水表 ②另见"bĩu"	bütl	抹	同汉义——抹{mò},如:抹净
			bütk	钵	同汉义
biub	标	同汉义	büth	簸	同汉义——簸{bò},如:簸箕
biuf	彪	同汉义	bun	搬	同汉义
bĩu	表	同汉义,"表(biu)"除外。如:表示,表达	bunb	般	同汉义
			bunf	奔	传读,同汉义
			bund	锛	①同汉义 ②锛头,锄头
bing	边	①同汉义 ②方位,如:后边	bũn	本	同汉义
bingb	辫	同汉义			

būnb	苯	同汉义		bǔng		口语,běin bǔng ①打锣声 ②死亡
bün	半	①同汉义 ②半lä'ng kä'ng,中途		būng	榜	同汉义
bung	帮	①同汉义 ②帮衬,帮忙,惠顾		bŭngb	膀	同汉义——膀{bǎng},如:肩膀
bungb	梆	同汉义		būngf	绑	同汉义
bungf	邦	同汉义		būngd	谤	同汉义

P

pa	趴	同汉义		paof	咆	同汉义
pab	吧	语气词,表示应该是,但不是很确定		paod	雹	同汉义
pā	爬	汉读,同汉义		paol	脬	同汉义,尿(sui)脬,膀胱
pāb	扒	同汉义		pāo	刨	①同汉义 ②牙刨刨,牙齿外凸
pāf	耙	同汉义		pāo	跑	同汉义,除汉读词外,一般用"走"
pād	琶	同汉义		päo	炮	①同汉义 ②炮饭,往嘴里送饭
pâ	吧	同汉义——吧{ba},如:是吧		pai	派	①派头,气势,架势 ②西式食物
pâb	罢	同汉义		pāi	排	同汉义
pä	白	①同汉义 ②白凉,双目呆滞、无神		pāib	牌	同汉义
päb	跋	①同汉义 ②急速前往,贬义词		pāif	徘	汉读,同汉义
päf	箔	同汉义		pâi	败	同汉义
päd	怕	同汉义		pāi	派	同汉义
päl	泊	同汉义		pāu		口语,流流pāu pāu,吊儿郎当
päk	帛	同汉义		pāu	剖	同汉义
päh	拔	①同汉义 ②翻动		pang	攀	①同汉义 ②民间测量单位,一攀长,指双手摊开的长度
päz	粕	同汉义				
päc	啪	①象声词 ②pü lö päc,摔跤声		pangb	烹	同汉义
päx	魄	同汉义		pāng	爬	传读,同汉义
päw	舶	同汉义		pāngb	彭	同汉义
päv	铂	同汉义		pāngf	澎	同汉义
päj	帕	同汉义		pāngd	膨	同汉义
päs	迫	同汉义		pāngl	棚	同汉义
päq	拍	①同汉义 ②拍拖,谈恋爱		pāngk	鹏	同汉义
pá	卜	伝语中,"萝卜"一般指红萝卜;白萝卜,一般叫"菜头"		păng	棒	①棍棒,棍子 ②另见"pâng"
				păngb	蚌	同汉义
pà	啪	象声词,指鞭炮声、拍掌声等		pâng	棒	①厉害的,好样的 ②另见"păng"
pao	抛	①同汉义 ②抛车,泊车,停车		pângb	瓣	同汉义
paob	泡	同汉义		pângf	扮	汉读,同汉义

pângd	淖	伝读,同汉义,如:泥淖
pângl	办	同汉义
päng	盼	同汉义
pay	批	同汉义
pây	币	同汉义
pâyb	弊	同汉义
pâyf	陛	同汉义
pâyd	毙	同汉义
pā'ng	朋	同汉义
pā'ngb	硼	同汉义
pā'ngf	贫	同汉义
pā'ngd	频	同汉义
pā'ngl	凭	同汉义
pâ'ng	笨	①同汉义 ②笨托,愚蠢
pā'ng	品	同汉义
pä'ng	喷	同汉义
po	坡	同汉义
pob		口语,同"棵";量词,用于植物
pō	婆	①同汉义 ②pō-j,婆儿,老年女性
pōb	菩	①菩萨 ②另见"pōub"
pô		口语,同"棵";量词,用于植物
põ	颇	同汉义
pö	破	同汉义
pò	扑	①跌倒,趴下 ②扑街,完蛋
pou	铺	同汉义——铺{pū},如:铺张浪费
pōu	葡	同汉义
pōub	菩	①菩提 ②另见"pōb"
pōuf	蒲	同汉义,如:蒲公英
pǒu	簿	①同汉义 ②收米簿,索命
pôu	捕	同汉义
pôub	步	同汉义
pôuf	埠	同汉义
pôud	部	同汉义
pōu	普	同汉义
pōub	甫	同汉义
pōuf	莆	同汉义
pōud	谱	同汉义
pōul	埔	①黄埔,地名 ②另见"pöub"
pōuk	浦	同汉义
pōuh	圃	同汉义
pöu	铺	同汉义——铺{pù},如:当铺
pöub	埔	同汉义,"埔(põul)"除外
pöp		口语 ①象声词 ②摔跤
pôm	嘭	象声词,用力关门声、爆炸声等
pong		口语 ①冲动 ②白pong pong,白花花的
pōng	篷	同汉义
pǒng		口语,沸腾,翻滚
pöng	碰	①同汉义 ②忙乱 ③发脾气
pe		口语,扑克牌
peb	呸	叹词,表示斥责或唾弃,如:呸过你
pě		口语 ①坍塌 ②破罐子破摔
pê	呗	①语气词 ②呗嬰(nông),怀孕
pei	呸	①同汉义 ②将嘴里的东西吐出来
peib	砒	同汉义
peif	披	同汉义
peid	疲	伝读,同汉义
pēi	皮	①同汉义 ②皮休,调皮
pēib	琵	同汉义
pēif	毗	同汉义
pēid	疲	汉读,同汉义
pēil	脾	同汉义
pěi	被	①被子 ②被单,被套 ③盖,遮覆,如:泽被后世 ④另见"pêi"
pêi	被	同汉义,"被(pěi)"除外。如:被动,被告,被炒鱿鱼
pêib	惫	同汉义

pêif	避	同汉义
pêid	备	同汉义
pêil	鼻	①同汉义 ②鼻叫,打鼻鼾
pêi	彼	同汉义
pêib	鄙	同汉义
pêif	否	同汉义——否{pǐ},如:否极泰来
pëi	屁	同汉义
pëib	庇	同汉义
pèit	僻	同汉义
pèitb	辟	同汉义
pèitf	譬	同汉义
pèitd	劈	①同汉义 ②扔,砸
pèitl	霹	同汉义
pein	拼	①同汉义 ②拼零败潲,七零八乱
peinb	砯	同汉义
pēin	平	①同汉义 ②平宜,便宜
pēinb	萍	同汉义
pēinf	评	同汉义
pēind	抨	同汉义
pēinl	瓶	同汉义
pēink	苹	同汉义
pēinh	屏	同汉义
pēinz	坪	同汉义
pěin	并	同汉义,"并(bëin)"除外
pěinb	摈	①同汉义 ②pěinb pǔng,见"pǔng"
pêin	病	同汉义
pëin	聘	同汉义
pěinb	姘	同汉义
pêu	龅	①同汉义,如:生龅牙 ②外凸
peng	篇	①同汉义 ②翻,翻开
pēng		口语,旱田,旱地
pěng	骈	①同汉义 ②象声词,打锣声
pēng	爿	同汉义,如:一爿柴
pěng	片	同汉义

pi	比	①网络用语,用软件修改图片 ②人,英语"person"的缩写 ③pi xäbb,比萨
pǐ	别	同汉义
pǐb	撇	①同汉义 ②溜走,带调侃意味
pǐf	瞥	同汉义
piä		口语 ①前往,贬义词 ②象声词
piä	啪	①象声词 ②击打,掌掴
piu	飘	同汉义
piub	漂	同汉义
pīu	嫖	①同汉义 ②嫖舍(xë),嫖娼
pīub	膘	同汉义
pīuf	瓢	同汉义
pīud	朴	同汉义——朴{piáo},姓氏
pïu	票	同汉义
ping	编	同汉义
pingb	偏	同汉义
pîng	便	①同汉义 ②做便先,提前准备好
pîngb	卞	同汉义
pîngf	辩	同汉义
pîngd	瓣	①同汉义 ②量词,如:两瓣蒜鸡
pîngl	辨	同汉义
pïng	骗	同汉义
pïngb	遍	汉读,同汉义
pû	噗	传读,同汉义
pü		口语,象声词,pü lö päc,摔跤声
puä	薄	①同汉义 ②为(wāy)薄,捕鱼
puäb	扑	同汉义,包含"扑(pò)"
puäf	仆	同汉义
puäd	朴	同汉义——朴{pō}、朴{pò}、朴{pǔ},如:朴素
puäl	蹼	同汉义
puäo	袍	同汉义
puǎo	抱	同汉义

puâo	爆	汉读,同汉义		punb	番	同汉义——番{pān},番禺,地名
puâob	暴	同汉义		pūn	盘	同汉义
puâof	瀑	同汉义		pūnb	磐	同汉义
puâod	曝	①同汉义 ②孵化,如:曝鸡,曝蛋		pūnf	盆	同汉义
pui	胚	同汉义		pǔn	拌	汉读,同汉义
puib	坯	同汉义		pǔnb	伴	同汉义
puī	陪	同汉义		pǔnf	畔	同汉义
puīb	焙	同汉义		pǔnd	叛	同汉义
puīf	涪	同汉义		pǔnl	胖	同汉义
puīd	赔	同汉义		pǔnk	判	同汉义
puīl	培	同汉义		pǔnh	绊	同汉义
puīk	俳	伝读,同汉义		pûn	拌	伝读,同汉义
puīh	裴	同汉义		pün		口语 ①拼命,拼了 ②pün pě,破罐子破摔
puǐ	倍	同汉义				
puî		口语 ①左边,如:puî 手 ②糊,如:粥 puî ③听觉不灵,如:耳 puî		pūng	庞	同汉义
				pūngb	傍	同汉义
puǐ	配	同汉义		pūngf	旁	同汉义
puǐb	佩	同汉义		pūngd	膀	同汉义——膀{páng},如:膀胱
puǐf	沛	同汉义		pǔng		口语,pěinb pǔng ①打锣声 ②死亡
püt	泼	①同汉义 ②扇风,扇动		pûng	磅	同汉义——磅{bàng},如:过磅
pun	潘	同汉义		pûngb	镑	同汉义

M

ṃ	唔	叹词 ①ṃ 表示应允或肯定,重读时,表示十分肯定 ②ṃ-x 表示惊叹或疑问 ③ṃ-w 表示叹息		măd	码	同汉义
				măl	玛	同汉义
				mâ	妈	小孩对妈妈的称呼:mâ ma
ma	妈	①同汉义 ②暗妈,天黑		mâb	嘛	①语气词 ②另见"mā"
mab	吗	①同汉义——吗{ma}、吗{má},如:是吗,干吗 ②居然,竟然		mâf	骂	同汉义,伝语一般用"咒"
				mā	妈	①妈妈 ②对女性长辈的昵称
maf	马	马虎,粗心,敷衍,潦草		mä	麦	同汉义
mā	嘛	①喇嘛,僧侣 ②岂不是 ③了没		mäb	脉	同汉义
māb	麻	①同汉义 ②麻着(ziä),麻将		mäf	袜	同汉义
mǎ	马	①同汉义,"马虎(maf fuz)"除外 ②马漏螯(kûnb),马骝马漏螯(kûnb),螳螂 ③马骝,猴子		mäd	抹	同汉义——抹{mā},如:抹布
				má	物	①同汉义 ②阿(ā,à)物,什么
				máb	密	同汉义
măb	吗	同汉义——吗{mǎ},吗唯		máf	蜜	同汉义
măf	蚂	同汉义,包含"蚂(veu)"		mád	默	同汉义

mál	勿	①同汉义 ②勿使(xāy),不要		mǎngb	孟	同汉义
mák	墨	同汉义		mǎngf	猛	同汉义
mà	乜	①什么,如:乜物 ②岂不是 ③乜早,早就,很早就 ④乜人,谁		mǎngd	锰	同汉义
				mâng	万	同汉义
māo	矛	同汉义		mângb	慢	同汉义
māob	茅	同汉义		mângf	漫	同汉义
māof	锚	同汉义		mângd	蔓	同汉义
mǎo	卯	同汉义		mângl	馒	同汉义
mǎob	铆	同汉义		mângk	曼	同汉义
mǎof	亩	同汉义		mângh	谩	同汉义
mâo	貌	同汉义		māng	蜢	①同汉义 ②土蜢,草蜢,蚱蜢
māi	埋	①同汉义 ②埋人,打人		may	米	①长度单位 ②另见"mǎy"
māib	霾	同汉义		mayb		口语 ①用刀削 ②麦克风 ③无(mǒu)知 mayb mǒng,一无所知 ④mayb xāy,犯困,视力模糊
mǎi	买	汉读,同汉义,如:买卖				
mâi	买	伝读,同汉义;伝读"买、卖"读音相同,即俗称的"买卖不分"				
				māy	迷	同汉义
mâib	卖	同汉义		māyb	醚	同汉义
mâif	迈	同汉义		māyf	谜	同汉义
mau	跍	①蹲下 ②待着 ③敲,击打		mǎy	米	①大米,其他谷物 ②另见"may"
maub	痞	①同汉义 ②毛毛虫 ③黄种浸痞,面黄肌瘦		mây		口语,知 mây,清楚规则
				mäy	瞇	①睡着 ②眼眯,犯困 ③另见"nei,mibb"
māu	谋	①同汉义 ②谋油,欺骗,欺负				
māub	牟	同汉义		ma'ng	蚊	同汉义
māuf	眸	同汉义		ma'ngb	焖	①同汉义 ②拉、拔
mâu	茂	①同汉义 ②茂送,很远的距离		mā'ng	文	①同汉义 ②还没 ③文蝇,苍蝇
mâub	贸	同汉义		mā'ngb	盟	同汉义
mâuf	牡	同汉义		mā'ngf	闻	同汉义
mâud	谬	同汉义		mā'ngd	纹	同汉义
mâul	某	同汉义		mā'ngl	民	同汉义
mang		口语,同"扶"		mǎ'ng	吻	同汉义
māng	盲	同汉义		mǎ'ngb	皿	同汉义
māngb	蛮	①同汉义 ②蛮野,顽皮,调皮 ③番(fang)蛮,蛮黎,野蛮		mǎ'ngf	敏	同汉义
				mǎ'ngd	悯	同汉义
mǎng	晚	同汉义		mǎ'ngl	抿	同汉义

mă'ngk	闽	同汉义		môuf	戊	同汉义
mâ'ng	问	同汉义		môud	墓	同汉义
mä'ng		口语,拉、拔		môul	雾	①同汉义 ②雾水螺,蜗牛
mo	摸	①同汉义 ②慢,如:慢摸,摸 zo		môuk	务	同汉义
mob	么	同汉义		môuh	暮	同汉义
mof	摩	①同汉义 ②喃摩,诵经		mōu		口语 ①争斗 ②打架
mod	魔	同汉义		mom		口语,儿童用语 ①米汤 ②饮品
mō	磨	同汉义——磨{mó},如:消磨		mong	蒙	①双眼蒙眬 ②天还没亮 ③瞎猜 ④昏迷,眼发黑 ⑤遮、盖、披上
mǒ		口语,疑问词,如同"不"放句尾				
mô	磨	①同汉义——磨{mò},如:石磨 ②疑问词,同"吗"		mongb	檬	①同汉义 ②因皮肤磨损或病变而产生的小疙瘩 ③檬 lāi,皮肤病 ④水檬,毛毛雨 ⑤鸡檬头,鸡皮疙瘩 ⑥虾檬,小虾,虾酱
môb	蘑	同汉义				
mö		口语,坐,贬义词				
mó	木	①同汉义 ②树,伝语一般用"木"		mōng	蒙	①蒙骗 ②蒙昧 ③蒙受 ④蒙古
mób	目	同汉义		môbng	梦	同汉义
móf	牧	同汉义		mǒng	懵	①同汉义 ②搏懵,企图蒙混过关、占便宜等
mód	穆	同汉义				
mou	巫	同汉义		möng		口语,秸秆,如:禾稿 möng
moub	摹	同汉义		me	咩	①同汉义 ②背负 ②双咩,双胞胎
mouf	模	汉读,同汉义		mẽ		口语 ①象声词,哭声 ②歪斜
moud	诬	同汉义		mei	尾	最后,最小,排行最末的
mōu	无	汉读,同汉义,如:无数,无穷		mēi	眉	同汉义
mōub	芜	同汉义		mēib	糜	同汉义
mōuf	模	伝读,同汉义		mēif	靡	同汉义
mǒu	无	伝读,同汉义,如:无钱,无有		mēid	媚	同汉义
mǒub	拇	同汉义		mēil	微	同汉义
mǒuf	毋	同汉义		měi	美	同汉义
mǒud	舞	同汉义		měib	镁	同汉义
mǒul	武	汉读 ①同汉义 ②争斗 ③打架		měif	尾	同汉义,包含"尾(mei)"
mǒuk	姆	同汉义		mêi	未	同汉义
mǒuh	母	同汉义		mêib	味	同汉义
môu	慕	同汉义		mêif	昧	同汉义
môub	募	同汉义		mêid	寐	同汉义

mëi		口语 ①潜水 ②谷头 mëi,翠鸟	mīngf	绵	同汉义
méit	觅	同汉义	mǐng	免	同汉义
méitb	汨	①同汉义 ②累,没力气	mǐngb	娩	同汉义
mèit	幂	同汉义	mǐngf	缅	同汉义
mein	鋂	①伝语的常用货币单位,元、圆 ②披、盖 ③量词,枚	mǐngd	勉	同汉义
			mǐngl	冕	同汉义
mēin	明	①同汉义 ②闻	mîng	面	①同汉义 ②生面,陌生 ③面包,伝语中,"面包"包括"包子"
mēinb	名	同汉义			
mēinf	萌	同汉义	muä	莫	同汉义
mēind	铭	同汉义	muäb	剥	同汉义
mēinl	螟	同汉义	muäf	阁	同汉义
mēink	鸣	同汉义	muäd	寞	同汉义
mêin	命	同汉义	muäl	膜	同汉义
meu	猫	同汉义	muäk	漠	同汉义
meub	喵	同汉义	muäh	幕	同汉义
mēu		口语 ①毛 ②长得像毛一样的菌类群落 ③采用不正当的手段,如:mēu 火屎,倚火屎	muäz	蟆	蛤蟆(haf muäz)
			muāo	毛	同汉义
			muǎo		口语,无、不,如:muǎo 是
mi	咪	①同汉义 ②咪摸摸,慢,乱摸	muâo	冒	同汉义
mï	灭	同汉义	muâob	帽	同汉义
mïb	蔑	同汉义	mui	妹	①小女孩 ②女性的脬名,即乳名
mïf	篾	同汉义	muib	枚	同汉义
mià		口语,掰开,剥开	muī	梅	①同汉义 ②梅人,谁
miu	描	同汉义	muīb	霉	同汉义
miub	瞄	同汉义	muīf	媒	同汉义
mīu	苗	同汉义	muīd	酶	同汉义
mîu	妙	同汉义	muīl	煤	同汉义
mîub	庙	①同汉义 ②爸庙,公婆庙,庙宇	muīk	玫	同汉义
mīu	秒	同汉义	muǐ	每	同汉义
mīub	藐	同汉义	muî	妹	①同汉义 ②muî mui,小妹妹
mīuf	渺	同汉义	muī		口语 ①争斗,抗争 ②打架
ming		口语,碳水化合物因淀粉多而蓬松	müt	没	同汉义
			mütb	抹	同汉义——抹{mǒ},如:涂脂抹粉
mīng	眠	同汉义	mütf	沫	同汉义
mīngb	棉	同汉义	mütd	末	同汉义

121

伝语(吴川话)字典

mun		口语,披上		mūngf	氓	同汉义
mūn	门	同汉义		mūngd	亡	同汉义
mūnb	们	同汉义		mūngl	忙	同汉义
mūnf	瞒	同汉义		mūngk	忘	同汉义
mǔn	满	同汉义		mǔng	网	同汉义
mǔnb	懑	同汉义		mǔngb	莽	同汉义
mûn	闷	同汉义		mǔngf	妄	同汉义
mung	芒	①芒果 ②痴头芒,蜘蛛网		mûng	望	同汉义
mūng	芒	光芒		mũng		口语,水 mũng mũng,一片汪洋
mūngb	茫	同汉义				

F

fa	花	①同汉义 ②花豆,花生 ③花薯,番薯,笨蛋 ④花茄,西红柿 ⑤花厘曲碌,潦草,马虎 ⑥花面黎,大花脸		fäi	块	同汉义
				fäib	筷	同汉义
				fäif	快	①同汉义 ②快脆,快,赶紧
				fäu	浮	同汉义
fä	发	①同汉义 ②发风,刮风 ③发大风,刮台风 ④发野,说梦话 ⑤发大浸,水淹,洪水		fäu	否	同汉义——否{fǒu},如:是否
				fang	番	同汉义——番{fān},如:番茄
				fangb	藩	同汉义
fäb	罚	同汉义		fangf	翻	同汉义
fäf	珐	同汉义		fangd	蕃	同汉义——蕃{fān}、蕃{bō}
fäd	伐	同汉义		fäng	凡	同汉义
fäl	乏	同汉义		fängb	帆	同汉义
fäk	化	同汉义		fängf	烦	同汉义
fäh	筏	同汉义		fängd	矾	同汉义
fäz	阀	同汉义		fängl	繁	同汉义
fäc	法	同汉义		fängk	樊	同汉义
fá	佛	同汉义		fängh	蕃	同汉义——蕃{fán},蕃盛,繁盛
fáb	氟	同汉义		fâng	饭	同汉义
fáf	弗	同汉义		fângb	犯	同汉义
fà	沸	同汉义		fângf	范	同汉义
fàb	忽	①同汉义 ②翘起		fãng	反	①同汉义 ②吵,吵闹
faf	拂	同汉义		fãngb	返	同汉义
fàd	惚	同汉义		fãng	贩	同汉义

fängb	泛	①同汉义 ②泛口,水田的接水口
fay	挥	同汉义
fayb	辉	同汉义
fayf	亏	同汉义
fayd	徽	同汉义
fäy	费	①懒得去理会 ②另见"fëi"
fäyb	卉	汉读、伝读,同汉义
fäyf	蔚	同汉义
fäyd	慰	同汉义
fäyl	尉	同汉义
fa'ng	分	同汉义——分{fēn},如:分开
fa'ngb	芬	同汉义
fa'ngf	荤	同汉义
fa'ngd	昏	同汉义
fa'ngl	酚	同汉义
fa'ngk	吩	同汉义
fa'ngh	纷	同汉义
fa'ngz	婚	同汉义
fa'ngc	熏	汉读,同汉义
fa'ngx	氛	同汉义
fa'ngw	薰	同汉义
fa'ngv	勋	同汉义
fä'ng	焚	同汉义
fä'ngb	汾	同汉义
fä'ngf	坟	同汉义
fä'ng		口语,乱花钱
fâ'ng	分	同汉义——分{fèn},如:分子
fâ'ngb	愤	汉读,同汉义
fâ'ngf	份	①同汉义 ②容忍,如:无份得其
fâ'ngd	忿	同汉义
fä'ng	粉	①同汉义 ②粉皮,河粉类食品
fä'ng	奋	同汉义
fä'ngb	愤	伝读,同汉义
fä'ngf	畚	畚箕,一种农用工具
fä'ngd	训	同汉义
fä'ngl	粪	同汉义

fo	科	①同汉义 ②枯萎,完蛋,无可救药
fõ	火	①同汉义 ②火椒,胡椒
fõb	伙	①同汉义 ②入伙,乔迁新居
fö	棵	同汉义
föb	货	同汉义
föf	颗	同汉义
föd	课	同汉义
fó	服	同汉义
fób	伏	同汉义
fóf	袱	同汉义
fò	福	同汉义
fòb	辐	同汉义
fòf	腹	同汉义
fòd	幅	同汉义
fòl	复	同汉义
fòk	覆	同汉义
fong	丰	同汉义
fongb	封	同汉义
fongf	疯	同汉义
fongd	枫	同汉义
fongl	烽	同汉义
fongk	风	①同汉义 ②风气,凶恶,凶狠
fongh	峰	同汉义
fongz	蜂	①同汉义 ②蜂糖,蜂蜜
fongc	锋	同汉义
fōng	逢	同汉义
fōngb	蓬	同汉义
fōngf	冯	同汉义
fōngd	缝	同汉义
fòng	奉	同汉义
fòngb	凤	同汉义
fǒng	讽	同汉义
fe	啡	①鸡啡,哨子 ②ke le fe,跑龙套,无足轻重 ③咖啡 ④吗啡
fê	射	①伝读,同汉义 ②射鼻涕,擤鼻涕
fei	飞	①同汉义 ②飞发,理发 ③甩掉

feib	菲	同汉义		fūh	扶	①同汉义 ②扶躐,走路轻飘飘的
feif	非	同汉义		fūz	蝴	同汉义
feid	霏	同汉义		fūc	符	同汉义
fēi	肥	同汉义		fūx	狐	同汉义
fêi	吠	同汉义		fūw	葫	同汉义
fěi	匪	同汉义		fūv	糊	同汉义
fěib	诽	同汉义		fû	妇	同汉义
fèi	费	①同汉义,如:浪费 ②另见"fäy"		fûb	抚	同汉义
fèib	肺	同汉义		fûf	武	伝读,同汉义
fèif	废	同汉义		fûd	沪	同汉义
fèit		口语 ①翘起来 ②屎fèit,屁股		fûl	户	同汉义
fein	兄	同汉义		fû	父	同汉义
fêin		口语,游荡		fûb	附	同汉义
fěin		口语 ①磨损,破损 ②红fěin fěin,红彤彤(的),血红(的)		fûf	付	同汉义
				fûd	护	同汉义
feng		①朋友,友好,英语"friend"的转读 ②翻,翻开,如:嘴feng feng		fûl	赴	同汉义
				fûk	傅	同汉义
fi	血	①同汉义 ②血流淋lǎi,血流如注		fûh	腐	同汉义
fiä		口语,象声词,哭泣声,流涕声		fûz	咐	同汉义
fīng	犬	同汉义		fûc	阜	同汉义
fìng	劝	同汉义		fûx	辅	同汉义
fu	夫	①同汉义 ②fu nēng-j,中年女性		fûw	负	同汉义
				fûv	互	同汉义
fub	敷	同汉义		fū	府	同汉义
fuf	肤	同汉义		fūb	苦	同汉义
fud	呼	同汉义		fūf	腑	同汉义
ful	孵	同汉义		fūd	斧	同汉义
fuk	俘	同汉义		fūl	唬	同汉义
fuh	枯	伝读,同汉义		fūk	俯	同汉义
fuz	虎	马(maf)虎,粗心,敷衍,潦草		fūh	釜	同汉义
fū	湖	同汉义		fūz	虎	同汉义
fūb	胡	同汉义		fūc	浒	同汉义
fūf	壶	同汉义		fù	富	同汉义
fūd	弧	同汉义		fùb	赋	同汉义
fūl	瑚	同汉义		fùf	绔	同汉义,纨绔子弟,见"纨"
fūk	乎	同汉义				

fŭd	副	同汉义		fungz	肓	同汉义,如:病入膏肓
fŭl	裤	①同汉义 ②名词作动词,踢,踹		fūng	房	同汉义
fŭk	库	同汉义		fūngb	妨	同汉义
fuä	缚	同汉义		fūngf	防	同汉义
fuäb	霍	同汉义		fūng	仿	同汉义
fung	方	同汉义		fūngb	访	同汉义
fungb	坊	同汉义		fūngf	纺	同汉义
fungf	荒	同汉义		fūngd	恍	同汉义
fungd	谎	同汉义		fūngl	幌	同汉义
fungl	芳	同汉义		fūngk	晃	同汉义
fungk	慌	同汉义		füng	放	同汉义
fungh	肪	同汉义		füngb	况	同汉义

D

da	打	量词,十二个为一打		dau	兜	①同汉义 ②兜倒,惹上 ③量词,条、件 ④抯兜,发脾气 ⑤兜遁,理会
dă		①语声词 ②di dă,唢呐				
dā	打	同汉义,包含"打(da)"				
dä	嗒	①同汉义 ②摔倒,坠下,砸下 ③量词,块、片 ④嗒炮,一种折纸		daub	诌	同汉义
				dauf	邹	同汉义
dà	得	①同汉义 ②行,好,可以,能够 ③得餐,要很久,很难 ④疑问代词,哪有,如:得个啦啊		dâu		口语,发 vâu dâu,发呆
				dāu	斗	①同汉义——斗{dǒu},如:北斗星 ②屙斗,窝囊废
dàb	痒	同汉义		dāub	抖	汉读,同汉义
dàf	则	同汉义		dāuf	陡	同汉义
dàd	卒	同汉义		dāud	走	①同汉义 ②跑 ③走棋,下棋
dàl	即	同汉义		dāul	纠	同汉义
dàk	德	同汉义		dāuk	酒	同汉义
dá	唧	①同汉义 ②进食时,嘴里的声音		däu	斗	①同汉义——斗{dòu},如:斗争 ②窝,巢 ③斗火,生火 ④斗毒,蓄意,不怀好意
dao	叨	传读 ①同汉义 ②骂				
dāi	歹	同汉义				
däi	带	①同汉义 ②带丝鱼,带鱼		däub	凑	①同汉义 ②拼合,如:凑衣柜
däib	戴	同汉义		däuf	骤	同汉义

125

däud	揍	同汉义
däul	奏	同汉义
däp	搭	①同汉义 ②时间刻度,见"däm"
däpb	浛	同汉义
däpf	答	同汉义
däpd	瘩	同汉义
däpl	恰	同汉义
dam	担	①同汉义——担{dān},如:承担,担当 ②担遮,撑伞
damb	耽	同汉义
damf	叮	①同汉义 ②大叮虫,豆天蛾幼虫
damd	缄	同汉义
dām	胆	同汉义
däm	担	①同汉义——担{dàn} ②担杆(gungd),扁担 ③时间刻度,如:"担一、搭一",表示时间为05分
dang	单	①同汉义——单{dān},如:孤单 ②单车,自行车
dangb	丹	同汉义
dangf	殚	同汉义,如:殚精竭虑
dãng	攒	①汉读,同汉义 ②移动
däng	赞	同汉义
dängb	诞	同汉义
dängf	旦	同汉义
day	弟	小弟弟,小男孩
dayb	剂	同汉义
dayf	挤	同汉义
dayd	低	同汉义
dây	弟	①dây day,小弟弟,小男孩 ②后置副词,ā dây, à dây, aā dây, aà dây,太过,十分,非常,很
dãy	仔	①同汉义 ②儿子 ③dãy-j,仔儿,年轻男性
dãyb	抵	①同汉义 ②值得 ③抵力,辛苦
dãyf	济	同汉义
dãyd	底	①同汉义 ②折(xǐf)底,吃亏
däy	帝	①同汉义 ②晒,暴晒,阳光猛烈
däyb	蒂	汉读,同汉义
däyf	祭	同汉义
däyd	缔	同汉义
däyl	际	同汉义
dä'p		口语 ①拉、握 ②下垂 ③将,把
dä'p	跛	传读,同汉义
da'm		口语,da'm 堆,煎堆
dâ'm		口语,同"踏",踩踏
dã'm		口语 ①击打,殴打 ②打水
dä'm	怎	同汉义
dä'mb	浸	①同汉义 ②下垂 ③浸落公,一种野菜
da'ng	曾	同汉义——曾{zēng},如:曾孙
da'ngb	登	①同汉义 ②登特,故意
da'ngf	蹬	同汉义
da'ngd	增	同汉义
da'ngl	瞪	同汉义,其中"瞪视",同"gâu"
da'ngk	津	同汉义
da'ngh	甄	同汉义
da'ngz	吨	同汉义
da'ngc	僧	同汉义
da'ngx	敦	同汉义
da'ngw	憎	同汉义
da'ngv	遵	汉读,同汉义
da'ngj	墩	同汉义
da'ngs	灯	同汉义
da'ngq	蹭	同汉义
dä'ng		口语,踢,踹
dâ'ng	蹲	①猛然落地而受伤 ②颠簸 ③抖动,晃动 ④另见"dun"
dä'ng	等	①同汉义 ②等路,礼物 ③装放

dā'ngb	顿	同汉义	dôm		象声词
dā'ngf	趸	①同汉义 ②桥趸,桥墩 ③拥趸,拥护者,同英语"fans"	dong	东	同汉义
			dongb	纵	①同汉义 ②遮挡 ③纵用,有用
dā'ngd	攒	伝读,同汉义,如:攒钱	dongf	鬃	同汉义
dä'ng	进	同汉义	dongd	踪	同汉义
dä'ngb	凳	同汉义	dongl	冬	同汉义
dä'ngf	炖	同汉义	dongk	棕	同汉义
dä'ngd	扽	①同汉义,拉,使伸直或平整 ②扽手,握手 ③扽兜,发脾气	dongh	综	同汉义
			dongz	宗	同汉义
do	多	同汉义	dông	栋	同汉义
dob	哆	同汉义	dôngb	幢	同汉义
dō	左	同汉义	dǒng	懂	同汉义
dōb	佐	同汉义	dǒngb	董	同汉义
dò	足	①同汉义 ②百足,蜈蚣 ③底部	dǒngf	总	同汉义
dòb	督	①同汉义 ②量词,主要形容屎、尿、屁等,如:一督屎 ③触碰	dòng	冻	同汉义
			dòngb	粽	伝读,同汉义,如:裹粽
dòf	促	同汉义,"促(còf)"除外	de	爹	①同汉义 ②爷爷 ③对老人或长者的尊称 ④di de de,烦人(声) ⑤月爹,月亮
dou	都	①同汉义——都{dū}、都{dōu},如:首都 ②都加,怎么还(是)			
doub	租	同汉义	dē		口语,同"掐"
dōu	堵	①同汉义 ②堵物,为什么,怎么,怎样,什么情况,干吗	dê	嗲	语气词,伝语一般用"唎(lê)"
			dě	朵	同汉义
dōub	赌	同汉义	děb	垛	同汉义
dōuf	睹	同汉义	děf	嗲	形容撒娇的声音或态度,制嗲
dōud	祖	①同汉义 ②祖日,明天	děd	躲	同汉义
döu	做	同汉义	děl	姐	①同汉义 ②阿姐,妾
döub	妒	同汉义,如:妒忌,忌妒,嫉妒	děk	跺	同汉义
dop		口语 ①象声词 ②优哉游哉地走	dě	借	同汉义
döp		口语 ①象声词 ②优哉游哉地走	dě		口语,di dě dě,di dě dě,烦人(声)

dei	咨	同汉义		deinl	丁	同汉义
deib	兹	同汉义		deink	汀	同汉义
deif	孜	同汉义 ①溜走,晃去 ②nông-j孜,婴儿孜,婴儿,小孩 ③乱逛		deinh	钉	①同汉义 ②生耳钉,中耳炎
deid	资	同汉义		deinz	睛	同汉义
deil	淄	同汉义		dēin	顶	同汉义
deik	滋	同汉义		dēinb	井	同汉义
deih	姿	同汉义		dēinf	鼎	同汉义
dēi		口语 ①伸、伸出 ②送给,送礼 ③放,放在		dēin		口语 ①扔,砸 ②晾干
dèi	子	同汉义		deu	屌	①同汉义 ②屌头壳,屌斗(dāu),窝囊废 ③屌zū,傻瓜 ④屌斗样,屌jä'ng样,不堪入目的样子,惨不忍睹的样子 ⑤屌头,龟头
dèib	姊	同汉义				
dēif	紫	同汉义				
dēid	籽	同汉义		dêu	汋	①闲游,游玩 ②理会,如:费事汋你 ③拉尿
dëi		口语 ①蚊虫叮咬 ②稀dëi,潮湿		dëu		口语,下垂
dèit	的	①形容词的标记,伝语一般用"个" ②表所属关系,如:我的,伝语一般用"个" ③替代所指事物,如:买菜的,伝语一般用"个" ④助词,一般放句尾,表肯定语气,如:她从外地来的,伝语一般用"个" ⑤的确 ⑥目标,目的 ⑦指示代词,这、那、这些、那些 ⑧助词,的、地、得		dep	嚼	①伝读,同汉义 ②用舌头和唾液消磨食物,而不用牙齿咬
				dēp	爵	①同汉义 ②量词,撮、把、缕等；如:一爵沙 ③五指聚拢去抓取
				dëp		口语,下垂
				dem		口语 ①尖锐物品 ②用尖锐物品戳刺,如:dem猪
				deng	将	同汉义——将{jiāng},如:将来
				dengb	浆	同汉义
dèitb	脊	同汉义		dēng	奖	同汉义
dèitf	滴	同汉义		dēngb	蒋	同汉义
dèitd	绩	同汉义		dēngf	桨	同汉义
dèitl	渍	同汉义		dèng	将	同汉义——将{jiàng},如:大将
dèitk	积	同汉义		dèngb	酱	同汉义
dèith	嫡	同汉义		di		口语 ①语声词 ②di dǎ,唢呐 ③di de de,烦人(声)
dèitz	迹	同汉义				
dein	精	①同汉义 ②精la'ng,精明勤谨		dǐ		口语,摩托车、汽车鸣笛声
deinb	叮	同汉义		dï	跌	同汉义
deinf	盯	同汉义		dïb	截	汉读,同汉义
deind	晶	同汉义		dïf	节	同汉义

dïd	掷	伝读,同汉义,如:掷杯珓	dingd	癫	同汉义	
dǐ		①象声词 ②响,响一下,如:dǐ àd dǐ 我电话 ③肥 dǐ dǐ,胖嘟嘟	dǐng	碘	同汉义	
			dǐngb	典	同汉义	
diä		口语 ①吼叫,喝止 ②恨跌 diä,喊砍喊杀 ③疼痛	dǐngf	腆	同汉义	
			dǐngd	剪	同汉义	
dià		口语,同"掐"	dìng	箭	同汉义	
diǎ		口语,吼叫	dǐngb	荐	同汉义	
diu	丢	①同汉义 ②放,如:丢几的,放这里 ③在,如:丢丢几的,放丢几的,放在这里	du	嘟	象声词	
			dǔ		口语,象声词,dǐ dǔ dǔ,杂乱的脚步声	
			duä	昨	同汉义	
diub	雕	同汉义	duäb	琢	同汉义	
diuf	焦	同汉义	duäf	啄	①同汉义 ②冰冷刺骨	
diud	椒	同汉义	duäd	作	同汉义	
diul	凋	同汉义	duäl	柞	同汉义	
diuk	瞧	同汉义	duǎ	剁	同汉义,用刀往下砍	
diuh	礁	同汉义	duao	刀	同汉义	
diuz	碉	同汉义	duaob	糟	同汉义	
diuc	蕉	①同汉义 ②蕉子,香蕉	duaof	遭	同汉义	
diux	刁	同汉义	duaod	叨	汉读,同汉义	
dĭu	鸺	①同汉义 ②骂,咒骂 ③娜(nā)的鸺,由"捉其娜的鸺"省略而来,粗口	duāo	早	同汉义	
			duāob	枣	同汉义	
			duāof	捣	①同汉义 ②骂,咒骂	
dìu	吊	同汉义	duãod	倒	①同汉义 ②了,到了,如:攞倒咧,拿到了啦	
dìub	钓	同汉义				
dĭp	接	同汉义	duāol	岛	同汉义	
dim	尖	同汉义	duäo	到	同汉义	
dîm	掂	①同汉义 ②好,行 ③搞掂,办好,处理完毕	duäob	灶	同汉义	
			duoi	栽	同汉义	
dĭm	点	同汉义	duoib	灾	同汉义	
dǐm	店	同汉义	duoif	哉	同汉义	
dǐmb	惦	同汉义	duõi	宰	同汉义	
dǐng	颠	同汉义	duõib	滓	同汉义	
dǐngb	滇	同汉义	duõi	再	同汉义	
dǐngf	煎	同汉义	duōib	载	同汉义	

129

dui	堆	同汉义		dūn	短	①同汉义 ②管教,约束,如:你要短短你只仔哦
duī	嘴	同汉义				
duĭb	沮	汉读,同汉义		dün	钻	汉读,同汉义,包含"钻(dunl)" ①钻石 ②穿孔洞的用具,钻头 ③钻孔、穿孔 ④钻研 ⑤进入
duīf	咀	同汉义				
duï	对	同汉义				
duïb	醉	同汉义		dünb	断	①判断 ②一定,如:断不可行 ③另见"tǔn"
duïf	兑	同汉义				
duïd	最	同汉义		dung	当	同汉义——当{dāng},如:当初
dŭt	嘟	①亲吻 ②肥嘟嘟,胖乎乎		dūng	挡	同汉义
dun	蹲	①同汉义,伝语一般用"vau(勾)"或"mau(跍)" ②另见"dâ'ng"		dūngb	党	同汉义
				dūngf	档	同汉义,"档(düngf)"除外
dunb	樽	①同汉义 ②瓶,瓶子		dūngd	裆	汉读,同汉义
dunf	端	同汉义		düng	当	同汉义——当{dàng},如:正当
dund	尊	同汉义		düngb	葬	同汉义
dunl	钻	进入,如:钻入去,钻进去		düngf	档	①档口,小商铺 ②另见"dūngf"

T

ta	他	同汉义		tai		领带,英语"tie"的转读
tab	她	同汉义		tâi	大	①同汉义 ②大细 ni ne,男女老幼 ③哥哥 ④爸爸(旧称) ⑤大只,长大了,个头大 ⑥数量大于五
taf	它	同汉义				
tad	挞	蛋挞				
tâ		口语,语气词		tâib	第	①排序位置,如:第一 ②另见"tây"
tä	达	同汉义		täi	太	同汉义
täb	由	家由,甲由,蟑螂		täib	酞	同汉义
täf	擦	伝读,同汉义		täif	贷	同汉义
täd	挞	鞭挞		täid	傣	同汉义
tá	贼	同汉义		täil	态	同汉义
táb	疾	同汉义		täik	泰	同汉义
táf	突	同汉义		täih	汰	同汉义
tád	凸	同汉义		tau	秋	①同汉义 ②颈秋,恶心
tál	忑	同汉义		taub	偷	①同汉义 ②天偷,蜘蛛
ták	特	同汉义		tāu	头	①同汉义 ②头亨,头先,刚才
tà	七	同汉义		tāub	投	同汉义
tàb	柒	①同汉义 ②堵住 ③塞子		tâu	就	同汉义,包含"就(câu)"
tàf	漆	同汉义		tâub	袖	同汉义

tâuf	逗	同汉义		tāngf	残	同汉义
tâud	豆	同汉义		tâng	弹	①同汉义——弹{dàn} ②弹簧
tâul	痘	同汉义		tângb	蛋	同汉义
tâuk	宙	同汉义		tângf	惮	同汉义
tāu		口语,歇息		tângd	但	同汉义
täu	透	①同汉义 ②风透,透风,风大		täng	坦	同汉义
täp	塔	①同汉义 ②块,量词,多用于屋地		tängb	毯	同汉义
täpb	塌	同汉义		tängf	袒	同汉义
täpf	踏	同汉义		tängd	灿	同汉义
täpd	蹋	同汉义		tängl	忐	同汉义
täpl	杂	同汉义		täng	叹	同汉义
tam	参	同汉义——参{cān}、参{cēn},如:参与,参差不齐		tängb	碳	同汉义
				tängf	炭	同汉义
tamb	贪	同汉义		tay	妻	同汉义
tām	谈	同汉义		tayb	锑	同汉义
tāmb	谭	同汉义		tayf	凄	同汉义
tāmf	痰	同汉义		tayd	栖	同汉义
tāmd	檀	同汉义		tayl	梯	同汉义
tāml	坛	同汉义		tāy	齐	①同汉义 ②一(āf、àd)齐,一起 ③齐齐,全部,所有
tāmk	潭	同汉义				
tāmh	蚕	同汉义		tāyb	堤	同汉义
tăm	淡	同汉义,"淡(tâm)定"除外		tāyf	嚏	同汉义
tămb	氮	同汉义		tāyd	蹄	同汉义
tâm	淡	①淡定 ②另见"tăm"		tāyl	提	同汉义
tâmb	覃	地名,覃巴镇		tāyk	啼	同汉义
tām	惨	同汉义		tāyh	题	同汉义
täm	探	同汉义		tăy	弟	同汉义,如:兄弟,老弟,弟弟
tang	餐	同汉义		tây	第	①次第,次序 ②科举及第 ③府第,门第 ④另见"tâib"
tangb	坍	同汉义				
tangf	摊	同汉义		tâyb	逮	同汉义
tangd	瘫	同汉义		tâyf	递	同汉义
tangl	滩	同汉义		tâyd	隶	同汉义
tāng	弹	同汉义——弹{tán},"弹簧"除外		tāy	体	同汉义
tāngb	惭	同汉义		tāyb	睇	①看 ②睇个咯(lo),走着瞧

131

täy	替	同汉义	to	拖	①同汉义 ②拖桶,抽屉 ③拖头儿,小型拖拉机 ④拍拖,谈恋爱
täyb	涕	①同汉义 ②涕阳,臭小子	tō	舵	①同汉义 ②舵头,带头,带领
täyf	剃	同汉义	tōb	秃	同汉义,包含"光秃秃"
täyd	砌	伝读,同汉义	tōf	驮	①同汉义 ②带,带大,养大
tä'p	缉	①同汉义 ②量词,节、段	tōd	鸵	同汉义
tä'pb	辑	①同汉义 ②辑着,碰巧 ③脱辑,脱开,脱离 ④辑近,辑上,组装	tōl	陀	同汉义
tä'pf	揖	伝读,同汉义	tōk	驼	同汉义
tä'p	习	同汉义	tŏ	椭	同汉义
tä'pb	袭	①同汉义 ②摔跤,坠下 ③砸,扔	tŏb	妥	同汉义
tä'pf	集	同汉义	tŏf	挫	同汉义
ta'm	侵	①同汉义 ②添加,如:侵水	tŏd	唾	同汉义
tā'm	寻	①同汉义 ②寻地,掩埋,盖住	tô	惰	汉读,同汉义
ta'ng	亲	①同汉义 ②盖住 ③锅盖,餐桌盖	tôb	堕	①同汉义 ②语气词,吗、呀
ta'ngb	吞	同汉义	tö	错	同汉义
tā'ng	层	同汉义	tó	读	同汉义
tā'ngb	曾	同汉义——曾{céng},如:曾经	tób	毒	同汉义
tā'ngf	询	同汉义	tóf	犊	同汉义
tā'ngd	殉	同汉义	tód	族	①同汉义 ②族日,昨天
tā'ngl	绚	同汉义	tól	牍	同汉义
tā'ngk	秦	同汉义	tók	俗	同汉义
tā'ngh	循	同汉义	tóh	独	①同汉义 ②独头,孤寡,不近人情
tā'ngz	藤	同汉义	tóz	续	同汉义
tā'ngc	疼	①疼痛 ②另见"töngb"	tóc	渎	同汉义
tā'ngx	旬	同汉义	tóx	逐	同汉义
tā'ngw	腾	同汉义	tou	粗	同汉义
tā'ngv	巡	①同汉义 ②匀巡,均匀,匀称	tōu	图	同汉义
tâ'ng	尽	同汉义	tōub	徒	同汉义
tâ'ngb	遁	①同汉义 ②兜遁,理会	tōuf	途	同汉义
tâ'ngf	盾	同汉义	tōud	屠	同汉义
tâ'ngd	钝	同汉义	tōul	涂	同汉义
tâ'ngl	邓	同汉义	tŏu	肚	同汉义
tâ'ngk	赠	同汉义	tôu	渡	①同汉义 ②渡狗,蟋蟀
tâ'ngh	烬	同汉义	tôub	镀	①同汉义 ②镀火,点火
tä'ng		口语①移动 ②挤出 ③量词,层、代、批、群 ④tä'ng 骨,身体长高	tôuf	度	同汉义,包含"度(tuäf)"
			tôud	杜	同汉义

132

tõu	取	①伝读,同汉义 ②取牙齿,拔牙		tōngf	桶	同汉义
tõub	土	同汉义		tõng	痛	同汉义
tõuf	娶	伝读,同汉义,如:tõuf 老婆		tõngb	疼	①同汉义,包含"疼(tā'ngc)" ②好(hõu)疼,可爱,让人怜爱
töu	醋	同汉义		tē	斜	汉读,同汉义
töub	吐	同汉义		tēb	邪	同汉义
töuf	兔	同汉义		tēf	砣	同汉义,如:秤砣
tong	聪	同汉义		tě	坐	①同汉义 ②坐谈会,座谈会
tongb	葱	同汉义		tê	座	同汉义,伝语不用"座谈会"
tongf	囱	同汉义		têb	谢	①同汉义 ②助词,如:死谢,完了
tongd	匆	同汉义		têf	惰	伝读,同汉义
tongl	涌	同汉义——涌{chōng},如:河涌		të	斜	伝读,同汉义
tongk	通	同汉义		tei	趋	同汉义
tongh	统	①统统,通通,全部 ②另见"tōng"		teib	蛆	①同汉义 ②幼虫 ③蠕虫
tōng	从	同汉义		tēi	词	同汉义
tōngb	松	①松木,松树 ②另见"song"		tēib	瓷	同汉义
tōngf	丛	同汉义		tēif	慈	同汉义
tōngd	同	同汉义		tēid	脐	同汉义,如:肚脐
tōngl	筒	同汉义		tēil	磁	同汉义
tōngk	酮	同汉义		tēik	徐	同汉义
tōngh	铜	同汉义		tēih	辞	同汉义
tōngz	瞳	同汉义		tēiz	嗣	同汉义
tōngc	童	①同汉义 ②童 geu,糖 geu,糖果		těi	巳	同汉义
tōngx	桐	同汉义		têi	地	①同汉义 ②密封,盖住,如:寻地
tōngw	彤	同汉义		têib	自	同汉义
tǒng	动	伝读,同汉义		têif	饲	同汉义
tông	动	汉读,同汉义		têid	字	同汉义
tôngb	洞	同汉义		têil	似	同汉义
tôngf	诵	同汉义,包含"诵(côngb)"		têik	叙	同汉义
tôngd	侗	同汉义		têih	序	同汉义
tôngl	颂	同汉义		têiz	寺	同汉义
tôngk	恫	同汉义		têic	聚	同汉义
tôngh	讼	同汉义		têi	取	汉读,同汉义
tõng	统	同汉义,"统(tongh)"除外		têib	此	同汉义
tõngb	捅	同汉义				

tẽif	娶	汉读,同汉义
tẽi	次	同汉义
tẽib	糍	①糠糍,糠 ②粉糍,痘痘 ③(小孩)可爱 ④喷糍,米刚刚被煮烂
tẽif	茨	同汉义
tẽid	趣	同汉义
téit	夕	同汉义
téitb	涤	同汉义
téitf	矽	同汉义
téitd	敌	同汉义
téitl	藉	同汉义
téitk	汐	同汉义
téith	席	同汉义
téitz	迪	同汉义
téitc	狄	同汉义
téitx	笛	同汉义
téitw	籍	同汉义
tèit	剔	①同汉义 ②用棍子的一头提起来
tèitb	踢	汉读,同汉义
tèitf	惕	同汉义
tèitd	寂	同汉义
tèitl	戚	①同汉义 ②戚网,织网
tein	青	①同汉义 ②青鸡呕黑,肿胀严重
teinb	厅	同汉义
teinf	烃	同汉义
teind	氰	同汉义
teinl	清	同汉义
tēin	情	同汉义
tẽinb	廷	同汉义
tẽinf	蜓	同汉义
tẽind	晴	同汉义
tẽinl	亭	同汉义
tẽink	婷	同汉义
tẽinh	停	同汉义
tẽinz	庭	同汉义
tẽin	挺	同汉义
tẽinb	艇	同汉义
tên	定	同汉义
tênb	靛	同汉义
tênf	静	①同汉义 ②静贴,安静,平静
tênd	靖	同汉义
tênl	净	同汉义
tênk	锭	同汉义
tênh	订	同汉义
tẽin	请	同汉义
tẽin	听	同汉义
tēu		口语,赤 tēu tēu,赤裸裸
tēu		口语 ①倒掉 ②汗流水 tēu,汗流浃背,大汗淋漓
teng	枪	同汉义
tengb	呛	同汉义
tēng	祥	同汉义
tēngb	详	同汉义
tēngf	翔	①同汉义 ②弹,弹手指
tēngd	樯	同汉义
tēngl	墙	同汉义
tēngk	蔷	同汉义
tēng		口语 ①弹起 ②挺起,凸起
têng	相	中国象棋红方中的棋子"相"
tēngb	匠	同汉义
tēngf	象	同汉义
tēngd	像	同汉义
tēngl	橡	①同汉义 ②弹起来 ③爆炸 ④被爆炸物击中
tēng	抢	同汉义
tī		口语,喊 tī 嘈,闹哄哄
tï	铁	同汉义
tïb	切	①用刀切,切成片 ②另见"cüt"

tīf	秩	同汉义		timd	添	同汉义
tīd	截	传读,同汉义		timl	纤	同汉义
tiä	鹊	①同汉义 ②鹊起,突然记起		timk	舔	①汉读,同汉义 ②另见"tǐmbb"
tiäb	雀	同汉义		timh	迁	同汉义
tià		口语 ①跳,玩耍 ②忙乱 ③发脾气		timz	钎	同汉义
tiu	挑	①同汉义 ②挖凿工具,如:蟹挑		timc	忏	传读,同汉义,如:忏悔
tīu	调	同汉义——调{tiáo},"调皮"除外。如:调解		timx	笺	同汉义
				tīm	甜	①同汉义 ②甜薯,毛薯
tīub	迢	同汉义		tǐmb	恬	汉读,同汉义
tīuf	跳	同汉义		tǐm	潜	同汉义
tīud	条	同汉义		tǐmb	垫	①同汉义 ②垫头,枕头
tīul	憔	同汉义		tîm	渐	同汉义
tîu	调	同汉义——调{tiáo}、调{diào},"调皮"除外。如:调解,调查		ting	千	①同汉义 ②千奇,千万(不要)
				tingb	仟	同汉义
tĩu	悄	同汉义		tingf	天	①同汉义 ②天偷,蜘蛛 ③天势,气候,天气 ④天面,房子的大厅 ⑤天地,天地个,十分,非常,副词,如:天地(个)多,非常多
tïu	调	①调皮 ②另见"tīu,tîu"				
tïub	峭	同汉义				
tïuf	俏	同汉义				
tïud	肖	同汉义——肖{xiào},如:生肖		tīng	钱	同汉义
tïul	眺	同汉义		tīngb	前	同汉义
tïuk	巢	同汉义,如:巢谷,售卖稻谷		tīngf	填	同汉义
tïp	碟	①同汉义 ②碟儿,光碟		tīngd	钱	同汉义
tïpb	谍	同汉义		tīngl	田	同汉义
tïpf	捷	同汉义		tîng	电	①同汉义 ②电泥,电油,电池
tïpd	贴	同汉义		tîngb	殿	同汉义
tïpl	蝶	同汉义		tîngf	奠	同汉义
tïpk	迭	同汉义		tîngd	贱	同汉义
tïph	帖	同汉义		tîngl	佃	同汉义
tïpz	睫	同汉义		tîngk	践	汉读,同汉义
tïpc	叠	同汉义		tîngh	溅	同汉义
tim	签	同汉义		tîngz	淀	同汉义
timb	歼	同汉义		tîngc	甸	同汉义
timf	扦	同汉义		tĩng	浅	同汉义

135

tǐng	践	伝读,同汉义		tuäoh	澡	同汉义
tuä	托	同汉义		tuoi	胎	同汉义
tuäb	拓	同汉义		tuōi	才	同汉义
tuäf	度	同汉义——度{duó},如:揣度		tuōib	抬	同汉义
tuao	操	同汉义		tuōif	裁	同汉义
tuaob	滔	同汉义		tuōid	台	同汉义
tuaof	绦	同汉义		tuōil	苔	同汉义
tuāo	曹	同汉义		tuōik	财	同汉义
tuāob	嘈	①杂乱,杂声 ②嘈劳,争执		tuōih	材	同汉义
tuāof	槽	同汉义		tuôi	在	同汉义
tuāod	萄	同汉义		tuôib	袋	同汉义
tuāol	涛	同汉义		tuôif	代	同汉义
tuāok	桃	①同汉义 ②花桃,石榴		tuôid	殆	同汉义
tuāoh	掏	①同汉义 ②绑,如:掏包口		tuôil	待	同汉义
tuāoz	淘	同汉义		tuôik	怠	同汉义
tuāoc	逃	同汉义		tuõi	采	同汉义
tuāox	陶	同汉义		tuõib	睬	同汉义
tuâo	造	同汉义		tuõif	彩	①同汉义 ②运气
tuâob	稻	同汉义		tuöi	菜	①同汉义 ②菜头,白萝卜 ③菜 tāu-j,菜头儿,萝卜干
tuâof	道	①同汉义 ②个道儿(ji),现在				
tuâod	导	①同汉义 ②用药毒杀,如:导虫		tuöib	蔡	同汉义
tuâol	盗	同汉义		tui	推	同汉义
tuâok	蹈	同汉义		tuib	崔	同汉义
tuâoh	祷	同汉义		tuif	摧	同汉义
tuâoz	悼	同汉义		tuid	催	同汉义
tuâoc	糙	汉读,同汉义		tuī	随	同汉义
tuāo	草	同汉义		tuīb	隋	同汉义
tuāob	讨	同汉义		tuīf	颓	①同汉义 ②愚蠢
tuāo	噪	同汉义		tuî	队	同汉义
tuāob	躁	①同汉义 ②生气		tuîb	罪	同汉义
tuāof	燥	同汉义		tuĭ	腿	同汉义
tuāod	藻	同汉义		tuĭ	翠	同汉义
tuāol	糙	伝读,同汉义		tuĭb	蜕	同汉义
tuäok	套	同汉义		tuĭf	悴	同汉义

tuĭd	褪	同汉义		tungf	沧	同汉义
tuĭl	脆	同汉义		tungd	窗	同汉义
tuĭk	退	同汉义		tungl	苍	同汉义
tüt	夺	同汉义		tungk	舱	同汉义
tütb	脱	同汉义		tungh	汤	同汉义
tütf	绝	同汉义		tungz	劏	宰杀
tun	村	同汉义		tüng	糖	①同汉义 ②糖 geu,童 geu,糖果 ③蜂糖,蜂蜜
tūn	全	同汉义				
tūnb	屯	同汉义,包含"屯(nā'ngf)"		tüngb	膛	同汉义
tūnf	痊	同汉义		tüngf	搪	同汉义
tūnd	团	同汉义		tüngd	堂	①同汉义 ②仲堂,远堂
tūnl	臀	汉读,同汉义		tüngl	唐	同汉义
tūnk	囤	同汉义		tüngk	棠	同汉义
tūnh	醇	同汉义		tüngh	塘	①同汉义 ②长度单位,一塘五千米
tūnz	存	同汉义		tüngz	藏	同汉义——藏{cáng},如:包藏
tǔn	断	①断开、断裂 ②另见"dünb"		tûng	荡	同汉义
tûn	段	①同汉义 ②量词,阵,如:一段风		tŭng	淌	流下,往下流
tûnb	锻	同汉义		tŭngb	倘	同汉义
tûnf	缎	同汉义		tŭngf	躺	同汉义
tün	寸	同汉义		tŭngd	敞	同汉义
tung	仓	同汉义		tüng	淌	冲走
tungb	烫	同汉义		tüngb	趟	同汉义

N

na	拿	①汉读,同汉义 ②测量单位 ③文得话拿,为时尚早,八字还没一撇		nao	孬	①同汉义 ②扑克牌的"J"
				nāo	挠	同汉义,表"搔"时,同"jao"
nab	锌	①同汉义 ②粘 ③扇耳光		nâo	闹	同汉义
nā	娜	①母亲 ②另见"nâf,nōf"		nâob	淖	汉读,同汉义
nâ	那	①同汉义——那{nà}、那{nèi},如:那样 ②另见"nō"		nai	奶	①二奶,小老婆 ②nai nai,儿童用语,奶水,乳类饮料
nâb	哪	①同汉义——哪{na}、哪{nǎ}、哪{něi} ②另见"nōb,nôb"		nǎi	乃	同汉义
				nǎib	奶	同汉义
nâf	娜	①人名 ②另见"nā,nōf"		nǎif	氖	同汉义
nā		口语,nā ni,nā 的,那些		nau	嫐	广府借词,生气
nä		口语 ①煎 ②烫 ③用巴掌击打		naub	瞅	同汉义
nà		口语 ①记录,如:nà 数 ②舍弃,删除 ③掐,捏		nauf	鳅	同汉义,如:泥鳅
				naud	揪	同汉义

137

naul	锹	同汉义	nā'ng	能	①同汉义 ②能僻,聪明,乖 ③能身,能头,精力充沛,精力旺盛
nâu		口语 ①臭味 ②尸液 ③臭脾气	nā'ngb	炖	同汉义
nãu	扭	同汉义	nā'ngf	屯	①伝语通"炖" ②另见"tūnb"
nãub	钮	同汉义	nă'ng		口语,拳打
nãuf	纽	同汉义	nă'ng		口语 ①扭,扭动,转动 ②溜走
näp	呐	同汉义	nä'ng		口语 ①鼻涕 nä'ng,浓鼻涕 ②陷进去 ③na'ng na'ng,全没了
näpb	钠	同汉义			
näpf	纳	同汉义			
nam	喃	①同汉义 ②唠叨 ③喃摩,诵经,唠叨	no		口语 ①搓 ②长 no,长长的样子
nām	南	同汉义	nō	那	①姓 ②地名 ③那胶,那qià,糊状的 ④另见"nâ"
nāmb	男	同汉义	nōb	哪	①同汉义——哪{né},如:哪吒 ②另见"nâb,nôb"
nǎm	腩	①同汉义 ②打、教训 ③醮、粘			
nâm		口语,陷进去	nōf	娜	①婀娜 ②另见"nā,nâf"
nāng	难	同汉义——难{nán},如:困难	nōd	挪	同汉义
nâng	难	同汉义——难{nàn},如:灾难	nōl	螺	①螺丝 ②另见"lē"
nãng		口语,蚊虫叮咬所致的疙瘩	nô	懦	同汉义
näng	蒂	伝读,同汉义,如:瓜蒂	nôb	哪	①语气助词 ②另见"nâb,nōb"
nāy	泥	同汉义	nõ		口语,闪到、扭到
nây	滞	①同汉义 ②滞那儿(nō-j),蝌蚪	nó		口语 ①搓揉 ②擦拭
nâyb	腻	①同汉义 ②体垢	nò		口语 ①用筷子夹开或夹断 ②肥 nò nò,肥胖,胖乎乎
näy		口语 ①陷入 ②nèit näy,粘手、粘身 ③乌蹊咳 näy,完蛋,没希望的			
			nōu	奴	同汉义
			nǒu	努	同汉义
nā'p	凹	伝读,同汉义——凹{āo}	nôu	怒	同汉义
nā'pb	粒	同汉义	nong	㶶	①㶶之,焦,糊 ②鱼㶶,小鱼
nā'm		口语,柔软	nōng	农	同汉义
nâ'm		口语 ①反应慢的,不灵敏的,不聪明的 ②nâ'm ziä,潮湿	nōngb	浓	同汉义
			nōngf	脓	同汉义
nā'm	谂	①同汉义 ②想 ③咀嚼	nóng	婴	伝读 ①nóng-j,孩子,小孩 ②婴婉,婴儿 ③婴物,那啥,那个
nä'm		口语,臭 nä'm,霉臭			
na'ng		口语 ①小山坡 ②屎 ③全没有了,光了 ④肥猪 na'ng,肥肉 ⑤nein na'ng,多事 ⑥面之 na'ng,脸颊 ⑦缝补 ⑧赤裸	nǒng		口语 ①偷偷取走 ②挣脱 ③溜走
			nòng		口语,变质发臭
			ne	呢	①疑问词,语气词 ②小,排行最末的,如:呢叔 ③另见"ni"

nê	糯	①同汉义 ②gô nê,语气助词	nëm	踮	同汉义	
nei	眯	①眼皮微微合拢 ②小睡 ③眨眼睛 ④量词,块(肉) ⑤另见"mäy"	neng	胖	①乳、乳房、乳汁 ②雌兽	
			nēng	娘	①同汉义 ②fu nēng-j,中年女性	
neib	弥	①阿(o)弥陀佛 ②另见"nēi"	nẽng	掐	同汉义	
nēi	弥	同汉义,"弥(neib)"除外	nẽngb	撑	同汉义	
nēib	尼	同汉义	nẽngf	捻	同汉义	
nēif	妮	同汉义	nëng	唛	怎么,怎样	
nēid	倪	同汉义	ni	呢	①一些 ②指示代词,这些、那些 ③象声词,如:呢喃喃,唠唠叨叨 ⑤另见"ne"	
nēil	霓	同汉义				
něi	你	同汉义				
něib	女	同汉义	niä		口语 ①擦拭,如:niä 鼻涕 ②biä niä,因水多而成糊状 ③修复裂缝	
něif	您	同汉义,伝语不用				
nêi		口语,那里	nîu	尿	同汉义——尿{niào}	
nëi		口语,贴着眼睛看	nĩu	鸟	同汉义	
néit	虐	汉读,同汉义	nïp	摄	汉读、伝读,同汉义	
néitb	溺	同汉义	nïpb	慑	汉读、伝读,同汉义	
néitf	匿	同汉义	nïpf	捏	同汉义	
nèit		口语,nèit näy,粘手或粘身	nïpd	镊	同汉义	
nein		口语,nein na'ng,馨香,多事	nïpl	涅	同汉义	
nēin	宁	同汉义	nïpk	孽	同汉义	
nēinb	柠	同汉义	nïph	蹑	同汉义	
nēinf	狞	同汉义	nïpz	聂	同汉义	
nēind	拧	同汉义	nim	粘	汉读,同汉义	
nēinl	泞	同汉义	nīm	粘	伝读 ①同汉义 ②扇耳光	
nêin		口语 ①转向,面向,nêin 向 ②扭扭 nêin nêin,扭扭捏捏	nîm	念	同汉义	
			nîmb	验	同汉义	
něin		口语,笼子,篮子,一般儿化	nīng	年	同汉义	
nẽin		口语,提走	nuä	诺	同汉义	
neu		口语,软的,有韧性的	nuäo	脑	同汉义	
nẽu		口语,夺走性命,死亡	nuäob	恼	①同汉义 ②讨厌,如:恼出汗	
nëu		口语 ①涕阳 nëu,臭小子,小屁孩 ②来孙 ③nëu 祖,天祖 ④提,拎	nuôi	耐	①同汉义 ②久,时间长的	
			nuôib	奈	同汉义	
nëp		口语 ①卷折,卷起来 ②空,干瘪	nuôif	内	同汉义	
nem	拈	伝读 ①同汉义 ②拿,取	nui		口语,扑克牌中的"Q"

nuï		口语,劳累、乏力		nûng	裆	伝读,同汉义,裤头裆,裤裆
nüt		口语,被水卷走		nüng		口语,同"拉"
nǔn	暖	同汉义		ņg	嗯	叹词 ①ņg 表示应允或肯定。重读时,表示十分肯定 ②ņg-x 表示惊叹或疑问 ③ņg-w 表示叹息
nûn	嫩	同汉义				
nung		口语,耳阿 nung,脸颊				
nūng	囊	同汉义				

L

la	啦	①语气助词 ②啦啦队		läi		口语,皮肤病,如:檬 läi
lab	喇	①喇嘛,僧侣 ②喇叭,见"叭"		lau	骝	①同汉义 ②马骝,猴子
lā	啦	语气助词		laub	溜	①同汉义 ②溜碌,不顺畅
lâ	啦	语气助词		lauf	褛	①外套 ②披上 ③褛倒,招惹上
lã		口语 ①抓 ②雌性 ③lã gâo,脏乱		lāu	刘	同汉义
lä	辣	①同汉义 ②粗略地看,如:辣一眼		lāub	娄	同汉义
lá	肋	①同汉义 ②雷肋,拿……出气		lāuf	楼	同汉义
láb	勒	同汉义,包含"勒(làb)"		lāud	留	同汉义
láf	律	①同汉义 ②过律,过分		lāul	榴	同汉义
lád	笏	①植物上的刺 ②鱼笏,鱼骨		lāuk	馏	同汉义
lál	率	同汉义——率{lǜ},如:效率		lāuh	瘤	同汉义
lák	栗	①同汉义 ②栗栗紧,紧迫		lāuz	硫	同汉义
là	甩	①伝读,同汉义 ②甩虾,不卫生		lāuc	流	①同汉义 ②流流,(新年)伊始,流动的样子 ③流 pāu,吊儿郎当 ④大小便急
làb	勒	①悬崖勒马 ②勒索 ③另见"láb"				
làf	晃	①同汉义 ②旮晃 kê,腋窝				
lǎ		口语 ①象声词 ②臭火 lǎ,烧糊后的臭味 ③过 lǎ,成功		lāux	琉	同汉义
				lāu	柳	同汉义
lao	捞	①同汉义 ②海蜇 ③lao vâo,龙头鱼 ④歧视性用语,如:捞佬		lâu	漏	①同汉义 ②漏兜来,一直以来
				lâub	陋	同汉义
lâo		口语,lâo 烘,干热		lāu	搂	同汉义
lai	拉	同汉义,指"排便"时,见"ad"		lāub	缕	同汉义
laib	幺	同汉义,小,排行最末的		läp	腊	①同汉义 ②饿,挨饿
lǎi		口语 ①淋、洒 ②见"血"		läpb	蜡	①同汉义 ②蜡一眼,瞥一眼
lâi	赖	①同汉义 ②三赖,山奈、沙姜		läpf	垃	同汉义
lâib	濑	①同汉义 ②拼零败濑,七零八乱 ③大小便失禁 ④濑尿虾,即虾蛄		lam		口语 ①跨,跨过 ②量词,步
				lām	蓝	同汉义

lāmb	篮	同汉义	lā'pb	扐	①穿戴 ②抓走 ③执扐,倒闭 ④扐衫,T恤
lăm	览	同汉义			
lămb	揽	汉读,同汉义	lă'p	立	①同汉义 ②立乱,乱,如:走立乱
lâm	槛	①同汉义 ②另见"hūmbb"	lă'pb	笠	同汉义
lâmb	滥	同汉义	la'm		口语 ①喝 ②用甜言蜜语去哄
lâmf	缆	同汉义	lā'm	林	同汉义
lâmd	舰	同汉义	lā'mb	临	同汉义
lām	榄	①同汉义 ②家榄,橄榄	lā'mf	霖	同汉义
lămb	揽	传读,同汉义	lā'md	琳	同汉义
läm		口语,玩耍,游玩	lā'ml	淋	同汉义
lang	栏	①栏目 ②猪栏 ③另见"lāng"	lă'm	凛	同汉义
langb	冷	①毛线 ②毛衣 ③另见"lǎng"	lâ'm		口语 ①àd lâ'm câ'm,(折腾)一番 ②苦鬼 lâ'm 丁,奇苦无比
lāng	栏	同汉义,包含"lang",如:栏目			
lāngb	阑	同汉义,包含"lângb",如:夜阑	lä'm		口语 ①坍塌 ②lä'm düngf,倒闭
lāngf	拦	同汉义	la'ng		口语 ①淋巴结 ②走动 ③见"精"
lāngd	兰	同汉义	lā'ng	沦	同汉义
lāngl	澜	同汉义	lā'ngb	仑	同汉义
lāngk	婪	同汉义	lā'ngf	邻	同汉义
lăng	冷	①同汉义 ②另见"langb"	lā'ngd	纶	同汉义——纶{lún},如:锦纶
lăngb	懒	同汉义	lā'ngl	鳞	同汉义
lâng	烂	①同汉义 ②烂口,爱说粗话 ③烂口话,粗话	lā'ngk	轮	①同汉义 ②轮杠,乱动
			lā'ngh	抡	同汉义
lângb	阑	①阑尾 ②另见"lāngb"	lā'ngz	磷	同汉义
lāy	黎	①同汉义 ②黎话,粤西闽语分支 ③歧视性用语,如:lāy-j,黎儿	lā'ngc	伦	同汉义
			lă'ng		口语,充满,填满
lāyb	犁	同汉义	lâ'ng	论	同汉义
lăy	礼	同汉义	lâ'ngb	紊	①同汉义 ②紊 zâ'ng,麻烦
lây	丽	①同汉义 ②gâu 丽,倾斜	lä'ng		口语 ①溜走 ②挣脱,逃脱
lâyb	厉	同汉义,包含"厉(lêik)"	lä'ng		口语 ①溜走 ②挣脱,逃脱 ③身骨拉 lä'ng,腰酸背痛
lâyf	例	同汉义			
lâyd	荔	同汉义	lo	咯	语气助词
lâyl	励	同汉义	lō	罗	同汉义
lāy		口语 ①踢,脚踢 ②铲除,清除	lōb	锣	同汉义
lā'p	泣	同汉义	lōf	萝	同汉义

lōd	逻	同汉义	lŏul	房	同汉义
lōl	箩	同汉义	lŏuk	鲁	同汉义
lŏ	咯	语气助词	lôu	路	同汉义
lŏb	攞	①取,拿,如:攞钱 ②攞吃,攞钱,谋生,赚钱 ③娶(老婆)	lôub	露	同汉义
			lop		口语,象声词,掉东西的声音
lô	咯	语气助词,了、了啦	long	窿	①伝读,同汉义 ②窿心,空心
lõ	祼	①同汉义 ②语气助词,了、了啦	lōng	龙	①同汉义 ②颈龙喉,喉咙
lö	咯	①语气助词 ②pü lö päc,摔跤声	lōngb	笼	同汉义
ló	六	同汉义	lōngf	聋	同汉义
lób	陆	同汉义	lōngd	窿	汉读,同汉义
lóf	鹿	同汉义	lōngl	咙	同汉义
lód	戮	同汉义	lōngk	隆	同汉义
lól	禄	同汉义	lŏng	垄	汉读,同汉义
lók	睦	同汉义	lông	弄	同汉义
lóh	录	同汉义	lõng	垄	伝读,同汉义
lóz	麓	①同汉义 ②窝、巢,如:鸡麓	lōngb	拢	同汉义
lóc	菉	①同汉义 ②梅菉,梅录,地名	lōngf	陇	同汉义
lóx	绿	同汉义	le	咧	①语气词 ②摸,拿走,偷走
lów	氯	同汉义	lē	螺	同汉义,"螺(nōl)丝"除外
lò	碌	①同汉义 ②曲碌,弯曲 ③车碌,车轮,车胎 ④溜碌,麻烦,不顺利	lēb	骡	同汉义
			lê	咧	语气助词,了、了啦
lou		口语,黑 lou,黑鬼 lou 周,黑乎乎	lē		口语,一点一点地咬下来,同"啃"
lōu	卢	同汉义	lë	咧	斜着,如:嘴咧咧
lōub	芦	同汉义	lei	厘	①打捞 ②货币单位,10 厘为 1 分钱 ③拳打 ④溜走,晃去
lōuf	颅	同汉义			
lōud	庐	同汉义	leib	喱	①咖喱 ②另见"lēib"
lōul	炉	同汉义	leif	璃	①玻璃 ②另见"lēif"
lōuk	驴	同汉义	lēi	厘	单位名,如:厘米
lŏu	老	①老公,老婆 ②老水,骄傲,自大 ③老豆,老爸 ④老母,老妈 ⑤lŏu ye,雕塑,神像 ⑥另见"luǎo"	lēib	喱	①啫喱 ②另见"leib"
			lēif	璃	同汉义,"璃(leif)"除外
			lēid	离	同汉义
lŏub	掳	同汉义	lēil	漓	同汉义
lŏuf	橹	同汉义	lēik	篱	同汉义
lŏud	卤	同汉义	lēih	梨	同汉义

lēiz	狸	①同汉义 ②藤狸,蜻蜓		lēinh	玲	同汉义
lěi	李	同汉义		lēinz	羚	同汉义
lěib	鲤	同汉义		lēinc	凌	同汉义
lěif	旅	同汉义		lēinx	灵	同汉义
lěid	侣	同汉义		lēinw	铃	同汉义
lěil	铝	同汉义		lēinv	陵	同汉义
lěik	理	同汉义		lěin	领	同汉义
lěih	吕	同汉义		lěinb	岭	同汉义
lěiz	履	同汉义		lêin	另	同汉义
lěic	里	同汉义		lêinb	令	同汉义
lêi	利	同汉义		lëin		口语,lëin 利,顺利,吉利
lêib	吏	同汉义		leu	蹽	①同汉义 ②蹽鸡,溜走 ③扶蹽,走路轻飘飘的
lêif	滤	同汉义		leub	篓	传读,同汉义,篓子
lêid	俐	同汉义		lēu		口语 ①lēu 开,掀开 ②撂倒,弄倒
lêil	虑	同汉义		lêu	撂	同汉义
lêik	厉	①厉害 ②另见"lâyb"		lëu		口语,缠绕
lêih	莉	同汉义		lèu		口语,lèu 身,灵活,身手敏捷
lêiz	痢	同汉义		lěp		口语 ①驱赶 ②干瘪的,空壳的
lêic	脷	舌头		lēm		口语,用火烤
lëi		口语,像鸭子一样吃东西		lěm	舔	传读,同汉义
léit	力	同汉义		leng	俍	①同汉义 ②疼痛 ③松痂俍,活该,幸灾乐祸 ④臭小子,如:俍仔
léitb	沥	①沥青 ②另见"lèitb"				
léitf	历	同汉义		lēng	粮	同汉义
léitd	砾	①同汉义 ②砖头瓦砾,碎砖碎瓦		lēngb	量	同汉义——量{liáng},如:测量
lèit	畦	①同汉义,如:花薯畦 ②撕开		lēngf	凉	同汉义
lèitb	沥	同汉义,包含"沥(léitb)"		lēngd	梁	同汉义
lèitf	雳	同汉义		lēngl	梁	同汉义
lěit	力	zid guc lěit,朱古力,巧克力		lēngk	良	①同汉义 ②良水,中药
lein	拎	同汉义		lěng	两	①同汉义 ②两生火,冤家对头
lēin	零	同汉义				
lēinb	楞	同汉义		lěngb	俩	同汉义
lēinf	龄	同汉义		lěngf	辆	同汉义
lēind	菱	同汉义		lêng	亮	同汉义
lēinl	棱	同汉义		lêngb	量	同汉义——量{liàng},如:重量
lēink	伶	同汉义		lêngf	谅	同汉义

143

lēng		口语 ①故意避开 ②偷偷溜走	luäd	烙	同汉义
lěng	靓	①同汉义 ②漂亮,好看	luäl	貉	同汉义
li		口语,胡来,乱来,如:li le le(乱摸),li luao luao(瞎摸,乱拌和)	luäk	落	①同汉义 ②打落,丢失
			luäh	胳	同汉义
liä	略	同汉义	luäz	酪	同汉义
liäb	掠	①同汉义 ②疼痛	luäc	骼	汉读,同汉义,如:骨骼
liǎ	叻	聪明	luäx	洛	同汉义
liu	鹩	同汉义,鹩哥,一种鸟	luäw	赂	同汉义
līu	聊	同汉义	luao	捞	①同汉义 ②和,与 ③搅拌,拌和
līub	燎	同汉义	luaob	涝	同汉义
līuf	撩	同汉义	luāo	劳	同汉义
līud	廖	同汉义	luāob	牢	同汉义
līul	镣	同汉义	luǎo	老	①同汉义 ②同"老(lǒu)" ③老,老个,老豆,老爸 ④老大,年老,老了 ⑤外老,岳父 ⑥luǎo-j,中年男性 ⑦老戆,老憨,老糊涂
līuk	僚	同汉义			
līuh	辽	同汉义			
līuz	疗	同汉义			
līuc	寮	同汉义,如:鸡寮,花薯寮	luǎob	佬	①同汉义 ②渡公佬,道长,道士
līux	潦	同汉义	luǎof	姥	同汉义
lǐu	了	①同汉义——了{liǎo}、了{le},如:了解。其中,"了{le}"伝语一般用"咯(lô)" ②完,完成	luâo		口语,农作物从种植到收成的周期
			luōi	来	①同汉义 ②来 kuōi,冻僵了
			luōib	莱	同汉义
			luōif	睐	同汉义
lîu	料	同汉义	luôi		口语,luôi kuôi,碍手碍脚
lîub	廖	同汉义			
lïp	猎	同汉义	lui		口语 ①篓子 ②晃去,到 ③见"bò"
līm	廉	同汉义	luī	雷	①同汉义 ②雷肋,拿……出气 ③雷公狗,蜥蜴的一种
līmb	镰	同汉义			
līmf	帘	同汉义	luīb	镭	同汉义
līm	脸	同汉义	luīf	蕾	同汉义
lǐmb	敛	①同汉义,如:收敛 ②另见"lîm"	luīd	擂	同汉义
lîm	敛	①五敛,杨桃 ②量词,片、瓣等	luī	累	同汉义
lu		口语,黑鬼 lu 周,黑乎乎	luïb	屡	同汉义
luä	乐	同汉义——乐{lè},如:快乐	luïf	儡	同汉义
luäb	骆	同汉义	luïd	磊	同汉义
luäf	络	同汉义	luïl	垒	同汉义

luî	泪	同汉义		lûn	练	同汉义
luîb	类	同汉义		lûnb	乱	①同汉义 ②立乱,乱,如:走立乱
luîf	戾	同汉义		lûnf	炼	同汉义
lût	列	同汉义		lūn	恋	同汉义
lûtb	劣	①同汉义 ②刀劣,刀不锋利		lūnb	峦	同汉义
lûtf	裂	同汉义		lùn		口语 ①翻滚,滚动 ②躺 ③圆的
lûtd	烈	同汉义		lung		口语,象声词
lûtl	捋	同汉义,如:捋净、捋须(sau)		lūng	狼	①同汉义 ②狼类,凶残,残暴
lun		口语,去,钻到		lūngb	琅	同汉义
lūn	联	同汉义		lūngf	郎	同汉义
lūnb	怜	同汉义		lūngd	廊	同汉义
lūnf	莲	同汉义		lūngl	榔	同汉义
lūnd	链	同汉义		lǔng	朗	同汉义
lūnl	李	同汉义		lûng	浪	同汉义,其中"浪费"同"嗺撒"
lūnk	连	同汉义		lûngb	晾	同汉义
lūnh	奎	同汉义		lūng		口语 ①晃动 ②冲刷 ③漱口
lǔn	卵	①同汉义 ②阴囊,亦可以指睾丸 ③卵银,睾丸 ④捧卵,拍马屁				

G

ga	家	①同汉义 ②家播,柚子 ③家由,甲由,蟑螂 ④家年,今年 ⑤家日,今日 ⑥期间,如:日家 ⑦家人儿,ga jāng-j,小不点 ⑧家榄,橄榄		gä	觉	同汉义——觉{jué},如:感觉
				gäb	噶	①同汉义 ②……的啊,如:阿人噶
				gäf	架	①同汉义 ②架山,工具
				gäd	革	同汉义
gab	痂	同汉义		gäl	稼	同汉义
gaf	旮	①同汉义 ②旮旯 kê,腋窝		gäk	嫁	同汉义
gad	嘉	同汉义		gäh	驾	①同汉义 ②狂驾躁,狂躁
gal	加	①同汉义 ②还,还有 ③而已,如:两日加 ④加阵儿,等一下 ⑤加下(hǎ),现在,当下		gäz	格	同汉义
				gäc	骼	传读,同汉义,如:骨骼
				gäx	价	同汉义
gâ		口语,拥抱		gäw	隔	同汉义
gā	假	①同汉义 ②丢假,丢脸		gäv	咖	①咖喱 ②咖啡 ③结咖咖,见"结"
gāb	嘎	同汉义		gäj	角	同汉义
gāf	贾	同汉义		gà	吉	①同汉义 ②哑吉,口吃
gād	甲	甲由,蟑螂		gàb	桔	同汉义

gàf	拮	①同汉义——拮{jiá} ②刺、捅	gâu		口语 ①量词,块 ②瞪眼睛 ③gâu丽,倾斜
gao	交	①同汉义 ②打交,打架 ③见"关"			
gaob	胶	同汉义	gāu	九	同汉义
gaof	郊	同汉义	gāub	玖	同汉义
gaod	跤	①同汉义 ②跌跤,摔跤	gāuf	苟	同汉义,包含"苟(gäuf)"
gaol	铰	①铰剪,剪刀 ②另见"gāobb"	gāud	韭	同汉义
gâo		口语,lā gâo,脏、乱	gāul	狗	①同汉义 ②渡狗,蟋蟀
gāo	搞	汉读,同汉义	gāuk	久	①同汉义 ②久久,有时候
gāob	绞	①同汉义 ②绞水,汲水	gāuh	枸	同汉义
gāof	搅	同汉义	gäu	构	同汉义
gāod	狡	同汉义	gäub	购	同汉义
gāol	饺	同汉义	gäuf	苟	①如果 ②一丝不苟 ③另见"gāuf"
gäo	觉	同汉义——觉{jiào},如:睡觉	gäud	臼	同汉义
gäob	教	同汉义	gäul	够	同汉义
gäof	较	同汉义	gäuk	咎	同汉义
gäod	校	同汉义——校{jiào},如:校对	gäuh	灸	同汉义
gäol	珓	同汉义,杯珓,占卜用具	gäuz	垢	同汉义
gai	皆	同汉义	gäuc	究	同汉义
gaib	街	①同汉义 ②衬街,买菜	gäux	救	同汉义
gaif	楷	同汉义	gäuw	疚	同汉义
gaid	佳	同汉义	gäp	甲	①同汉义 ②兼,如:狂甲躁
gail	阶	同汉义	gäpb	钾	同汉义
gāi	解	①同汉义 ②解脚路咧(le),光脚	gam	监	同汉义
gäi	戒	同汉义	gām		口语,叠词,黄gām gām,黄黄的
gäib	芥	同汉义	gām	减	同汉义
gäif	诫	同汉义	gäm	鉴	同汉义
gäid	界	同汉义	gang	间	同汉义——间{jiān},如:时间
gäil	届	同汉义	gangb	更	同汉义——更{gēng},如:更改
gäik	介	同汉义	gangf	庚	同汉义
gau	勾	汉读,同汉义	gangd	江	同汉义
gaub	钩	汉读,同汉义	gangl	艰	同汉义
gauf	沟	①同汉义 ②沟关,交关,严重	gangk	羹	同汉义
gaud	鸠	①同汉义 ②笨鸠,傻瓜,笨蛋	gangh	耕	同汉义
gaul	阄	①同汉义 ②振阄,抓阄	gangz	奸	同汉义

gāng	讲	同汉义
gāngb	柬	同汉义
gāngf	港	同汉义
gāngd	碱	①同汉义 ②肥皂的旧称
gāngl	枧	同汉义,如:香枧,咸枧,肥皂
gāngk	拣	同汉义
gāngh	涧	同汉义
gāngz	简	同汉义
gäng	间	①同汉义——间{jiàn},如:间隔 ②旋转 ③隔出,隔成
gängb	更	同汉义——更{gèng},如:更加
gängf	降	同汉义,包含"降(hūngk)"
gay	鸡	①同汉义 ②鸡汁面,方便面 ③捉
gây		口语,xùt gây gông,猜拳
gãy	计	广府借词 ①办法 ②kein gãy,聊天
gäy	计	同汉义
gäyb	继	①同汉义 ②过继,形成领养关系
gäyf	系	①同汉义——系{jì},如:系鞋带 ②系纽,纽扣
gā'p	给	同汉义
gā'pb	急	同汉义
gā'pf	级	同汉义
ga'm	今	①同汉义 ②照着,沿着
ga'mb	金	①同汉义 ②金紧,盯着
gä'm	锦	同汉义
gä'm	禁	同汉义
gä'mb	咁	这么,那么
ga'ng	根	①同汉义 ②根加,更加
ga'ngb	巾	同汉义
ga'ngf	跟	同汉义
ga'ngd	斤	同汉义
ga'ngl	筋	同汉义
gä'ng	仅	同汉义
gä'ngb	耿	同汉义
gā'ngf	埂	同汉义
gā'ngd	谨	同汉义
gā'ngl	瑾	同汉义
gā'ngk	紧	①同汉义 ②正在 ③紧要,要紧,重要 ④忍得紧,忍得住,受得了
gā'ngh	梗	同汉义
gā'ng		口语,寒冷,冰冷,冰冻
go	哥	同汉义
gob	戈	同汉义
gof	挝	同汉义——挝{wō},老挝,国名
god	歌	同汉义
gô	哥	①gô go,小孩子对哥哥的昵称 ②gô nê,语气助词,放句尾
gõ	果	①同汉义 ②语气词,相当于"个哦" ③指示代词,这、那
gõb	裹	①同汉义 ②裹粽,粽子 ③gõb-j,裹儿,一种粤西糕点
gö	个	①同汉义 ②个……个……,……的样子 ③的 ④这,这里,这些,这样,如:个几,个的,个子 ⑤个阵儿,现在
göb	过	①同汉义 ②熄灭 ③过只,晕厥
gò	谷	②同汉义 ②谷头 mëi,翠鸟 ③憋着,憋气 ④呛水,溺水
gòb	酷	同汉义,"酷(kub)"除外
gòf	鞠	同汉义
gòd	菊	同汉义
gǒ	喔	鸡叫声
gop		口语 ①象声词 ②干掉,吃掉
göp		口语,同"gop"
gong	功	同汉义
gongb	工	同汉义
gongf	弓	①同汉义 ②撑起,如:弓蚊帐
gongd	躬	同汉义
gongl	供	同汉义

gongk	攻	同汉义
gongh	宫	同汉义
gongz	公	①同汉义 ②gongz-j,老年男性
gongc	肛	同汉义
gongx	恭	同汉义
gongw	龚	同汉义
gông		口语,xùt gây gông,猜拳
gōng	拱	同汉义
gōngb	巩	同汉义
gòng	赣	同汉义
gòngb	汞	同汉义
gòngf	杠	①同汉义 ②杠开,让开 ③杠起身,站起来 ④虫蛀 ⑤轮杠,乱动,动来动去
gòngd	贡	同汉义
ge		口语,挠、搔
gë		口语,割、锯,如:gë 颈阿无 jò
gei	几	同汉义——几{jī},如:几乎
geib	姬	同汉义
geif	饥	同汉义,伝语一般用"饥"表"饿"
geid	居	同汉义
geil	箕	同汉义
geik	基	同汉义
geih	俱	同汉义
geiz	车	同汉义——車{jū},象棋棋子
geic	奇	同汉义——奇{jī},如:奇数
geix	机	同汉义
geiw	讥	同汉义
geiv	肌	同汉义
geij	畸	同汉义
geis	己	①自己 ②自己己,独自一人
gẽi	几	①同汉义——几{jī} ②这,这里,这样,这些,如:在几,几的
gẽib	举	同汉义
gẽif	矩	同汉义
gẽid	己	同汉义,包含"己(geis)"
gëil	纪	①纪元 ②纪律 ③另见"gëil"
gëik	杞	同汉义
gëi	记	同汉义
gëib	据	同汉义
gëif	踞	同汉义
gëid	寄	同汉义
gëil	纪	①传纪 ②地质年代 ③另见"gëil"
gëik	句	同汉义——句{jù},如:句子
gëih	蓟	同汉义
gëiz	冀	同汉义
gëic	痣	伝读,同汉义
gëix	既	同汉义
gëiw	锯	同汉义
gëit	击	同汉义
gèitb	棘	同汉义
gèitf	激	①同汉义 ②生气,伤心,委屈
gèitd	戟	①同汉义 ②泥戟,未烧过的泥砖
gein	荆	同汉义
geinb	矜	同汉义
geinf	兢	同汉义
geind	京	同汉义
geinl	鲸	同汉义
geink	惊	①同汉义 ②怕 ③弄惊,使……害怕
geinh	经	同汉义
gẽin	境	同汉义
gẽinb	警	同汉义
gẽinf	景	同汉义
gẽind	颈	①同汉义 ②颈龙喉,颈隆(long),喉咙
gẽinl	竟	同汉义
gẽin	敬	同汉义
gẽinb	茎	同汉义
gẽinf	镜	同汉义
gẽind	径	同汉义
geu		口语,童 geu,糖 geu,糖果
gẽu	搞	伝读,同汉义

gep	口语 ①象声词 ②干掉	
gëp	口语,用筷子夹	
geng	姜 同汉义	
gengb	僵 同汉义	
gengf	羌 同汉义	
gengd	疆 同汉义	
gëng	口语,植物根部,如:木 gēng	
gëng	口语,gëng子,gëng个,这样子	
gi	口语,乱,如:gi gâ gâ,乱抱	
gî	口语,乱,如:gî gäh gäh,横七竖八,碍手碍脚	
gï	洁 同汉义	
gïb	结 ①同汉义——结{jiē}、结{jié} ②结咖咖,骨关节活动产生的响声	
giä	脚 同汉义	
giu	娇 ①同汉义 ②用食指触碰别人的脸 ③用手泼水,如:娇水	
giub	骄 同汉义	
gīu	缴 同汉义	
gīub	剿 同汉义	
gïu	叫 ①同汉义 ②鼻叫,打鼻鼾	
gïp	涩 ①酸涩,如:眼 gïp ②另见"sēpb"	
gïpb	劫 同汉义	
gim	兼 同汉义	
gīm	检 同汉义	
gïmb	捡 同汉义	
gïm	剑 同汉义	
ging	坚 同汉义	
gingb	肩 同汉义	
gïng	见 ①同汉义 ②见激,伤心,委屈	
gïngb	建 同汉义	
gu	姑 ①同汉义 ②姑爷(ye),女婿	
gub	菇 同汉义	
guf	沽 同汉义	
gud	孤 ①同汉义 ②孤寒,吝啬	
gul	估 汉读,揣测,大致地推算	
guk	枯 汉读,同汉义	
guh	咕 ①同汉义 ②gû guh gū,鸡叫声	
guz	辜 同汉义	
guc	古 zid guc lëit,朱古力,巧克力	
gū	口语 ①象声词 ②讲 a'ngk gū,咿呀学语	
gû	蛄 ①象声词 ②鼓起来,如:嘴蛄蛄 ③虾蛄,即濑尿虾	
gū	古 ①同汉义 ②古老石山,迂腐守旧	
gūb	蛊 同汉义	
gūf	股 同汉义	
gūd	固 ①同汉义 ②固头,固执,不变通	
gūl	估 传读,揣测,大致地推算	
gūk	鼓 同汉义	
gūh	牯 ①同汉义 ②雄兽,受阉割的雄兽	
gü	故 同汉义	
güb	顾 同汉义	
güf	雇 同汉义	
güä	国 同汉义	
güäb	铬 ①同汉义 ②铬头,锄头	
güäf	郭 同汉义	
güäd	割 同汉义	
güäl	廓 同汉义	
güäk	搁 同汉义	
güäh	葛 同汉义	
güäz	各 同汉义	
güäc	阁 同汉义	
guao	高 同汉义	
guaob	篙 同汉义	
guaof	羔 同汉义	
guaod	皋 同汉义	
guaol	糕 同汉义	
guaok	膏 同汉义	

guāo	稿	同汉义		gūnb	管	同汉义
guāob	镐	同汉义		gūn	冠	同汉义——冠{guàn}，如：冠军
guāo	告	同汉义		gūnb	罐	同汉义
guoi	该	同汉义		gūnf	灌	同汉义
guõi	改	同汉义		gūnd	观	同汉义——观{guàn}，如：寺观
guöi	盖	同汉义		gūnl	贯	同汉义
güp	合	①同汉义——合{gě}，容量单位 ②做，如：güp 酒糟 ③合份，合伙		gūnk	颧	传读，同汉义，如：颧骨
				gung	干	同汉义——干{gān}，如：干净
güpb	鸽	同汉义		gungb	竿	同汉义
güpf	蛤	①同汉义——蛤{gé} ②青蛙		gungf	缸	①同汉义 ②缸瓦，陶瓷
gum	甘	同汉义		gungd	杆	同汉义——杆{gān}
gumb	柑	同汉义		gungl	纲	同汉义
gũm	敢	同汉义		gungk	冈	同汉义
gũmb	感	同汉义		gungh	刚	同汉义
gũmf	橄	同汉义，橄榄，家榄		gungz	岗	同汉义
güt	括	①同汉义 ②象声词，喝水声		gungc	肝	同汉义
gun	冠	同汉义——冠{guān}，如：衣冠		gungx	光	①同汉义 ②光车车（ce），光秃秃
gunb	纶	同汉义——纶{guān}，如：纶巾		gũng	广	①同汉义 ②罐子
gunf	棺	同汉义		gũngb	赶	①同汉义 ②赶粮，吃饭
gund	观	同汉义——观{guān}，如：观看		güng	干	同汉义——干{gàn}，如：干劲
gunl	官	同汉义		güngb	钢	同汉义
gūn	馆	同汉义		güngf	杆	同汉义——杆{gǎn}

K

ka	卡	①同汉义 ②铁碗 ③山卡拉，穷乡僻壤		kau	抠	①同汉义 ②弯曲 ③抠 kǒng，抠腰，驼背 ④追求异性，来源于广府白话的"沟女"
kǎ		口语，火头 kǎ，炭黑，锅底黑垢				
kâ		口语，植物块茎被虫蛀		kāu	求	同汉义
ká		口语 ①ká kêu，阻碍，不顺 ②ká 倒，压到 ③ká 八八，水分过少		kāub	球	①同汉义 ②量词，朵，团
				kǎu	舅	同汉义
kà	咳	①同汉义 ②咳超，喷嚏		kâu	旧	①同汉义 ②量词，辆，台，部 ③旧年，去年
kǎ	咯	语声词，笑声，如：咯咯笑				
kāo	靠	传读，同汉义，如：靠近		käu	扣	同汉义

käub	寇	同汉义	kób	焗	①同汉义,如:盐焗 ②憋,闷,熏
kāng		口语 ①呛到 ②喉咙被异物卡住	kò	曲	①同汉义——曲{qū}、曲{qǔ} ②花厘曲碌,潦草,马虎
kay	溪	同汉义			
kayb	稽	同汉义	kou	箍	伝读,同汉义 ①勒住 ②抱住
kǎy		口语,稠密,黏糊	kop		口语 ①象声词 ②夺走 ③骗取
kây		口语,支撑、抵住	köp		口语 ①象声词,折断或关节活动的声音 ②抖竭 köp,战栗不已
kāy	启	同汉义			
käy	契	①同汉义 ②契哥二叔,情夫,情郎 ③形成领养关系,同"继"	kom		口语,骗取
			kǒm		口语,骗取
kā'p	吸	同汉义	kõm		口语 ①用双手捧起来 ②咳嗽
kā'pb	汲	同汉义	kong		口语 ①量词,串 ②冲动,发脾气
kā'pf	笈	①同汉义 ②笈 zünf,翻倒	kōng	穷	同汉义
kǎ'p	及	同汉义	kōngb	穹	①同汉义 ②适穹,屁股
ka'm	襟	①同汉义 ②耐用,耐磨,如:襟着,耐穿 ③襟得紧,忍耐得住	kǒng		口语 ①骗取 ②kau kǒng,驼背
			kông	共	①同汉义 ②和,与 ③共嬰(nōng),带小孩,带孩子
ka'mb	衾	同汉义			
kā'm	擒	①同汉义 ②擒逻,天偷,蜘蛛	ke		口语 ①一下子,一招 ②ke le fe,跑龙套,无关紧要
kā'mb	沴	同汉义			
kā'mf	禽	同汉义	kē	茄	①同汉义 ②笑茄茄,笑嘻嘻
kā'md	琴	同汉义	kê		口语 ①角落 ②卵 kê,大腿 kê,大腿根部 ③旮旯 kê,腋窝
kā'ml	蟾	伝读,同汉义,蟾蜍(kā'ml xī)			
kǎ'm	妗	①舅母 ②妻兄、妻弟的妻子,如:大妗儿,细妗儿	kêb		口语 ①象声词 ②笑嘻嘻的样子
			kei	蹊	①同汉义,伝语"蹊蹊"同"蹊蹊" ② ou kei(乌蹊),好的,英文"OK"的转写
kâ'm		口语 ①压着,摁着 ②跑去,前往			
kā'm	冚	同"盖";如:冚被,盖被子	keib	区	同汉义——区{qū},如:地区
kä'm		口语,黑 kä'm kä'm,黑乎乎的	keif	躯	同汉义
ka'ng		口语,同"丛",丛林	keid	拘	同汉义
kā'ng	勤	同汉义	keil	驱	同汉义
kā'ngb	芹	同汉义	keik	驹	同汉义
kǎ'ng	近	同汉义	keih	岖	同汉义
kâ'ng		口语,同"垫" ①垫着 ②垫子,如:阿婆 kâ'ng	kēi	其	①同汉义 ②第三人称,他、她、它,他们、她们、它们,通常为单数
kä'ng		口语,聪明,有本事	kēib	歧	同汉义
ko		电话联系,英语"call"的转读	kēif	崎	同汉义
kó	局	①同汉义 ②抢,强抢 ③挤到一块			

kēid	期	同汉义
kēil	棋	同汉义
kēik	骑	同汉义
kēih	渠	同汉义
kēiz	奇	①同汉义——奇{qí},如:奇怪,奇特 ②千奇,千万(不要)
kēic	祁	同汉义
kēix	旗	同汉义
kēiw	祈	同汉义
kěi	拒	同汉义
kěib	距	同汉义
kěif	企	①同汉义 ②站,站立
kêi	技	同汉义
kêib	伎	同汉义
kêif	炬	同汉义
kêid	嫉	同汉义,如:嫉妒,嫉恨
kêil	巨	同汉义
kêik	忌	同汉义
kêih	惧	同汉义
kêiz	具	同汉义
kêic	妓	同汉义
këit		口语,象声词,轻咳声
kéit	极	同汉义
kéitb	剧	同汉义
kèit		口语,用棍子的一头提起来
kěit		口语,象声词,笑声
kein	倾	广府借词,kein gāy,聊天
kēin	痙	同汉义
kēinb	擎	同汉义
kēinf	澄	汉读,同汉义
kěin		口语 ①轻(放) ②kěin 惜,温柔
kêin	劲	同汉义
kêinb	竞	同汉义
kēu	跷	①向上抬,如:跷礼尾 ②骑自行车
kěu		口语 ①反对,提出异议 ②撂倒
kêu	撬	阻力,阻碍,如:ká kêu,不顺
kèu	撬	用杠棒或尖利的工具借助支点拨动
këp	夹	①同汉义 ②铁夹,铁钳
këpb	荚	同汉义
këpf	匣	同汉义
këpd	狭	同汉义
kem	鸽	同汉义,鸟禽啄东西
kēm	嵌	①同汉义 ②攀爬
kēmb	钳	①同汉义 ②螯,如:红钳
kēmf	黔	同汉义
kēng	强	强大,强壮
kěng	强	①勉强 ②强求 ③强屎孔,顽固
kî		口语,kî kāng kāng,kî kûngb kûngb,横七竖八地摆放
kï	揭	同汉义
kïb	杰	同汉义
kïf	抉	同汉义
kïd	缺	同汉义
kïl	竭	同汉义
kïk	炔	同汉义
kïh	蝎	同汉义
kïz	诀	同汉义
kïc	决	同汉义
kià		口语 ①结,绳结,如:死勒(làb) kià ②量词,段,如:àd kià,一段
kiu	跷	同汉义,伝语"跷蹊"同"蹊跷"
kīu	桥	同汉义
kīub	翘	汉读 ①同汉义 ②举起、抬起
kīuf	侨	同汉义
kīud	矫	同汉义
kīul	橇	同汉义
kīuk	乔	同汉义
kǐu	翘	伝读,同汉义

kîu	轿	同汉义	kuöil	磕	同汉义
kīu		广府借词 ①计谋、计策 ②恰好	kuöik	瞌	同汉义
kǐu	窍	同汉义	kuï	刽	同汉义
kîm	俭	同汉义	kuïb	侩	同汉义
kĭm		口语,kĭm kĭm,险些	kuïf	馈	同汉义
kǐng	件	同汉义	kuïd	溃	同汉义
kîng	健	同汉义	kun		口语 ①蜷缩 ②弯腰驼背
kîngb	键	同汉义	kung	扛	同汉义
ku	箍	伝读,同汉义 ①勒住 ②抱住	kūng	狂	①同汉义 ②狂紧,着急,慌忙,慌乱 ③狂驾躁,狂甲躁,狂躁
kub	酷	①潇洒、令人羡慕的 ②另见"gòb"	kǔng	抗	①同汉义 ②支撑起来
kuä	确	同汉义	kǔngb	扩	同汉义
kuäb	榷	同汉义	kǔngf	旷	同汉义
kuäo	靠	汉读,同汉义,如:靠近	kǔngd	亢	同汉义,包含"亢(hungd)",如:甲亢,不卑不亢
kuōi		口语,来 kuōi,冻僵了	kûng	逛	①同汉义,如:闲逛 ②另见"rêng"
kuôi		口语,luôi kuôi,碍手碍脚	kûngb	螯	伝读 ①同汉义 ②横放、横摆 ③马漏螯,螳螂
kuöi	概	同汉义			
kuöib	钙	同汉义	küng	矿	同汉义
kuöif	慨	同汉义,"慨(huǒi)"除外			
kuöid	溉	同汉义			

H

ha	哈	①同汉义 ②哈斑,咳嗽	häf	壳	同汉义
hab	虾	①同汉义 ②欺负 ③见"甩(là)"	häd	客	同汉义
haf	蛤	同汉义——蛤{há},蛤蟆(muäz)	häl	吓	①使害怕 ②恐吓
hā	霞	同汉义	häk	瞎	同汉义
hāb	暇	同汉义	häh	辖	同汉义
hǎ	下	①量词:次 ②动词:下去,祭祀	hà	黑	同汉义
hâ	下	①形容词,如:下低,下面 ②副词,如:向下 ③名词,如:乡下	hàb	刻	同汉义
			hàf	乞	同汉义,包含"乞(vàb)"
hâb	吓	语声词,假笑,吓吓	hàd	克	同汉义
hâf	厦	同汉义	hao	敲	同汉义
hâd	夏	同汉义	haob	酵	同汉义
hā	吓	语气词,双合音表示惊讶	haof	哮	同汉义
hä	学	同汉义	haod	烤	汉读,同汉义,如:烧烤,烤火
häb	赫	同汉义	hāo	姣	①同汉义 ②发姣,发情

hâo	校	同汉义——校{xiào}，如:学校		hâm	撼	同汉义
hâob	效	同汉义		hâmb	陷	同汉义
hāo	考	同汉义		hâmf	馅	同汉义
hāob	拷	同汉义		hâmd	憾	同汉义
hãof	巧	同汉义		häm	喊	①同汉义 ②喊到,叫作,名叫
hãod	烤	伝读,同汉义,如:烤肉、烤面包		hàt	吃	①同汉义 ②喝 ③口吃,哑吉
häo	孝	同汉义		hang	亨	①同汉义 ②亨亨,头亨,刚才
hai	嗨	①打招呼,英语"hi"的转读 ②兴奋、开心,英语"high"的转读		hangb	肮	同汉义
				hangf	吭	同汉义——吭{kēng},如:吭声
haib	揩	同汉义		hangd	炕	同汉义
hāi	鞋	同汉义		hangl	坑	同汉义
hāib	谐	同汉义		hangk	悭	省钱
hăi	蟹	同汉义		hāng	行	①同汉义——行{xíng} ②走
hâi	懈	①同汉义 ②能懈,聪明		hāngb	闲	①同汉义 ②得闲,有空
hâib	械	同汉义		hāngf	衡	同汉义
hãi-x		①语声词 ②hãi-x zëit zëit,脏		hăng	项	汉读,同汉义
hau	丘	①同汉义 ②量词,形容土地,块		hâng	限	①同汉义 ②很 ③很多
haub	休	①同汉义 ②干枯,枯萎		hângb	巷	同汉义
hauf	邱	同汉义		hângf	杏	同汉义
haud	犰	①理会 ②貔犰:瑞兽、调皮		hângd	莘	汉读、伝读,同汉义
haul	后	后尾(haul mei),后来,最后		hângl	幸	同汉义
hāu	喉	①同汉义 ②颈龙喉,喉咙		hay	屄	①同汉义 ②屄疵,泼妇 ③屄米儿,阴蒂 ④屄jä'ng样,见"jä'ng"
hāub	猴	同汉义				
hāuf	侯	同汉义		hây	系	同汉义——系{xì},如:关系
hău	厚	同汉义		hā'p		口语 ①打盹 ②欺负
hâu	后	同汉义,包含"后(haul)"		ha'm	钦	同汉义
hâub	候	同汉义		ha'mb	掀	同汉义
hāu	口	同汉义		ha'mf	欣	同汉义
häu	鲎	①同汉义 ②鲎子,鲎疮,骂人语		hā'm		口语 ①欺负 ②约束,管束
häp	呷	①大口喝 ②呷浪,打哈欠		hâ'm	冚	广府借词,全部
hām	咸	①同汉义 ②贵 ③咸湿,下流		ha'ng	揯	同汉义,敲打,如:揯只手
hāmb	函	同汉义		ha'ngb	哼	同汉义
hāmf	涵	同汉义		hā'ng	恒	①同汉义 ②肥实,如:花豆好恒
hāmd	衔	同汉义		hā'ngb	痕	同汉义

hâ'ng	恨	①同汉义 ②恨跌 diä,喊砍喊杀		hōng	红	①同汉义 ②红粉花飞,白里透红
hâ'ngb	狠	同汉义		hōngb	洪	同汉义
hā'ng	很	同汉义		hōngf	弘	同汉义
hā'ngb	啃	同汉义		hōngd	宏	同汉义
hā'ngf	肯	同汉义		hōngl	雄	同汉义
hā'ngd	垦	同汉义		hōngk	鸿	同汉义
hā'ngl	恳	同汉义		hōngh	虹	同汉义
ho	苛	同汉义		hông	烘	①同汉义 ②燃烧 ③热,含热气的
hob	柯	同汉义		hōng	吼	同汉义
hof	呵	①呵责 ②象声词,表笑声 ③叹词		hōngb	哄	同汉义——哄{hǒng},如:哄骗
hod	坷	同汉义		hōngf	孔	同汉义
hō	河	同汉义		hōngd	恐	同汉义
hōb	荷	同汉义——荷{hé},如:荷花		hōng	控	同汉义
hōf	何	同汉义		hōngb	哄	同汉义——哄{hòng},如:起哄
hōd	呵	①语气词 ②放句尾,表征求意见		hōngf	空	①腾出 ②闲暇 ③另见"hong"
hōl	菏	同汉义		he	靴	同汉义
hô	荷	同汉义"荷{hè}",如:负荷		heb	嘘	表鄙视态度,或喝倒彩
hôb	呵	语气词		hê		口语 ①答应,允诺 ②象声词
hôf	贺	同汉义		hei	欺	同汉义
hō	可	同汉义,如:可以,可汗		heib	嘻	同汉义 ①叹词 ②嬉笑,笑声
hò	哭	同汉义		heif	墟	同汉义
hǒ		口语,象声词,打拳的喊声,heih hǒ		heid	虚	同汉义
hōu		口语 ①回填,填充 ②粉刷		heil	牺	同汉义
hôu	芋	①同汉义 ②花芋,花薯,笨蛋		heik	希	同汉义
hō	好	副词 ①很、非常 ②便于 ③容易		heih	嘿	①象声词 ②打招呼用语
höu		口语 ①höu 水,泼水,灌水 ②踢		heiz	烯	同汉义
hôm		口语,象声词		heic	嘘	同汉义——嘘{xū},如:唏嘘
hong	空	①同汉义,如:天空 ②另见"höngf"		heix	稀	同汉义
hongb	轰	同汉义		heiw	禧	同汉义
hongf	匈	同汉义		heiv	圩	同汉义——圩{xū},集市
hongd	胸	同汉义		heij	唏	同汉义
hongl	酗	同汉义		hēi	起	①同汉义 ②起屋,建房子
hongk	凶	同汉义		hēib	岂	同汉义
hongh	汹	同汉义		hēif	喜	同汉义
hongz	哄	同汉义——哄{hōng},如:哄笑		hēid	许	同汉义

hẽil	囍	同汉义
hëi	去	同汉义
hëib	弃	同汉义
hëif	戏	同汉义
hëid	气	①同汉义 ②地气,密封性好
hëil	汽	同汉义
hëik	器	同汉义
hein	兴	同汉义——兴{xīng},如:兴起
heinb	氢	同汉义
heinf	馨	①同汉义 ②馨香,多事
heind	卿	同汉义
heinl	轻	同汉义
hëin	兴	同汉义——兴{xìng},如:高兴
hëinb	庆	同汉义
hëp		口语,hëp 气,上气不接下气
heng	香	同汉义
hengb	乡	同汉义
hẽng	响	同汉义
hẽngb	晌	同汉义
hẽngf	享	同汉义
hẽng	向	同汉义
hi	嘻	象声词,笑声
hî		①假笑声 ②hî hôm hôm,砰砰响
hï	歇	同汉义
hïä	却	同汉义
hïäb	怯	①同汉义 ②累,没力气
hiu	浇	同汉义
hiub	侥	同汉义
hiuf	翘	①同汉义 ②翘起,如:翘嘴
hïu	晓	同汉义
hïp	歉	同汉义
hïpb	颊	同汉义
hïpf	峡	同汉义
hïpd	胁	同汉义
hïpl	挟	同汉义
hïpk	协	同汉义
hïph	侠	同汉义
hïpz	慊	①同汉义——慊{qiè} ②怕,服气
him	谦	同汉义
himb	嫌	同汉义
hïm	险	同汉义
hïmb	垫	同汉义
hïm	欠	同汉义
hïmb	献	同汉义
hing	牵	①同汉义 ②牵手手,手牵手
hingb	轩	同汉义
hïng	宪	汉读,同汉义,如:宪法
hïngb	遣	同汉义
hïngf	遣	同汉义
hïngd	显	同汉义
hïngl	蚬	同汉义,一种海洋小贝类
hïng	宪	伝读,同汉义,如:君主立宪
huä	喝	同汉义
huäb	涸	同汉义
huäf	渴	同汉义
huäd	鹤	①同汉义 ②眼鬼鹤鹤,发呆
huäl	豁	同汉义
huāo	豪	同汉义
huāob	嚎	同汉义
huāof	壕	同汉义
huāod	毫	同汉义
huâo	号	①同汉义 ②做记号,如:号位
huâob	浩	同汉义
huāo	好	形容词 ①表示积极的方面 ②完成 ③表示应允、赞成 ④无识好(huāo,hōu)丑,不懂事
huāo	好	动词 ①同汉义——好{hào},爱好,喜好 ②好事,喜欢招惹是非

156

huäob	耗	同汉义
huoi	开	①同汉义 ②用 ③开交,特别(差)
huōi	孩	同汉义
huǒi	慨	①慷慨 ②另见"kuöif"
huǒib	骸	同汉义
huǒif	骇	同汉义
huǒid	氦	同汉义
huǒil	凯	同汉义
huǒik	亥	同汉义
huôi	害	同汉义
huǒi	海	①同汉义 ②海公,鲸
hui	灰	①同汉义 ②灰哭,哭泣
huib	恢	同汉义
huif	魁	同汉义
huī	回	①同汉义 ②回书房,回学堂,上学 ③回世,死 ④回阳,恢复精力
huīb	徊	同汉义
huīf	蛔	同汉义
huî	会	同汉义
huîb	汇	同汉义
huîf	烩	同汉义
huîd	绘	同汉义
huǐ	侮	同汉义
huǐb	晦	同汉义
huǐf	悔	同汉义
huǐd	贿	同汉义
huǐl	诲	同汉义
hüp	合	同汉义——合{hé},如:合同
hüpb	盒	同汉义
hum	酣	①同汉义 ②酣女,女儿 ③酣女儿(ji),女孩子
humb	堪	同汉义
hūm	含	同汉义
hūmb	邯	同汉义
hūm	扰	①碰撞,撞到 ②坑,洞 ③量词,棵
hūmb	砍	汉读,同汉义
hüm	勘	同汉义
hümb	坎	同汉义
hüt	阔	同汉义
hun	欢	同汉义
hunb	宽	同汉义
hūn	魂	伩读,同汉义
hūnb	垣	伩读,同汉义
hūnf	桓	同汉义
hǔn		口语,虚 hǔn,体虚不适
hūn	款	同汉义
hung	康	①同汉义 ②养育,抚养
hungb	慷	同汉义,如:慷慨(huǒi)
hungf	糠	同汉义
hungd	亢	①亢奋 ②不卑不亢 ③另见"kǔngd"
hungl	腔	同汉义
hungk	夯	同汉义
hungh	看	同汉义——看{kān},如:看护
hungz	吭	同汉义——吭{háng},引吭高歌
hūng	韩	同汉义
hūngb	航	同汉义
hūngf	寒	同汉义
hūngd	杭	同汉义
hūngl	行	同汉义——行{háng},如:银行
hūngk	降	同汉义——降{xiáng},如:投降
hǔng	项	伩读,同汉义
hǔngb	旱	同汉义
hǔngf	捍	同汉义
hûng	汗	①同汉义 ②未育儿的雌兽
hûngb	悍	同汉义
hûngf	焊	同汉义
hûngd	翰	同汉义

hūng	刊	同汉义
hūngb	罕	①同汉义 ②口罕罕,想吃东西
hüng	看	同汉义——看{kān}、看{kàn}
hüngb	汉	同汉义
hṃ	哼	叹词 ①hṃ 表示否定或不满 ②hṃ-x 表示疑问或惊叹 ③hṃ-w 表示叹息
hṇg	哼	同"hṃ"

Z

za	咱	同汉义
zab	喳	①同汉义 ②欠、差,如:喳点儿
zaf	渣	汉读,同汉义
zad	抓	同汉义
zal	碴	同汉义
zâ		口语,罢 zî zâ,罢了,算了
zā		口语,差劲、低劣
zä	窄	同汉义
zäb	匝	同汉义
zäf	砸	同汉义
zäd	摘	同汉义
zäl	扎	同汉义
zäk	诈	①同汉义 ②诈懵,装疯扮傻
zäh	责	同汉义
zäz	榨	同汉义
zäc	喷	汉读,同汉义
zäx	轧	同汉义
zäw	炸	同汉义
zäv	乍	同汉义
zäj	咋	同汉义
zà	质	①同汉义 ②在、从 ③诸质,问题、毛病 ④阴质,凄惨 ⑤质是,就是
zàb	侧	同汉义
zàf	测	同汉义
zao	嘲	①同汉义 ②干燥,没水分
zão	找	同汉义
zãob	爪	汉读,同汉义
zãof	帚	同汉义
zäo	罩	①同汉义 ②油罩,油炸
zai	斋	同汉义
zaib	吒	哪吒,人名
zäi	债	同汉义
zau	周	同汉义
zaub	舟	同汉义
zauf	州	同汉义
zaud	洲	同汉义
zäu	肘	①同汉义 ②支撑,顶住,如:肘门
zäu	咒	①同汉义 ②骂
zäub	皱	汉读,同汉义
zäuf	昼	同汉义
zäp		口语,禽鸟停歇、停靠
zãm	砍	伝语,同汉义
zãmb	眨	同汉义
zãmf	崭	同汉义
zãmd	斩	同汉义
zang	争	①同汉义 ②欠、差,如:争人钱
zangb	睁	汉读,同汉义
zangf	挣	①同汉义 ②手挣,肘部
zangd	狰	同汉义
zangl	筝	同汉义
zãng	盏	同汉义
zãngb	栈	同汉义
zây		口语,ây zây,不舒服
zäy	制	①同汉义 ②撒娇 ③刹车装置
zā'p	拾	①捡,抓取,如:拾金不昧 ②zā'p xä'pb,收拾,整理 ③另见"xä'pb"
zā'pb	汁	同汉义
zā'pf	执	①同汉义 ②执拗,倒闭

za'm	斟	同汉义,如:斟酌		zongl	忠	同汉义
za'mb	砧	同汉义,如:砧板		zongk	舂	①同汉义,如:舂碎 ②跌倒 ③撞 ④瞌晃悠
za'mf	针	①同汉义 ②生挑针,眼睛发炎		zông		口语 ①跌 ②撞
zâ'm		口语 ①踩踏 ②zâ'm zêb,蝉		zõng	种	同汉义——种{zhǒng},如:种子
zā'm	枕	同汉义		zõngb	肿	同汉义
zā'mb	拯	同汉义		zöng	种	同汉义——种{zhòng},如:种植
za'ng	真	同汉义		zöngb	众	同汉义
za'ngb	珍	①同汉义 ②珍珠粟,玉米		zöngf	中	同汉义——中{zhòng},如:中计
zâ'ng		口语,紊 zâ'ng,麻烦		ze	姐	儿童用语,zê ze,姐姐
zā'ng	准	同汉义		zeb	嗟	①同汉义 ②吱(zih)嗟,啰唆
zā'ngb	诊	同汉义		zef	遮	①同汉义 ②伞
zā'ngf	疹	同汉义		zed	啫	啫喱
zä'ng	振	①同汉义 ②扯、拔,如:振闼		zē		口语,同"背",背负
zä'ngb	镇	同汉义		zê	姐	儿童用语,zê ze,姐姐
zä'ngf	晋	同汉义		zêb		口语 ①象声词 ②打 zêb zêb,小孩拍手掌 ③zâ'm zêb,蝉 ④胡诌
zä'ngd	震	同汉义				
zä'ngl	圳	同汉义				
zo		口语 ①摸 zo,慢 ②zih zo,啰唆		zē	者	同汉义
zõ	阻	①同汉义 ②阻手阻脚,碍手碍脚		zë	这	同汉义
zõb	狙	同汉义		zëb	蔗	同汉义
zò	粥	同汉义		zëit	啧	①伝读,同汉义 ②hāi-x 啧啧,脏
zòb	蜀	同汉义		zèit	只	①同汉义——只{zhī} ②后置定语,这个是,那个是,如:阿物只
zòf	嘱	同汉义				
zòd	烛	同汉义		zèitb	织	同汉义
zòl	瞩	同汉义		zèitf	职	同汉义
zòk	竹	同汉义		zèitd	帜	同汉义
zòh	祝	同汉义		zèitl	炙	同汉义
zõu	组	同汉义		zèitk	炽	同汉义
zõub	诅	同汉义		zèit	吱	①象声词,老鼠叫声 ②另见"zih"
zöp		口语 ①象声词 ②走到,晃去		zein	正	同汉义——正{zhēng},如:正月
zong	中	同汉义——中{zhōng},如:中间		zeinb	贞	同汉义
zongb	终	同汉义		zeinf	征	同汉义
zongf	钟	同汉义		zeind	帧	同汉义
zongd	盅	同汉义,如:茶盅,酒盅,口盅		zeinl	蒸	同汉义

zeink	怔	同汉义	ziv	诸	①同汉义 ②诸质,见"质"
zeinh	症	同汉义——症{zhēng},如:症结	zij	蛛	同汉义
zeinz	侦	同汉义	zis	株	同汉义
zein	整	同汉义	ziq	知	同汉义
zëin	正	①同汉义——正{zhèng},如:纯正 ②正手,右手	zî		口语,罢 zî zâ,罢了,算了
			zĭ	只	同汉义——只{zhǐ},如:只有
zëinb	政	同汉义	zĭb	址	同汉义
zëinf	症	同汉义——症{zhèng},如:症状	zĭf	主	同汉义
zëind	证	同汉义	zĭd	趾	同汉义
zeng	张	①同汉义 ②艘,如:两张船	zĭl	指	同汉义
zengb	章	同汉义	zĭk	止	同汉义
zengf	樟	同汉义	zĭh	旨	同汉义
zengd	漳	同汉义	zĭz	纸	①同汉义 ②钱,如:散纸,纸儿(zĭz-j),零钱 ③元,如:两百纸
zengl	彰	同汉义			
zëng	长	同汉义——长{zhǎng},如:成长	zĭc	煮	同汉义
zëngb	掌	同汉义	zï	志	同汉义
zëng	胀	同汉义	zïb	置	同汉义
zëngb	涨	同汉义	zïf	智	同汉义
zëngf	帐	同汉义	zïd	绪	伝读,同汉义,如:光绪年间
zëngd	瘴	同汉义	zïl	著	同汉义
zëngl	障	同汉义	zïk	折	同汉义——折{zhē}、折{zhé},"折(zïp)"除外。如:折腾,曲折
zëngk	账	同汉义			
zëngh	仗	打仗,另见"cêngf"	zïh	稚	汉读,同汉义,如:幼稚
zi	之	同汉义	zïz	至	①同汉义 ②至成,漂亮,大方
zib	支	同汉义	zïc	挚	同汉义
zif	肢	同汉义	zïx	识	同汉义——识{zhì},如:标识
zid	朱	①同汉义 ②zid guc lěit,见"lěit"	zïw	哲	同汉义
zil	猪	同汉义	zïv	浙	同汉义
zik	珠	同汉义	zïj	致	同汉义
zih	吱	①同汉义 ②另见"zěit"	zïs	注	同汉义
ziz	枝	汉读,同汉义	ziä	着	①同汉义——着{zhuó},"着陆"除外。如:执着 ②麻着,麻将
zic	芝	同汉义			
zix	脂	同汉义	ziäb	芍	同汉义
ziw	蜘	同汉义	ziäf	酌	同汉义

ziäd	灼	同汉义		zuid	追	同汉义
ziä		口语,挤压容器,把水喷射出来		zuï	塎	地名,塘塎镇
ziu	着	同汉义——着{zhāo},"怎么着、这么着"除外。如:着数,招数		zuïb	赘	同汉义
				zuïf	撮	同汉义,如:撮合
ziub	朝	同汉义——朝{zhāo},如:朝气		zuïd	啜	①同汉义 ②蚊虫叮咬
ziuf	招	同汉义		zuïl	缀	同汉义
ziud	昭	同汉义		züt	拙	同汉义
zïu	照	①同汉义 ②照头照面,劈头盖脸		zütb	茁	同汉义
zïp	折	①折叠 ②戏剧的一出 ③另见"zïk"		zun	专	①同汉义 ②毯子,一般儿化
zim	占	同汉义——占{zhān},如:占卜		zunb	砖	同汉义
zimb	粳	同汉义		zūn	展	同汉义
zimf	蘸	同汉义		zūnb	辗	同汉义
zimd	瞻	同汉义		zūnf	转	汉读,同汉义
ziml	沾	同汉义		zūnd	碾	汉读,同汉义
zimk	詹	同汉义		zün	战	同汉义
zimh	毡	同汉义		zünb	钻	伝读,同"dün"
zïm	占	同汉义——占{zhàn},如:占据		zünf	转	伝读,同汉义
zing		口语,撕开,撕裂		zung	庄	同汉义
zū		口语,屌 zū,傻瓜		zungb	妆	同汉义
zuä-j		口语,鸟,鸟类		zungf	桩	同汉义
zuäb	捉	①同汉义 ②将,把		zungd	赃	同汉义
zui	椎	汉读 ①同汉义 ②新芽,嫩芽		zungl	装	同汉义
zuib	锥	同汉义		züng	壮	同汉义
zuif	疽	同汉义		züngb	脏	①vā̌ng,肮脏 ②另见"cûngb"

C

ca	差	同汉义——差{chā}、差{chà}、差{cī},如:差错,参差不齐		cāf	查	同汉义
				cād	搽	同汉义
cab	岔	同汉义		câ		口语,câ 处,占地方
caf	叉	同汉义		cä	拆	同汉义
cad	嗟	语气词		cäb	岔	①同汉义 ②呈v形,如:脚岔岔
cal	嚓	同汉义,如:咔嚓		cäf	擦	汉读,同汉义
cā	茶	同汉义		cäd	察	同汉义
cāb	苲	同汉义		cäl	泽	同汉义

cäk	择	同汉义
cäh	策	同汉义
cäz	诧	同汉义
cäc	宅	同汉义
cäx	册	同汉义
cá	侄	同汉义
cáb	蹉	同汉义
cáf	窒	同汉义
cà	出	①同汉义 ②像 ③出外,外面
cao	抄	同汉义
caob	钞	同汉义
cāo	巢	同汉义
câo	掉	同汉义
câob	棹	①同汉义 ②一种划船的工具
câof	镴	伝读,同汉义
cāo	吵	同汉义
cāob	炒	①同汉义 ②炒屑耳,差劲
cäo	秒	①同汉义 ②翻动 ③推撞
cai	差	同汉义——差{chāi},如:出差
caib	猜	同汉义
câi		口语,äi câi,欺负
cāi	踩	①汉读,同汉义 ②歪斜不正,倾斜
cau	抽	①同汉义 ②往上提
cāu	蹄	同汉义
cāub	囚	同汉义
cāuf	绸	同汉义
cāud	稠	同汉义
cāul	泅	同汉义
cāuk	酬	同汉义
cāuh	筹	同汉义
cāuz	畴	同汉义
cǎu		口语 ①柱子,如:门 cǎu,门柱 ②tià cǎu,碰 cǎu,匆忙,忙乱,发脾气
câu	就	①立刻,马上 ②另见"tâu"
cāu	丑	①同汉义 ②怕丑,害羞
cäu	臭	同汉义
cäub	嗅	同汉义
cäp	插	同汉义
cäpb	闸	同汉义
cäpf	铡	同汉义,如:铡刀
cām		口语,刺、扎,如:cām 眼,刺眼
cām	杉	同汉义
cāmb	湛	①同汉义 ②盛放食物的大碟子
câm	暂	同汉义
câmb	站	同汉义
cäm	掺	同汉义
cämb	渗	伝读,同汉义
cang	撑	汉读,同汉义
cangb	鐣	铁锅
cāng	橙	同汉义
cāngb	蹬	①同汉义 ②用力踩踏
câng	赚	同汉义
cângb	绽	同汉义
cāng	产	同汉义
cāngb	铲	同汉义
cäng	撑	①伝读,同汉义 ②支持,如:撑你
cängb	撰	同汉义
cängf	篡	同汉义
cängd	纂	同汉义
cängl	睁	伝读,同汉义
cängk	谄	同汉义,如:谄媚
cängh	忏	汉读,同汉义,如:忏悔
cäy		口语 ①击打 ②吃
cā'p		口语 ①一瘸一拐 ②cā'p cāi,歪斜
cā'm	沉	同汉义
cǎ'm	錾	①同汉义,如:錾子 ②击打
câ'm		口语 ①淹 ②溺
câ'mb	朕	同汉义
cā'm	寝	同汉义

ca'ng	春	同汉义
ca'ngb	伸	伝读,同汉义
cāng	陈	同汉义
cāngb	尘	同汉义
cǎng		口语 ①舞动 ②打架
câng	阵	①同汉义 ②稳稳阵阵,稳稳当当
cāng	蠢	同汉义
cäng	趁	①同汉义 ②趁鼻,欺负 ③热气腾腾,如:热头趁趁,太阳暴晒
cängb	衬	①同汉义 ②瓜老衬,完蛋
co	初	同汉义
cob	搓	同汉义
cof	磋	同汉义
cod	戳	同汉义
col	雏	同汉义
cõ	楚	①同汉义 ②鸡啄人 ③骂人,咒骂
cõb	础	同汉义
cò	锄	同汉义
còb	束	同汉义
còf	促	①督促 ②另见"dòf"
còd	蓄	同汉义
còl	筑	同汉义
còk	触	同汉义
còh	畜	同汉义
còz	矗	同汉义
còc	轴	同汉义
còx	搐	同汉义
cōu	措	同汉义
cöp		口语 ①象声词 ②刀切
cong	充	①同汉义 ②睇充,看见 ③句首虚词,无实义,如:充啊,几的嗟(cad)
congb	冲	同汉义
congf	衷	同汉义,如:热衷,衷心感谢
cōng	重	同汉义——重{chóng},如:重叠
cōngb	虫	同汉义
cǒng	重	同汉义——重{zhòng},如:体重
công	仲	①同汉义 ②仲人,窝囊废 ③重视
côngb	诵	①诵经 ②另见"tōngf"
cōng	宠	①同汉义 ②容宠,溺爱
cōngb	冢	同汉义
ce	车	①同汉义——车{chē} ②车大炮,吹牛 ③车屄崩,胡诌,胡扯
cê		口语 ①象声词 ②冲走
cē	扯	同汉义
cěb	且	同汉义
cě		口语,狼吞虎咽
cëit		口语,象声词,撕裂声
céit	直	同汉义
céitb	植	同汉义
céitf	殖	同汉义
céitd	值	同汉义
cèit	尺	同汉义
cèitb	赤	同汉义
cèitf	斥	同汉义
cëit	叱	①叱屄崩,表示斥责或唾弃 ②另见"cèitbb"
cein	称	同汉义
cēin	程	同汉义
cēinb	惩	同汉义
cēinf	逞	同汉义
cēind	呈	同汉义
cěin		口语 ①戏剧中的唱打 ②对垒
cêin	郑	①同汉义 ②波令郑,蜥蜴的一种
cêinb	掷	汉读,同汉义
cēin		口语,同"举",举起
cêin	骋	同汉义
cëinb	秤	同汉义
cêp		口语,单脚跳行
cem		①奏乐器 ②咒骂
ceng	昌	同汉义

cengb	猙	同汉义
cengf	娼	同汉义
cengd	倡	同汉义
cēng	长	①同汉义——长{cháng} ②长日,整天,老是,经常
cēngb	场	同汉义
cēngf	肠	同汉义
cěng	丈	①丈量,测量 ②打架 ③姑丈 ④细姑丈,男性的妹夫 ⑤姨丈 ⑥细姨丈,女性的妹夫
cêng	丈	同汉义,"丈(cěng)"除外
cêngb	杖	同汉义
cêngf	仗	同汉义,"仗(zëngh)"除外
cēng	畅	同汉义
cëng	唱	同汉义
ci	痴	①同汉义 ②粘
cib	雌	同汉义
cif	疵	同汉义
cid	眵	同汉义,如:眼眵,眼屎
cil	嗤	同汉义
cik	蚩	同汉义
cī	持	同汉义
cīb	厨	同汉义
cīf	池	同汉义
cīd	迟	同汉义
cīl	除	同汉义
cīk	橱	同汉义
cīh	储	同汉义
cīz	弛	同汉义
cīc	驰	同汉义
cīx	恃	同汉义
cǐ	柱	同汉义
cǐb	蛀	同汉义
cǐf	峙	同汉义
cǐd	驻	同汉义
cǐl	贮	同汉义
cǐk	拄	同汉义
cî	痔	同汉义
cîb	治	同汉义
cîf	住	同汉义
cï	耻	同汉义
cïb	齿	同汉义
cïf	处	同汉义——处{chǔ},如:处理
cïd	侈	同汉义,如:奢侈
cï	刺	同汉义
cïb	翅	同汉义
cïf	处	①同汉义——处{chù} ②阿处,哪里
cïd	厕	同汉义,如:厕所
cïl	赐	广府白话转读,同汉义
ciä	着	①同汉义——着{zhe}、着{zháo} ②着(着{zhuó})陆 ③这么着,怎么着(着{zhāo}) ④着数,好处 ⑤ciä ziä,合身 ⑥ciä cǔ,休克
ciu	超	①同汉义 ②咳超,喷嚏
cīu	潮	①同汉义 ②回潮,潮湿,回南天
cīub	朝	同汉义——朝{cháo},如:朝鲜
cǔ		口语 ①折腾 ②ciä cǔ,休克
cîu	赵	同汉义
cîub	沼	同汉义
cîuf	兆	①同汉义 ②一(àd)兆,喷嚏声
cîud	召	同汉义
cīm		口语 ①拔(毛) ②cīm 斑,见"斑"
cïm	羡	同汉义
cïmb	倩	同汉义
cuä	绰	同汉义
cuäb	桌	同汉义,伝语一般用"台"
cuäf	浊	同汉义

cuäd	凿	①同汉义 ②拌匀,搅拌
cuäl	卓	同汉义
cuäk	焯	同汉义,如:焯熟,用水烫熟
cui	吹	同汉义
cuib	炊	同汉义
cuī	搥	同汉义
cuīb	锤	同汉义
cuî	坠	①同汉义 ②下垂 ③压着
cüt	切	同汉义,包含"切(tǐb)"
cütb	彻	同汉义
cütf	窃	同汉义
cütd	沏	同汉义
cütl	辙	同汉义
cütk	撤	同汉义
cüth	澈	同汉义
cütz	砌	汉读,同汉义
cütc	掣	同汉义
cun	川	同汉义
cunb	穿	同汉义
cūn	缠	同汉义
cūnb	传	同汉义——传{chuán},如:传说
cūnf	泉	同汉义
cûn	旋	①转动,转动的,如:旋转,旋涡,旋风 ③头骨旋,发旋 ④另见"xūn"
cûnb	传	同汉义——传{zhuàn},如:传记
cûnf	漩	同汉义,如:漩涡
cūn	踹	同汉义
cūnb	蹲	同汉义
cūnf	湍	同汉义
cūnd	颤	同汉义
cūnl	揣	同汉义
cūnk	喘	同汉义
cün	串	①同汉义 ②嚣张,自大
cünb	窜	同汉义
cung	疮	同汉义
cûng	撞	汉读 ①同汉义 ②骂
cûngb	脏	①内脏 ②另见"zǔngb"
cûngf	藏	同汉义——藏{zàng},如:西藏
cūng	厂	同汉义
cūngb	闯	同汉义
cūngf	创	同汉义
cüng	撞	伝读 ①同汉义 ②轻碰

X

xa	沙	同汉义
xab	纱	同汉义
xaf	抄	①同汉义 ②偷 ③闲逛 ④乱摸
xad	鲨	同汉义
xā	洒	同汉义
xāb	啥	同汉义
xāf	耍	同汉义
xä	杀	①同汉义 ②杀支,杀支骨,肋骨
xäb	煞	①同汉义 ②臭味
xäf	刹	①同汉义 ②刹制,刹车
xá	实	同汉义
xáb	术	同汉义
xáf	述	同汉义
xà	色	汉读、伝读,同汉义
xàb	室	同汉义
xàf	失	同汉义
xàd	瑟	同汉义
xàl	虱	同汉义
xàk	鰠	同汉义,如:塘鰠
xao	梢	同汉义
xaob	捎	①同汉义 ②把开口收紧
xaof	艘	同汉义

xâo	睄	①同汉义,瞥一眼 ②击打
xāo	稍	同汉义
xäo	哨	同汉义
xäob	搜	①搜身 ②沙搜,闲逛,翻动
xäof	潲	同汉义,潲水,猪潲
xāi	柴	同汉义
xāib	豺	同汉义
xâi	寨	同汉义
xäi	晒	同汉义
xau	收	①同汉义 ②收米簿,索命
xaub	馊	同汉义,饭、菜等变质而发出酸味
xāu	仇	同汉义
xāub	售	同汉义
xāuf	愁	①同汉义 ②干枯,如:木叶愁咧
xâu	寿	同汉义
xâub	受	同汉义
xâuf	授	同汉义
xāu	手	①同汉义 ②xāu-j,手儿,手指
xāub	首	同汉义
xāuf	守	同汉义
xāud	搜	同汉义,"搜(xäob)"除外
xäu	瘦	①同汉义 ②瘦蜢蜢,非常瘦弱
xäub	兽	同汉义
xäp	煠	①同汉义 ②水煮 ③放油锅里炸
xam	衫	同汉义
xäm		口语,消瘦
xang	生	①同汉义 ②生面,陌生
xangb	山	①同汉义 ②山薯,淮山
xangf	珊	同汉义
xangd	删	同汉义
xangl	甥	同汉义
xangk	拴	同汉义,如:拴门,关门
xangh	栓	同汉义
xangz	潺	汉读,同汉义
xangc	栅	同汉义
xangx	潜	同汉义
xangw	牲	同汉义
xāng	逸	同汉义
xāngb	羼	①同汉义 ②口水
xāngf	馋	同汉义
xāngd	㧀	伝读,同汉义
xǎng		口语 ①击打 ②教训
xâng	汕	同汉义
xāng	省	同汉义——省{shěng},如:省份
xäng	疝	①摩擦 ②拖曳 ③疝尸,耍性子 ④疝头,屄疝,泼妇
xay	筛	①同汉义 ②去,走,到,贬义
xāy		口语 ①走路摇晃 ②mayb xāy,犯困,视力模糊
xây	逝	同汉义
xâyb	噬	同汉义
xâyf	誓	同汉义
xāy	使	①同汉义,"使(xǐb)"除外。如:使用 ⑤无(mǒu)使,不用,不要
xāyb	驶	同汉义
xäy	世	①同汉义 ②出世,出生 ③回世,死亡
xäyb	势	同汉义
xā'p	湿	同汉义
xǎ'p	十	同汉义
xǎ'pb	拾	①"十"的大写 ②收拾 ③另见"zā'p"
xǎ'pf	什	同汉义
xa'm	参	同汉义——参{shēn},如:人参
xa'mb	深	同汉义
xa'mf	森	同汉义
xâ'm	甚	同汉义
xā'm	审	同汉义

xã'mb	沈	同汉义
xã'mf	婶	同汉义
xä'm	渗	①汉读,同汉义 ②瞥一眼
xa'ng	身	同汉义
xa'ngb	伸	汉读,同汉义
xa'ngf	绅	同汉义
xa'ngd	砷	同汉义
xa'ngl	呻	同汉义
xa'ngk	申	同汉义
xā'ng	神	同汉义
xā'ngb	淳	同汉义
xā'ngf	晨	同汉义
xā'ngd	唇	同汉义
xā'ngl	醇	同汉义
xā'ngk	辰	同汉义
xā'ngh	娠	同汉义
xā'ngz	臣	同汉义
xā'ngc	纯	同汉义
xǎ'ng	肾	同汉义
xâ'ng	顺	同汉义
xâ'ngb	慎	同汉义
xâ'ngf	驯	同汉义,如:驯服,驯马
xä'ng	舜	同汉义
xä'ngb	瞬	①同汉义 ②呻吟
xo	蔬	同汉义
xob	梳	同汉义
xof	疏	同汉义
xō		口语,象声词,赶鸡声
xô	助	同汉义
xôb	傻	同汉义
xõ	所	同汉义
xó	熟	同汉义
xób	赎	同汉义
xóf	孰	同汉义

xód	属	同汉义
xò	叔	同汉义
xòb	淑	①同汉义 ②缩,如:闪淑,畏缩
xõu	数	同汉义——数{shǔ},如:不可胜数
xõub	擞	同汉义
xöu	数	同汉义——数{shù}、数{shuò},如:数学
xōng	崇	同汉义
xõng		口语 ①屁股 ②开 xõng 裤,开裆裤
xe	奢	同汉义
xeb	赊	同汉义
xē	蛇	同汉义——蛇{shé},如:四脚蛇
xê	射	汉读 ①同汉义 ②射 sui 拐,树蛙
xē	舍	同汉义——舍{shě},如:施舍
xë	舍	①同汉义——舍{shè} ②嫖舍,嫖娼 ③距离单位,如:退避三舍
xëb	赦	同汉义
xëf	社	同汉义
xěi	是	伝读,同汉义
xéit	食	同汉义
xéitb	石	同汉义
xéitf	蚀	同汉义
xèit	识	①同汉义——识{shí} ②懂,会
xèitb	释	同汉义
xèitf	式	同汉义
xèitd	拭	同汉义
xèitl	恤	①T恤,伝语一般用"扐(lā'pb)衫" ②另见"sèitl"
xèitk	适	①同汉义 ②适穿,适穿屁股
xèith	饰	同汉义
xèitz	轼	同汉义
xèitc	色	广府白话转读,同汉义
xein	声	同汉义
xeinb	升	①同汉义 ②成了,如:瘦升条藤

xēin	成	①同汉义 ②生成,注定,幸好		xiz	枢	汉读,同汉义
xēinb	城	同汉义		xic	尸	同汉义
xēinf	盛	同汉义——盛{chéng},伝语一般用"毕"		xix	输	①同汉义 ②输折(xīf),吃亏
				xī	时	同汉义
xēind	诚	同汉义		xīb	殊	同汉义
xēinl	绳	同汉义,伝语一般用"索"		xīf	薯	①同汉义 ②甜薯,毛薯
xēink	承	同汉义		xīd	匙	同汉义 ①羹匙,小勺子 ②锁匙
xēinh	乘	同汉义		xīl	蜍	伝读,同汉义,蟾蜍(kā'ml xīl)
xēinz	塍	同汉义,田塍,田间的土埂、小堤		xǐ	是	汉读 ①同汉义 ②是识得,就只会
xêin	剩	同汉义		xǐb	市	同汉义
xêinb	盛	同汉义——盛{shèng},如:茂盛		xǐf	柿	同汉义
xëin	胜	同汉义		xî	事	同汉义
xëinb	圣	同汉义		xîb	示	同汉义
xeu		口语,鞭打		xîf	嘘	同汉义——嘘{shī},示意保持安静
xēp	呷	①小口喝 ②尝一尝 ③另见"häp"		xîd	仕	同汉义
xem		口语 ①脆 ②一种甲壳类动物		xîl	士	同汉义
xeng	商	同汉义		xîk	庶	同汉义
xengb	伤	同汉义		xîh	侍	同汉义
xengf	熵	同汉义		xîz	戍	同汉义
xēng	偿	同汉义		xîc	恕	同汉义
xēngb	尝	同汉义		xîx	氏	同汉义
xēngf	裳	同汉义		xîw	伺	同汉义,如:伺候
xēngd	常	同汉义		xîv	竖	同汉义
xěng	上	动词及动词组合,如:上楼,上去		xîj	树	同汉义
xêng	上	形容词 ①表示方位,如:上高,即上面 ②表示时间,如:上古		xîs	视	同汉义
				xîq	豉	同汉义 ①豆豉 ②豉油,酱油
xêngb	尚	同汉义		xī	屎	①同汉义 ②屎槽儿(ji),厕所
xēng	赏	同汉义		xǐb	使	①奉命办事者,如:大使,天使 ②feng 使,拥护者 ③另见"xāy"
xi	书	同汉义				
xib	诗	同汉义		xīf	矢	汉读,同汉义
xif	嘘	嘘尿(sui),把尿		xīd	暑	同汉义
xid	舒	同汉义		xīl	鼠	同汉义
xil	施	①同汉义 ②施搜(xäob),游荡		xīk	黍	同汉义
xik	抒	同汉义		xīh	始	同汉义
xih	师	同汉义		xīz	署	同汉义

xīc	史	同汉义		xuäf	朔	同汉义
xīx	曙	同汉义		xuäd	溯	同汉义
xï	试	①同汉义 ②阿试,哪里		xuäl	烁	同汉义
xïb	嗜	同汉义		xuäk	嗽	①吮吸 ②吻,响吻 ③嗽气,喘气
xïf	折	①同汉义——折{shé},如:折本,亏本 ②折底,输折,吃亏		xui	衰	同汉义
				xuib	绥	同汉义
xiä	勺	同汉义		xuif	襄	同汉义
xiäb	刷	同汉义		xuī	谁	同汉义
xiäf	硕	同汉义		xuīb	垂	同汉义
xiu	烧	①同汉义 ②使用能源,如:烧电		xuî	睡	同汉义
xîu	绍	同汉义		xuǐ	水	同汉义
xîub	韶	同汉义		xuï	说	同汉义——说{shuì},如:游说
xîuf	邵	同汉义		xuïb	帅	同汉义
xîud	肇	广府白话转读,同汉义		xuïf	税	同汉义
xīu	少	同汉义——少{shǎo},如:多少		xuïd	绪	汉读,同汉义
xīu	少	同汉义——少{shǎo},如:少年		xüt	说	①同汉义,包含"说(xuī)",如:说话,说服 ②说气,喘气
xïp	舌	同汉义				
xïpb	慑	广府白话转读,同汉义		xütb	设	①同汉义 ②xütb-j,设儿,鱿鱼
xïpf	摄	广府白话转读,同汉义		xǔt	倏	①同汉义 ②xǔt gây gông,猜拳口语 ①绑 ②向上拉,向上爬 ③吸
xïpd	涉	①同汉义 ②涉石,磁铁				
xīm	蝉	同汉义,伝语一般用"zâ'm zêb"		xun	旋	①凯旋 ②斡旋 ③另见"cûn"
xīmb	禅	同汉义		xūnb	船	同汉义
xīmf	赡	同汉义		xǔn	鳝	①同汉义 ②鳝饵,蚯蚓
xīmd	阐	同汉义		xûn	善	同汉义
xīml	单	同汉义——单{shàn}、单{chán}		xûnb	膳	同汉义
xīmk	蟾	汉读,同汉义,蟾蜍(xīmk yïbb)		xûnf	擅	汉读,同汉义
xīm	闪	同汉义		xūn	擅	伝读,同汉义
xīmb	陕	同汉义		xung	双	同汉义
xīng	扇	同汉义		xungb	霜	同汉义
xīngb	煽	同汉义		xūng	床	同汉义
xuä	铄	同汉义		xûng	状	同汉义
xuäb	塑	同汉义		xūng	爽	①同汉义 ②开心,高兴

169

Y

ya	呀	叹词
yâ	哟	哎哟,êi yâ
yá		口语 ①晃动 ②晃荡 ③晃着走
yáb	肆	同汉义
yáf	逸	同汉义
yád	溢	同汉义
yà	一	汉读,同汉义
yàb	壹	同汉义,"一"的大写
yàf	郁	伝读 ①忧郁 ②另见"wà,yòf"
yāi		口语,差劲
yau	优	同汉义
yaub	忧	①同汉义 ②会,敢
yauf	幽	同汉义
yaud	悠	悠闲,闲散,忧郁,如:白云悠悠,优哉游哉
yaul	呦	同汉义
yāu	柔	同汉义
yāub	酋	同汉义
yāuf	悠	①悠久,悠长 ②悠悠,轻轻地,慢慢地
yāud	游	同汉义
yāul	邮	同汉义
yāuk	犹	同汉义
yāuh	由	同汉义
yāuz	揉	同汉义
yāuc	铀	同汉义
yāux	油	同汉义
yāuw	尤	同汉义
yāuv	釉	同汉义
yǎu	有	①同汉义 ②有限,很,很多
yǎub	酉	同汉义
yǎuf	友	同汉义
yâu	右	同汉义
yâub	佑	同汉义
yâuf	诱	同汉义
yâud	又	同汉义
yäu	幼	汉读,同汉义
yäp		口语 ①晃动 ②白交 yäp,骗子
yäm		①拖延 ②日渐消瘦、消亡 ③下陷 ④泥淖 ⑤动物用泥巴、沙子洗澡
yây	裔	同汉义
yäy		口语,烂 yäy,烂 yäy yäy,稀巴烂
yā'p	揖	汉读,同汉义
yā'pb	邑	①同汉义,如:城邑 ②安静,沉默寡言,如:其只人好邑 ③邑邑,静静地,偷偷地
ya'm	音	同汉义
ya'mb	阴	①同汉义 ②阴功,阴质,凄惨
ya'mf	荫	同汉义
yā'm	淫	①汉读,同汉义 ②淫头,屋檐,额头上的头发
yā'ng	寅	同汉义
yā'ngb	匀	①同汉义 ②匀巡,均匀,匀称
yǎ'ng	引	同汉义
yǎ'ngb	瘾	①同汉义 ②喜欢,痴迷
yo	哟	eid yo,哎哟
yô	哟	①êi yô,哎哟 ②消肿,消退
yö	哟	ëid yö,哎哟
yó	辱	同汉义
yób	浴	同汉义
yóf	育	同汉义
yód	褥	同汉义
yól	欲	同汉义
yò	旭	同汉义
yòb	沃	同汉义
yòf	郁	①香气浓厚,如:浓郁 ②树木丛生,如:郁郁葱葱 ③另见"wà,yàf"
yòd	煜	同汉义

you	哟	叹词,重读的时候,表示惊讶
yōng	容	①同汉义 ②容宠,溺爱
yōngb	庸	同汉义
yōngf	绒	同汉义
yōngd	熔	同汉义
yōngl	融	同汉义
yōngk	溶	同汉义
yōngh	茸	同汉义
yōngz	戎	同汉义
yōngc	蓉	同汉义
yōngx	熊	同汉义
yǒng	涌	伝读 ①同汉义——涌{yǒng} ②湿地、水田
yông	用	同汉义
yôngb	佣	同汉义
yôngf	痈	同汉义
ye	爷	①父亲 ②老爷,雕塑,雕像 ③君爷,丈夫的父亲 ④姑爷,女婿
yeb	吔	叹词,为英语"yeah"的转读
yē	耶	同汉义
yēb	椰	同汉义
yě	也	同汉义
yěb	冶	同汉义
yěf	惹	汉读,同汉义
yěd	野	①同汉义 ②蛮野,顽皮,调皮
yê	爷	①对长辈或年长男子的敬称,如:老爷 ②爷爷,伝语一般用"爹"
yêb	夜	同汉义
yẽ		口语,ẽid-x yẽ,叹词
yéit	易	①改变,变更 ②姓氏 ③交易 ④书名,如:周易 ⑤另见"yî"
yéitb	掖	同汉义
yéitf	腋	同汉义
yéitd	译	同汉义
yéitl	绎	同汉义
yéitk	翼	同汉义
yéith	液	同汉义
yéitz	亦	①同汉义 ②亦都,也
yèit	翌	同汉义
yēin	形	同汉义
yēinb	赢	同汉义
yēinf	刑	同汉义
yēind	盈	同汉义
yēinl	型	同汉义
yēink	蝇	①同汉义 ②yēink-j,蝇儿,小飞虫
yēinh	邢	同汉义
yêin	颖	广府白话转读,同汉义
yêinb	孕	同汉义
yëp		口语 ①眨眼睛 ②yëp 只眼,一会儿,一眨眼工夫 ③灯光闪烁
yēng	阳	同汉义
yēngb	羊	同汉义
yēngf	洋	同汉义
yēngd	杨	同汉义
yēngl	扬	同汉义
yěng	养	同汉义
yěngb	痒	汉读,同汉义
yěngf	氧	同汉义
yêng	样	同汉义
yêngb	漾	同汉义
yi	咿	象声词,咿呀,同"咿(eif)呀"
yī	如	同汉义
yīb	蠕	同汉义
yīf	愚	汉读,同汉义
yīd	隅	同汉义
yīl	愉	同汉义

yīk	移	同汉义		yîv	寓	同汉义
yīh	姨	同汉义		yîj	渝	同汉义
yīz	迂	同汉义		yîs	御	同汉义
yīc	禺	同汉义,番禺,地名		yîq	谕	同汉义
yīx	儒	同汉义		yĭ-x	咦	叹词,表示惊讶
yīw	余	同汉义		yï	拽	①同汉义 ②拽过火,扇灭火
yīv	怡	同汉义		yïb	曳	同汉义
yīj	吁	同汉义		yiä	药	同汉义
yīs	娱	汉读,同汉义		yīu	姚	同汉义
yīq	胰	同汉义		yīub	瑶	汉读,同汉义
yīr	夷	同汉义		yīuf	摇	汉读,同汉义
yĭ	已	同汉义		yīud	谣	同汉义
yĭb	舆	同汉义		yīul	窑	汉读,同汉义
yĭf	予	同汉义		yīuk	遥	汉读,同汉义
yĭd	屿	同汉义		yīuh	尧	汉读,同汉义
yĭl	与	同汉义——与{yú}、与{yǔ}、与{yù},如:参与		yîu	耀	同汉义
yĭk	矣	同汉义		yîub	鸢	①同汉义 ②纸鸢,风筝
yĭh	羽	同汉义		yïp	页	同汉义
yĭz	以	同汉义		yïpb	叶	同汉义
yĭc	禹	同汉义		yīm	盐	同汉义
yĭx	雨	同汉义		yîm	艳	同汉义
yĭw	宇	同汉义		yîmb	焰	同汉义
yî	易	①容易 ②平易近人 ③另见"yéit"		yīng	然	同汉义
yîb	异	同汉义		yīngb	舷	传读 ①同汉义 ②边舷,旁边
yîf	驭	同汉义		yīngf	研	同汉义
yîd	愈	汉读,同汉义,如:愈来愈,越来越		yīngd	贤	同汉义
yîl	预	同汉义		yīngl	燃	同汉义
yîk	逾	同汉义		yīngk	弦	同汉义,如:正弦定理
yîh	豫	同汉义		yĭng	延	同汉义
yîz	裕	同汉义		yĭngb	涎	同汉义
yîc	喻	同汉义		yĭngf	演	同汉义
yîx	誉	同汉义		yĭngd	衍	同汉义
yîw	遇	同汉义		yĭng	现	同汉义
				yĭngb	砚	同汉义

yîngf	彦	同汉义		yuî	瑞	汉读,同汉义
yîngd	谚	同汉义		yuîb	秽	伝读,同汉义
yîngl	喑	汉读,同汉义		yuîf	蕊	同汉义
yuä		口语,刺痛		yuîd	锐	同汉义

W

wa	蛙	同汉义
wab	凹	同汉义——凹{wā},人名,地名
waf	洼	同汉义
wad	哇	汉读语气词
wal	娃	同汉义
wak	哗	同汉义
wā	华	同汉义
wǎ	喔	语气助词,放词尾,如:是喔
wâ	话	同汉义
wâb	划	汉读,同汉义
wâf	画	同汉义
wä	滑	同汉义
wäb	划	伝读,同汉义
wäf	猾	同汉义
wäd	挖	同汉义
wäl	获	同汉义
wá	核	①同汉义 ②核眼 mäy,眼困
wà	郁	汉读 ①忧郁 ②另见"yàf,yòf"
wàb	屈	伝读 ①冤屈,冤枉 ②屈秋,秋老虎天气 ③屈腻,肚子腻 ④藏肚子里,让人不痛快 ⑤掰、扳倒
wai	歪	同汉义
wāi	怀	同汉义
wāib	槐	同汉义
wāif	淮	同汉义
wâi	坏	同汉义,表示"受损的",同"嘥"
wang	弯	同汉义
wangb	湾	同汉义
wāng	还	同汉义——还{hái}、还{huán},如:还有,还钱
wāngb	环	同汉义
wāngf	横	同汉义
wǎng	鲩	鲩鱼
wâng	患	同汉义
wângb	幻	①同汉义 ②扶手处,如:椅幻
wângf	宦	同汉义
wäng	玩	广府借词,同汉义
wängb	挽	同汉义
way	喂	叹词,打招呼时用
wayb	威	①同汉义 ②漂亮,帅气,好看
wāy	为	①同汉义——为{wéi},如:行为 ②为薄,捕鱼
wāyb	唯	同汉义
wāyf	维	同汉义
wāyd	围	同汉义
wāyl	遗	同汉义
wāyk	惟	同汉义
wāyh	违	同汉义
wāyz	潍	同汉义
wây	为	①同汉义——为{wèi},如:为何 ②会,敢 ③为口,嘴馋,贪吃
wâyb	位	同汉义
wâyf	卫	同汉义
wâyd	胃	同汉义
wâyl	谓	同汉义
wâyk	慧	同汉义

173

wâyh	渭	同汉义
wâyz	惠	同汉义
wâyc	外	①同汉义 ②外家,娘家 ③wâyc luǎo,外老,岳父 ④外母,岳母
wãy-x	喂	叹词,打招呼时用
wãyb	伟	同汉义
wãyf	萎	同汉义
wãyd	毁	同汉义
wãyl	委	同汉义
wãyk	韦	同汉义
wãyh	苇	同汉义
wãyz	纬	同汉义
wãyc	卉	广府白话转读,同汉义
wäy	喂	喂食
wäyb	畏	同汉义
wäyf	秽	汉读,同汉义
wäyd	讳	①同汉义 ②讳怨,埋怨
wa'ng	瘟	汉读,同汉义
wa'ngb	温	同汉义
wa'ngf	熏	①伝读,同汉义 ②熏街泼鼻,熏死人,非常臭
wa'ngd	嗡	象声词,如:吵耳嗡嗡
wā'ng	伝	①同汉义 ②我,我们
wā'ngb	云	同汉义
wā'ngf	耘	同汉义
wā'ngd	晕	汉读,同汉义
wā'ngl	魂	汉读,同汉义
wǎ'ng	允	同汉义
wǎ'ngb	尹	同汉义
wǎ'ngf	吮	同汉义
wǎ'ngd	陨	同汉义
wǎ'ngl	浑	汉读,同汉义
wâ'ng	运	同汉义
wâ'ngb	混	同汉义
wâ'ngf	韵	同汉义

wâ'ngd	晕	①伝读,同汉义 ②晕头路,胡闹
wâ'ngl	浑	伝读,同汉义
wã'ng	稳	①同汉义 ②稳稳,一定(能够)
wã'ngb	揾	①寻找 ②赚钱
wä'ng	蕴	同汉义
wä'ngb	酝	同汉义
wä'ngf	溷	①同汉义 ②关住,如:溷猪
wo	锅	同汉义
wob	蜗	同汉义
wof	涡	同汉义
wod	窝	①同汉义 ②洞,坑
wō	和	同汉义
wōb	禾	同汉义
wǒ	喔	语气助词,放词尾,如:是 wǒ
wǒb	祸	①同汉义 ②生鸡蛋变质
wõ	喔	语气词
wě		口语,从嘴里把东西吐出来
wê		口语,避开,绕着走
wẽ		口语,哭泣
wei	喂	叹词,打招呼时用
wěi-x	喂	叹词,打招呼时用
wéit	或	同汉义
wéitb	役	①同汉义 ②甩,把东西甩掉
wéitf	域	同汉义
wéitd	疫	同汉义
wéitl	惑	同汉义
wein	瘟	伝读,同汉义
wēin	荣	同汉义
wēinb	萤	同汉义
wēinf	营	同汉义
wēind	荧	同汉义
wēinl	莹	同汉义
wěin	永	同汉义
wêin	泳	①同汉义 ②扔,甩掉 ③晃,摇晃
wêinb	咏	同汉义

音	字	释义		音	字	释义
wï	月	①同汉义 ②月爹,月亮		wīngb	烷	同汉义
wïb	穴	同汉义		wīngf	惋	传读,同汉义
wïf	越	同汉义		wīngd	宛	传读,同汉义
wïd	粤	同汉义		wīngl	婉	传读,同汉义
wïl	悦	同汉义		wīngk	皖	同汉义
wïk	阅	同汉义		wīngh	阮	同汉义
wïä	曰	①同汉义 ②乱画,乱划 ③螃蟹的一种,体型比一般螃蟹小		wīng	怨	同汉义
wing	渊	同汉义		wu	呜	语气词
wingb	冤	①同汉义 ②眼冤,赛冤,没眼看		wū-x	呜	语气词,表惊讶
wingf	鸳	同汉义		wua	哇	传读语气词,一般重读,表示惊叹
wīng	元	同汉义,作货币单位时,见"银"		wuä	镬	①铁锅 ②渴求 ③口干舌燥,口渴
wīngb	原	同汉义		wuoi	喂	叹词,表示吆喝、应答等
wīngf	源	同汉义		wüt	活	同汉义
wīngd	园	同汉义		wûn	换	同汉义
wīngl	丸	同汉义		wûnb	缓	同汉义
wīngk	沿	同汉义		wûnf	唤	同汉义
wīngh	圆	①同汉义 ②圆 lün lün,圆滚滚		wûnd	痪	同汉义
wīngz	玄	同汉义		wûnl	焕	同汉义
wīngc	檐	汉读,同汉义,如:人在屋檐下		wûnk	援	传读,同汉义
wīngx	完	同汉义		wûnh	涣	同汉义
wīngw	铅	同汉义——铅{qiān}、铅{yán},如:铅笔		wûnz	玩	汉读,同汉义
wīngv	缘	同汉义		wung	汪	同汉义,包含"汪(vou、vong)"
wīngj	猿	同汉义		wungb	框	名词 ①方框 ②门框 ③相框 ④条框 ⑤边框 ⑥另见"ra'ngf"
wīngs	悬	同汉义		wungf	筐	同汉义
wīngq	袁	同汉义		wungd	匡	同汉义
wīngr	员	同汉义		wungl	眶	同汉义
wǐng	远	同汉义		wūng	王	①同汉义 ②扑克牌中的"K"
wǐngb	软	同汉义		wūngb	凰	同汉义
wîng	愿	同汉义		wūngf	蝗	同汉义
wîngb	县	同汉义		wūngd	煌	同汉义
wîngf	院	同汉义		wūngl	皇	同汉义
wîng	苑	同汉义		wūngk	惶	同汉义
				wūngh	簧	同汉义

wūngz	磺	同汉义		wûng	旺	同汉义
wūngc	黄	同汉义		wūng	枉	同汉义
wǔng	往	同汉义				

V
（ng）

va		口语 ①张开 ②量词，间、栋		vau	勾	①伝读，同汉义 ②蹲下 ③待着
vā	崖	汉读，同汉义		vaub	钩	伝读，同汉义
vāb	涯	汉读，同汉义		vǎu	偶	同汉义
vāf	蚜	同汉义		vǎub	藕	同汉义
vād	牙	同汉义		vâu		口语，发 vâu dâu，发呆
vāl	芽	同汉义		vam	啱	①啱，对，正确 ②啱啱，刚刚，刚好，刚才
vāk	衙	同汉义				
vǎ	瓦	①同汉义 ②缸瓦，陶瓷		vām	岩	同汉义
vǎb	雅	同汉义		vāmb	癌	同汉义
vâ	讶	①同汉义 ②讶开，张开		vang		口语，量词，间、栋
vä	额	同汉义		vāng	颜	同汉义
väb	岳	①同汉义 ②吃，啃 ③碰到，撞到		vāngb	顽	同汉义
väf	乐	同汉义——乐{yuè}，如：音乐		vǎng	眼	①同汉义 ②眼冤，没眼看
vá		口语 ①点头 ②磕头		vâng	硬	同汉义
và	屹	①同汉义 ②用刀切掉		vângb	雁	同汉义
vàb	乞	①乞求，请求 ②另见"hàf"		vay	喓	①同汉义 ②求，恳请，乞助
vàf	讫	①同汉义 ②欺骗		vāy	危	同汉义
vàd	疙	同汉义		vāyb	巍	同汉义
vàl	迄	同汉义		vāyf	峉	同汉义
vāo	淆	同汉义		vǎy	蚁	同汉义
vāob	肴	同汉义		vây	艺	同汉义
vǎo	咬	同汉义		vâyb	伪	同汉义
vâo		口语，lao vâo，龙头鱼，鼻涕鱼		vâyf	毅	①同汉义 ②轻碰，擦碰
vai		vai 话，粤西客家话，汉字一般写为"涯"，但实为"亻"与"厓"的合字		vâyd	魏	同汉义
				vây		口语，轻碰
vāi	崖	伝读，同汉义		vā'p	喰	①胡说，乱说 ②步喰，阶梯 ③量词，形容台阶的数量
vāib	涯	伝读，同汉义				
vāif	揞	①背靠着 ②受煎熬		va'm		口语，唠叨

176

vâ'm		口语 ①唠叨 ②九 vâ'm，一种鱼	vōng	昂	同汉义
va'ng		口语 ①埋怨，责骂 ②唠叨	ve		口语 ①象声词，烦人声 ②啰唆 ③可怜巴巴地说 ④植物的枝条
vä'ng	银	①同汉义 ②蛋银，蛋黄 ③卵银，睾丸 ④果仁 ⑤银儿(ji)，硬币	vē		象声词 ①哭声 ②乞求声
vä'ngb	凝	同汉义	vë		口语，挤(到)
vǎ'ng		口语，vǎ'ng vǎ'ng，等一下	vêi	饵	①同汉义 ②鳝饵，蚯蚓
vâ'ng		口语 ①埋怨，责骂 ②唠叨	véit	逆	同汉义
vā'ng		口语，肮脏	vēin	仍	同汉义
vä'ng		口语 ①切割 ②磨牙 ③烦人(声)	vēinb	扔	同汉义
vo	鹅	同汉义，"鹅(vō)"除外	vēinf	迎	同汉义
vō	鹅	天鹅	veu	蚂	①蚂蝗，水蛭 ②另见"mǎf"
vōb	娥	同汉义	vēu		口语，晃动，摇晃
vōf	蛾	同汉义	vēp	嗇	伝读，吝嗇(vēp sēp)，同汉义
vōd	峨	同汉义	vem	嗇	伝读，吝嗇(vem sem)，同汉义
vōl	讹	同汉义	veng		口语 ①裂开 ②露齿地笑 ③植物受损伤时，流出的组织液
vōk	俄	同汉义			
vǒ	我	同汉义	vëng	碾	伝读，同汉义
vô	饿	同汉义，伝语一般用"饥"	vi		口语，象声词，vi ve ve，烦人(声)
vó	玉	汉读，同汉义	vuä	鄂	①同汉义 ②抬头，如：鄂高只头
vób	狱	同汉义	vuāo	敖	同汉义
vò		口语，同"馊"	vuāob	熬	①忍受，耐苦支撑，如：煎熬，熬夜 ②另见"vuâob"
vou	汪	狗吠，狗吠声，同"vong"			
vōu	吴	同汉义	vuāof	鳌	同汉义，如：鳌头
vōub	吾	同汉义	vuāod	翱	①同汉义 ②摇晃，摇摆
vōuf	梧	同汉义	vuāol	遨	同汉义
vǒu	五	同汉义	vuāok	鳌	汉读，同汉义
vǒub	伍	同汉义	vuâo	傲	同汉义
vǒuf	晤	同汉义	vuâob	熬	①熬煮，如：熬汤 ②另见"vuāob"
vǒud	午	同汉义	vuôi	呆	同汉义
vôu	卧	同汉义	vuôi	艾	①同汉义 ②脾气，如：vuôi-j 烟烟 ③田艾，一种生于田野中的野草
vôub	捂	同汉义			
vôuf	误	同汉义	vuôib	碍	同汉义
vôud	悟	同汉义	vûng	岸	同汉义
vöp		口语 ①象声词 ②咬到 ③碰到	vüng	戆	①同汉义 ②老(luǎo)戆，老糊涂
vong	汪	狗吠，狗吠声，同"vou"	vüngb	憨	同汉义，伝语"憨、戆"互通

J
(nh)

ja	拿	伝读,同汉义	ja'ng		口语 ①名词,只人,如:两 ja'ng, 两只人 ②动词,婴儿学步,晃去
jab	渣	伝读,同汉义			
jä		口语,烂布	jä'ng	人	同汉义
já	日	①同汉义 ②日淋热晒,日晒雨淋 ③日神,日子	jä'ngb	仁	同汉义
			jä'ng	忍	同汉义
jáb		口语 ①晃着走,晃荡而去 ②一瘸一拐地走	jä'ngb	刃	同汉义
			jä'ngf	纫	同汉义
jà		口语,一瘸一拐地走	jä'ngd	韧	同汉义
jao		口语 ①搔,挠,如:jao 头,jao jäp ②耙 ③用耙平整土地或聚拢谷物	jâ'ng	认	①同汉义 ②认公,经常
			jâ'ngb	闰	同汉义
jâo		口语 ①虫子爬行 ②乱逛	jâ'ngf	润	同汉义
jāo	爪	伝读 ①爪子,同汉义	jä'ng		口语 ①抖动,颤抖 ②屄 jä'ng 样,屄 jä'ng 样,不堪入目的样子,惨不忍睹的样子
jai	捼	伝读,同汉义,用手搓揉			
jãi	踩	伝读,同汉义			
jäi		口语,咬,嚼	jó	肉	同汉义
jāu	牛	同汉义	jób	玉	伝读,同汉义
jäu	幼	同汉义	jò		口语 ①动 ②击打
jäub	皱	伝读,同汉义	jong		口语 ①毛发曲卷 ②聚集
jäp	痒	伝读,同汉义	jǒng	勇	同汉义
jäpb		口语 ①握住,抓住 ②量词,抓,把,如:一 jäpb 沙	jǒngb	恿	同汉义
			jǒngf	踊	同汉义
jay		口语,用手抓	jǒngd	涌	汉读 ①同汉义——涌{yǒng} ②湿地 ③低田、水田
jǎ'p	入	①同汉义 ②入里,里面			
ja'm		口语 ①刺痛,如:头骨 ja'm ②未发育成熟的东西,如:蛋 ja'm	jǒngl	冗	同汉义
			jǒngk	蛹	同汉义
jä'm	壬	同汉义	jöng		口语,移动、走动
jä'mb	吟	同汉义	je		口语 ①微笑 ②ji je,同"zih zeb"
jä'mf	妊	同汉义	jě	惹	伝读,同汉义
jä'md	淫	伝读,同汉义	jěb	嘢	广府借词,东西
jâ'm	任	同汉义	jẽ	嘢	①露齿地笑 ②任 ji 嘢,嘲笑,引诱,炫耀 ③ji 嘢,ji 嘢小相,吝啬
jâ'mb	赁	同汉义			
jä'm	饮	①同汉义 ②米汤	jěin		口语 ①贴着眼睛看 ②过分着迷
jä'm		口语,同"踹",脚底用力猛踢	jẽu		口语,同"爪",爪子

jëp	甘	①同汉义 ②口干舌甘,口干舌燥口语,渗漏		jĭ	热	①同汉义 ②热头,太阳,阳光
jẽm				jĭb		口语,贬义词,贴着眼睛看
jěng	仰	同汉义		jiä	若	同汉义
jěngb	佯	同汉义		jiäb	弱	同汉义
jěngf	嚷	同汉义		jiäf	跃	同汉义
jěngd	疡	伝读,同汉义		jiäd	虐	伝读,同汉义
jêng	让	同汉义		jīu	瑶	伝读,同汉义
jêngb	酿	同汉义		jīub	摇	同汉义
jêngf	攘	同汉义		jīuf	谣	同汉义
jêngd	瓤	同汉义		jīud	遥	同汉义
jêngl	壤	同汉义		jīul	窑	同汉义
ji	儿	①表示小、少等程度较轻的事物,放词尾时,一般进行儿化 ②幼畜,如:牛生儿 ③ji je,见"je" ④ji jẽ,任 ji jẽ,见"jẽ"		jīuk	饶	①同汉义 ②jīuk-j,儿童对吴川景点"渔翁撒网"中"渔翁"的讹合,通常情况下,"渔翁"不进行合音
				jīuh	尧	伝读,同汉义
jī	儿	同汉义,"儿(ji)"除外		jŭu	绕	同汉义
jīb	而	同汉义		jŭub	扰	同汉义
jīf	愚	伝读,同汉义		jŭuf	舀	同汉义
jīd	仪	同汉义		jīp	业	同汉义
jīl	娱	伝读,同汉义		jīpb	晔	同汉义
jīk	谊	同汉义		jīpf	烨	同汉义
jīh	渔	同汉义		jīm	严	同汉义
jīz	鱼	同汉义		jīmb	炎	同汉义
jīc	宜	同汉义		jīmf	阎	同汉义
jīx	疑	同汉义		jīm	染	同汉义
jǐ	耳	同汉义		jīmb	冉	同汉义
jǐb	拟	同汉义		jīng	言	同汉义
jǐf	汝	同汉义		jīng	喑	伝读,同汉义
jǐd	尔	同汉义		jui	椎	伝读 ①同汉义 ②新芽,嫩芽
jǐl	洱	同汉义		juǐ	乳	同汉义
jǐk	议	同汉义		juǐb	馁	同汉义,如:气馁
jǐh	语	同汉义		jun		口语 ①吸 ②沿着棍子或绳子爬 ③收缩,蜷缩
jî	二	同汉义				
jîb	贰	同汉义		jüng		口语,有韧劲的,有嚼劲的,如:jüng 角角
jîf	诣	同汉义				
jîd	义	同汉义				

179

S
(sl)

sa	仨	同汉义
sä	撒	①同汉义 ②嘥撒,浪费
säb	萨	①同汉义 ②白萨萨,白,雪白
sà	塞	同汉义——塞{sāi}、塞{sè},如:塞车,堵塞
sàb	膝	同汉义
sàf	摔	同汉义
sàd	戍	同汉义
sàl	闩	同汉义
sàk	蟀	同汉义,蟋蟀,伝语一般用"渡狗"
sàh	率	同汉义——率{shuài},如:率领
sâo		口语 ①拳打 ②大口地吃
sai	嘥	口语 ①坏的,受损的 ②嘥撒,浪费 ③嘥利,厉害
sāi	徙	同汉义
sau	须	①胡须,胡子 ②另见"sei"
saub	羞	同汉义
sauf	修	①同汉义 ②修悠(yāuf)慢着(ciä),悠然自得
sāu	抖	伝读 ①振动,甩动 ②哆嗦,战栗,如:抖竭köp ③坦白,交代
säu	秀	同汉义
säub	锈	同汉义,生锈,伝语一般用"生sëin"
säuf	漱	同汉义
säud	绣	同汉义
säul	嗽	同汉义
säp	霎	①同汉义 ②胡说,胡扯 ③霎气,霎嘥气,白费口舌
säpb	圾	同汉义
sam	三	同汉义
samb	叁	同汉义
sāng	散	同汉义——散{sǎn},如:散乱,止痛散
säng	散	①同汉义——散{sàn},如:分散 ②散漫 ③散文 ④披头散发 ⑤散乱 ⑥散兵游勇 ⑦散居 ⑧散学,学校放寒暑假
sängb	伞	同汉义
say	西	同汉义
sayb	硒	同汉义
sayf	犀	①同汉义 ②大声喊叫,乱喊乱叫
sāy	洗	同汉义
säy	细	①同汉义 ②细,细个,细佬,弟弟(通称) ③细舅,女性(尤其是已婚女性)对弟弟的称呼
säyb	婿	同汉义
sā'p		口语 ①欺骗 ②sā'p 碎,琐碎,小事 ③sā'p sā'p 碎,区区小事
sä'p		口语 ①胡扯 ②同"söp"
sa'm	心	①同汉义 ②心紧,心急 ③心口,胸口,胸膛 ④中间心,正中央,中心
sa'mb	芯	同汉义
sä'm	沁	①同汉义 ②搽抹
sa'ng	新	①同汉义 ②新人,新娘 ③新郎哥,新郎 ④新妇,儿子的妻子
sa'ngb	辛	同汉义
sa'ngf	薪	同汉义
sa'ngd	锌	同汉义
sā'ng	笋	同汉义
sā'ngb	榫	同汉义,如:榫卯结构
sä'ng	信	同汉义
sä'ngb	讯	同汉义
sä'ngf	浚	同汉义
sä'ngd	俊	同汉义
sä'ngl	迅	同汉义

sä'ngk	峻	同汉义
sä'ngh	骏	同汉义
sä'ngz	竣	同汉义
sä'ngc	擤	同汉义,如:擤鼻涕
sä'ngx	汛	同汉义
sä'ngw	逊	同汉义
so	唆	汉读,同汉义
sò	速	同汉义
sòb	肃	同汉义
sòf	僳	同汉义
sòd	缩	同汉义
sòl	宿	同汉义
sòk	粟	①同汉义 ②珍珠粟,玉米
sou	苏	同汉义
soub	酥	同汉义
söu	素	同汉义
söub	诉	同汉义
söp		口语 ①猪进食 ②像猪一样吃东西 ③象声词,猪进食声
sôm		口语 ①拳打,击打 ②象声词
song	松	①轻松 ②蓬松 ③松痾健,活该,幸灾乐祸 ④另见"tōngb"
songb	忪	①同汉义 ②忪醒,清醒,睡醒
sõng	耸	①同汉义 ②白给了,挥霍,浪费 ③送礼、送钱以谋求回报
sõngb	悚	同汉义
söng	送	同汉义
söngb	宋	同汉义
söngf	餸	同汉义,物餸,菜肴
se	唆	伝读,同汉义
seb	些	同汉义
sef	梭	同汉义
sed	楔	同汉义
sẽ	写	同汉义
sẽb	琐	同汉义
sẽf	锁	同汉义
së	卸	同汉义
sëb	潟	同汉义,如:潟湖
sëf	泻	同汉义
sëd	赐	伝读,同汉义
sei	须	同汉义,"须(sau)"除外。如:须要
seib	嘶	同汉义
seif	丝	同汉义
seid	需	同汉义
seil	斯	同汉义
seik	思	同汉义
seih	狮	同汉义
seiz	私	同汉义
seic	撕	同汉义
seix	司	同汉义
sẽi	死	同汉义
sëi	四	同汉义
sëib	肆	同汉义
sëif	驷	同汉义
sëid	赐	汉读,同汉义
sëil	嗦	①像鸡一样吃东西 ②动物器官,如:鸡嗦,鸡嗦子
sëik	疟	汉读、伝读,同汉义
sèit	昔	同汉义
sèitb	惜	①同汉义 ②惜蜡,娇里娇气的
sèitf	锡	同汉义
sèitd	析	同汉义
sèitl	恤	①抚恤 ②体恤 ③另见"xèitl"
sèitk	悉	同汉义
sèith	熄	同汉义
sèitz	息	同汉义
sèitc	蟋	同汉义,蟋蟀,伝语一般用"渡狗"

181

sèitx	媳	同汉义		siuk	鞘	同汉义
sèitw	晰	同汉义		siuh	硝	同汉义
sein	星	①同汉义 ②一星儿，一点儿		siuz	销	同汉义
seinb	腥	同汉义		siuc	箫	①同汉义 ②笛子
seinf	猩	同汉义		sĭu	小	同汉义
seind	惺	同汉义		sïu	笑	同汉义
sẽin	省	同汉义——省{xǐng}，如：反省		sïub	啸	同汉义
sẽinb	醒	同汉义		sing	先	①同汉义 ②先 ni，先的，哪些
sëin		口语，同"锈"，如：生 sëin，生锈		singb	鲜	同汉义
sëinb	姓	同汉义		singf	仙	同汉义
sëinf	性	同汉义		sïng	线	同汉义
seu		口语 ①吃，吞食 ②白 seu，惨白		sïngb	腺	同汉义
sēp	啬	伝读，吝啬(vēp sēp)，同汉义		suä	索	同汉义
sẽpb	涩	①同汉义，包含"涩(gïp)" ②塞，塞给，如：涩钱比人		suao	搔	同汉义
				suaob	骚	同汉义
sëp		口语，塞，塞给		suaof	蚤	同汉义
sem	啬	伝读，吝啬(vem sem)，同汉义		suäo	嫂	同汉义
seng	相	同汉义——相{xiāng}，如：相信		suäo	扫	①同汉义 ②踢
sengb	厢	同汉义		suoi	腮	同汉义
sengf	襄	同汉义		suoib	鳃	同汉义
sengd	镶	同汉义		suõi	甩	汉读，同汉义
sengl	湘	同汉义		suõib	髓	同汉义
sengk	箱	同汉义		suöi	赛	①同汉义 ②赛冤，没眼看
sẽng	想	同汉义		suöib	塞	同汉义——塞{sài}，如：边塞
sëng	相	①同汉义——相{xiàng}，如：相貌 ②像，相似，如：好(hõu)相		sui	尿	同汉义——尿{suī}，如：屙尿
				suib	虽	同汉义
siä	削	同汉义		suî	瑞	伝读，同汉义
sià		口语，gä'ng sià，全冷了，很冷了		suîb	祟	同汉义，鬼鬼鼠鼠，鬼鬼祟祟
siu	肖	①同汉义——肖{xiāo}，姓氏 ②生肖		suîf	墅	同汉义
				suîd	遂	同汉义
siub	消	①同汉义 ②消口，零食		suîl	穗	同汉义
siuf	霄	同汉义		suîk	隧	同汉义
siud	萧	同汉义		suï	岁	同汉义
siul	宵	同汉义		suïb	碎	同汉义

suïf	粹	同汉义		sŭnb	癣	同汉义
sũt	雪	①同汉义 ②吸 ③象声词,吸吮声		sŭnf	损	同汉义
sũtb	薛	同汉义		sŭnd	冼	同汉义
sũtf	泄	同汉义		sŭn	算	同汉义
sun	孙	同汉义		sŭnb	蒜	①同汉义 ②蒜鸡,蒜子
sunb	酸	同汉义		sung	丧	同汉义——丧{sāng}
sunf	喧	同汉义		sungb	桑	同汉义
sund	宣	同汉义		sungf	嗓	同汉义
sûn	篆	同汉义		sǜng	丧	①同汉义——丧{sàng} ②丧良,丧失良心,丧尽天良
sûn	选	同汉义				

Q
（gw）

qa	瓜	①同汉义 ②瓜老衬,完蛋,死亡 ③瓜布,丝瓜布,丝瓜瓤,丝瓜络 ④瓜米,瓜子 ⑤金瓜,南瓜		qay	归	①同汉义 ②归西,归麻登,死亡
				qayb	硅	同汉义
				qayf	畦	同汉义
qǎ		口语,象声词,qǎ qǎ,鸣笛声		qayd	圭	同汉义
qã	剐	①同汉义 ②剐掠,削弱体质		qayl	闺	同汉义
qãb	寡	同汉义		qayk	龟	同汉义
qä	挂	同汉义		qãy	鬼	①同汉义 ②眼鬼,眼睛,贬义 ③另见"qãi"
qäb	刮	同汉义				
qäf	褂	同汉义		qãyb	傀	同汉义
qà	骨	①同汉义 ②头骨,头颅,头皮,头部		qãyf	诡	同汉义
				qãyd	桅	同汉义
qàb	橘	同汉义		qãyl	轨	同汉义
qai	乖	同汉义		qäy	贵	同汉义
qãi	鬼	①鬼怪,不对劲,不正经 ②另见"qãy"		qäyb	瑰	同汉义
				qäyf	悸	同汉义
qäi	怪	同汉义		qäyd	桂	同汉义
qät		口语,击打,殴打		qäyl	癸	同汉义
qang	关	①同汉义 ②沟关,交关,严重		qäyk	季	同汉义
qâng		口语,红 qâng qâng,红彤彤(的)		qa'ng	君	①同汉义 ②君棍,骗子,欺骗
qãng	惯	①同汉义 ②惯尸势,惯屙尸势,宠惯了,宠坏了,惯坏了		qa'ngb	均	①同汉义 ②关,与……有关,如:无均我事 ③要紧,如:无均事

qa'ngf	军	同汉义		qing	捐	同汉义
qa'ngd	钧	①同汉义 ②斟茶,倒水		qingb	绢	同汉义
qã'ng	滚	①同汉义 ②踩踏 ③煮沸,沸腾 ④滚水,开水		qingf	鹃	同汉义
				qingd	娟	同汉义
qã'ngb	棍	①同汉义 ②一棍,(打)一下,一拳,一巴掌等 ③君棍,骗子,欺骗		qïng	卷	同汉义
				qïngb	绻	同汉义
qä'ng	棍	①哄(小孩) ②骗 ③棍棍,假设性的		qïng	眷	同汉义
				qïngb	豢	同汉义
qe		口语,沥干		qïngf	券	同汉义
qï		口语,同"qät"				
qiǎ		口语 ①大声咒骂,吼叫 ②nō qiǎ,糊状的				

R
（kw）

ra	夸	同汉义		rāy	葵	同汉义
rab	跨	同汉义		rāyb	奎	同汉义
raf	挎	同汉义		rāyf	携	同汉义
rad	垮	同汉义		rây	跪	同汉义
ral	胯	同汉义		râyb	柜	①同汉义 ②柜桶,抽屉
rä		口语 ①硬 rä rä,很硬 ②象声词		rāy	愧	同汉义
rá	掘	同汉义		ra'ng	昆	同汉义
rà	倔	同汉义		ra'ngb	坤	同汉义
ràb	窟	同汉义		ra'ngf	框	①围起来 ②欺骗 ③框架结构 ④另见"wungb"
ràf	匹	同汉义				
ràd	屈	①汉读,同汉义 ②屈数,计算,算数		rā'ng	群	同汉义
				rā'ngb	裙	同汉义
rǎ		口语,击打,同"敲"		rǎ'ng	菌	同汉义
rãi	拐	同汉义		râ'ng	郡	同汉义
räng		口语,轻碰		rã'ng	捆	同汉义
ray	规	①同汉义 ②规定,一定,肯定		rä'ng	困	同汉义
rayb	窥	同汉义		rä'ngb	窘	同汉义
rayf	盔	同汉义		rē	瘸	同汉义

rèit	隙	同汉义	ring	圈	汉读,同汉义
rein	倾	同汉义	rīng	权	同汉义
rēin	琼	同汉义	rīngb	拳	同汉义
rẽin	顷	同汉义	rīngf	虔	同汉义
rẽinb	炯	①同汉义 ②量词,卷	rīngd	乾	同汉义
reng	圈	伝读 ①同汉义 ②跳马骝圈,疯玩	rīngl	颧	汉读,同汉义,如:颧骨
rêng		口语 ①同"圈",一个来回,一个轮回 ②同"逛",闲游、游玩	rîng	倦	同汉义

注释:

1. 常用伝字共 4700 余个,基本上满足伝语自身的需求。

2. 常用伝字与汉字大体呈现一一对应的关系。

3. 原则上,在遇到文言文的通假字时,伝字当对应其本字。如:"学而时习之,不亦说乎"中的"说",伝字当写作"wǐl(悦)"。

第二部分：非常用伝字

A

abb	锕、垭、娅……	同汉义
ābb	嘎{á}、氩……	同汉义
äbb	轧、揠……	同汉义，如：揠苗助长
âobb	黝……	同汉义
äobb	祅、饫、袄……	同汉义，其中，"祅、袄"为伝读
äibb	欸{ǎi}、嗌{ài}……	同汉义
aubb	讴、吽{ōu}、熰{ōu}……	同汉义
ambb	谙……	同汉义
a'ngbb	葐、泬、氩、铟……	同汉义
ä'ngbb	茚、胤……	同汉义

O

öbb	嚄{ǒ}……	同汉义
òbb	幄、渥、肟……	同汉义
oubb	圬、邬……	同汉义
öubb	噢……	同汉义
ongbb	滃、蓊、邕、雍、饔……	同汉义

E

eibb	欸{ēi}、欸{éi}、嫛……	同汉义，其中，"嫛"为汉读
ẽibb	掎、绮、猗、漪、旖、欸{éi}、欸{ěi}……	同汉义，其中，"欸"为"ẽibb-x"
ëibb	镱、薏、癔、懿、殪、瘗、欸{èi}……	同汉义，其中，"瘗"为汉读
èitbb	劓、乂、刈、缢、镒、螠、噫{yì}……	同汉义
einbb	蓥、瑛、璎、嘤、罂、璎、膺、瘿……	同汉义
engbb	恹、泱、鞅、怏……	同汉义

I

ïbb	钇……	同汉义

imbb	埯、俺、阉……	同汉义
ĭmbb	埯、郾、偃、罨……	同汉义
ïmbb	厣……	同汉义
ingbb	胭、湮、鄢、嫣、堙、殷……	同汉义，其中"殷"仅作"殷商"

U

uäbb	垩、䴘……	同汉义，如：白垩纪，䴘䴘
uoibb	㢛……	同汉义
uöibb	媛、暖、瑷……	同汉义
uibb	熰{ǒu}……	同汉义
umbb	鹌……	同汉义
ümbb	黯……	同汉义
ŭnbb	剜……	同汉义
ungbb	桉、铵、鼹……	同汉义，如：桉木，铵根，鼹鼠
üngbb	摁……	同汉义

B

babb	粑……	同汉义
bābb	钯{bǎ}……	同汉义
bäbb	灞、貊、粥……	同汉义，其中，"粥"为伝读
bàbb	荜、筚、跸、滗、钚……	同汉义
baobb	孢……	同汉义
bäobb	趵{bào}……	同汉义
bangbb	瘢……	同汉义
bāngbb	阪、坂、钣……	同汉义
ba'ngbb	堋{bèng}、贲{bēn}、嘣、镚、傧、槟、镔、豳、殡、髌、赟	同汉义
bā'ngbb	甭……	同汉义
bobb	趵{bō}、啵、鏷……	同汉义
böbb	檗、擘、瓿、蹯……	同汉义
bòbb	钋……	同汉义
boubb	逋、晡……	同汉义
bõubb	卟……	同汉义
bõngbb	琫……	同汉义
beibb	陂{bēi}、箅……	同汉义

187

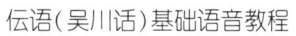

bēibb	捭、吡{bǐ}、妣、秕、畀、箅、妼……	同汉义
běibb	贲{bì}、毖、弼……	同汉义,其中"弼"为汉读
bèitbb	鐾、愎、薜、嬖、襞……	同汉义,其中"愎"为汉读
beinbb	浜……	同汉义,其中"浜"为伝读
běinbb	邴……	同汉义
bēngbb	禣……	同汉义
bibb	哔……	同汉义
bïbb	铋……	同汉义
biubb	颮、摽、骠、飙、镖、镳、杓{biāo}……	同汉义
bĭubb	婊、裱、俵……	同汉义
bingbb	迸……	同汉义
buãobb	鸨、葆、褓……	同汉义
buïbb	邶、褙……	同汉义
bütbb	孛、荸、饽、钹、毫、鹁、襮……	同汉义
bunbb	瘪……	同汉义
bungbb	琫、浜……	同汉义,其中"浜"为汉读

P

pābb	葩、杷、筢、钯{pá}……	同汉义
pâbb	罴……	同汉义
päbb	魃、鲅、珀、泺{pō}……	同汉义
paobb	疱……	同汉义
pāobb	狍、庖、麅……	同汉义
päobb	砲……	同汉义
pāibb	俳……	同汉义
pãibb	哌……	同汉义
pāubb	抔、掊、衰……	同汉义
pangbb	攀……	同汉义
pāngbb	蟛、髣……	同汉义
pā'ngbb	嫔、鼙、堋{péng}……	同汉义
pâ'ngbb	埄……	同汉义
pobb	陂{pō}……	同汉义
põbb	叵、笸、钷、跛……	同汉义,其中"跛"为汉读
pôubb	瓿……	同汉义
põubb	黼、匍、溥、潽、氆、错……	同汉义

pöngbb	椪……	同汉义
peibb	帔、纰……	同汉义
pēibb	貔、枇、蚍、铍、郫、埤、蜱、鼙、陂{pí}……	同汉义
pêibb	鞴、濞……	同汉义
pěibb	俾、婢、裨、髀、圮、脾、吡{pǐ}……	同汉义
pëibb	媲……	同汉义
pèitbb	癖……	同汉义
pêitbb	噼……	同汉义
peinbb	怦……	同汉义
pēinbb	枰、鲆……	同汉义
pěinbb	迸、摒、骈、胼……	同汉义,其中"骈"为伝读
pëinbb	牝、娉……	同汉义
pibb	噼……	同汉义
pǐbb	氅、氕……	同汉义
piubb	缥、螵、嘌……	同汉义
pīubb	鳔、剽、殍、瞟、莩{piǎo}……	同汉义
pingbb	犏、煸、鳊、翩……	同汉义
pîngbb	弁、苄、汴、忭……	同汉义
pïngbb	蹁、谝……	同汉义
puäbb	礴、璞、濮、镤、噗……	同汉义,其中"噗"为汉读
puibb	丕、邳、坯……	同汉义
puībb	蓓、碚、醅、锫……	同汉义
puïbb	旆、辔、霈……	同汉义
punbb	蟠……	同汉义
pǔnbb	泮、柈、袢……	同汉义
pūngbb	膀、雱、滂、彷、逄、耪、磅{páng}……	同汉义,如:彷徨,磅礴

M

m̥bb	呒、唔……	同汉义
mabb	孖……	同汉义
măbb	犸……	同汉义
mäbb	镙……	同汉义
mább	谧、嘧、宓{mì}……	同汉义
màbb	唛……	同汉义
māobb	茆、蟊、蛑、袤……	同汉义

mǎobb	峁、泖、昴……	同汉义
mâibb	荚、劢……	同汉义
māubb	缪、哞、侔、鍪、牦……	同汉义，其中"哞"为汉读
mâubb	瞀、懋……	同汉义
mǎngbb	勐、艋、蜢……	同汉义，其中"蜢"仅作"蚱蜢"
mângbb	鳗、墁、幔、嫚、缦、镘……	同汉义
mǎybb	麛、脒……	同汉义
mā'ngbb	旻、岷、珉、缗、雯、汶、鈱、紊……	同汉义，其中"紊"为广府白话转读，"鈱"另见"mein"
mǎ'ngbb	刡、闽、泯、刎……	同汉义
mâ'ngbb	璺……	同汉义
mobb	麽、嚒、亇……	同汉义
môbb	糢……	同汉义
móbb	莔、钼……	同汉义
mōubb	恈、妪……	同汉义
môubb	蓩、婺、骛、鹜……	同汉义
mōngbb	獴、艨、蠓……	同汉义
mōngbb	甍、瞢……	同汉义
mēbb	哞……	同汉义，其中"哞"为伝读
mēibb	郿、嵋、湄、楣、鹛、镅、縻……	同汉义
meibb	眯……	同汉义，其中"眯"一般只作"笑眯眯"
měibb	娓……	同汉义
mêibb	袂……	同汉义
mēinbb	茗、溟、暝、瞑、酩……	同汉义
mibb	眯……	同汉义，其中"眯"为汉读，但一般仅出现在书面语中
mīubb	鹋……	同汉义
mīubb	杪、眇、缈、邈、杳、窅……	同汉义
mǐngbb	丏、沔、眄、湎、腼、黾、渑{miǎn}……	同汉义
muäbb	镆、謩、嫫、瘼、貘……	同汉义
muāobb	牦、牻、髦、眊、耄、芒……	同汉义
muâobb	瑁……	同汉义
muībb	莓……	同汉义
mütbb	殁、秣、靺……	同汉义

mūnbb	扪、钔……	同汉义
mǔnbb	颟、螨、蹒……	同汉义
mūngbb	牤、邙、硭、虻……	同汉义
mǔngbb	漭、蟒、冈、惘、辋、魍……	同汉义

F

fǎbb	垡、砝……	同汉义
fább	狒……	同汉义
fàbb	苃、怫、绂、袚、黻、嗯、笏……	同汉义
fāubb	凫、罘、枹、蜉、荸{fú}……	同汉义
fãubb	缶……	同汉义
fangbb	幡……	同汉义
fāngbb	钒、璠、燔、蘩、梵……	同汉义
fängbb	畈……	同汉义
faybb	珲、翚、麾、隳、悝{kuī}……	同汉义
fäybb	鬏……	同汉义
fa'ngbb	玢、菜、棼、盼、闯、埝、曛、醺……	同汉义
fá'ngbb	偾、鲼……	同汉义,其中"偾、鲼"为汉读
fä'ngbb	偾、鲼……	同汉义,其中"偾、鲼"为伝读
fobb	稞、窠、髁……	同汉义
fõbb	钦……	同汉义
föbb	骒、锞……	同汉义
fóbb	茯、菔、幞、宓{fú}……	同汉义
fòbb	匐、蝮、馥、愎……	同汉义,其中"愎"为伝读,如:刚愎自用,馥郁
fongbb	沣、沨、砜、葑、鄪……	同汉义
fôngbb	俸……	同汉义
feibb	扉、蜚、鲱、痱……	同汉义
fēibb	淝、腓……	同汉义
fêibb	绯、悱、斐、榧、翡……	同汉义
fëibb	镄……	同汉义
fīngbb	甙……	同汉义
fubb	呋、麸、鈇、跗、跗、稃、孚、郛、烀、滹、骷……	同汉义,其中"骷"为伝读
fũbb	苻、蚨、斛、猢、煳、鹕、槲、醐、觚、縠、觳……	同汉义,其中"觚"为伝读
fübb	拊、犀、瓿、鳧……	同汉义

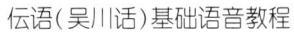

fûbb	驸、鲋、赙……	同汉义
fūbb	滏、琥……	同汉义
fuäbb	擢、藿、嚯、矍……	同汉义
fungbb	枋、祊、钫……	同汉义
fūngbb	鲂……	同汉义
fũngbb	昉、舫……	同汉义
füngbb	贶……	同汉义

D

dàbb	捽、猝、锝、唧、仄、摞……	同汉义,其中"唧"另见"dǎ"
dåbb	嘚、咟……	同汉义
daubb	兜、笕、诹、陬……	同汉义
dāubb	赳……	同汉义
däubb	辏、腠……	同汉义
däpbb	奞、褡、沓{dá}……	同汉义
dambb	眈、聃、儋、儹、潭、谶、箴……	同汉义,其中"谶""箴"为汉读
dāmbb	疸……	同汉义
dangbb	箪、郸……	同汉义
dāngbb	趱、缵……	同汉义
dängbb	鞑、瓒、掸{dǎn}……	同汉义,如:鞑靼,鸡毛掸
daybb	赍、跻、亶……	同汉义
dãybb	氐、邸、诋、柢、砥、骶、坻{dǐ}、坻{chí}……	同汉义,其中"氐"为汉读
däybb	谛、碲、螮、啻……	同汉义,其中"啻"为伝读
da'ngbb	噌、瞠、噇、嶒、磴、镫、惇、礅、镦、蹾、礐、罾、缯、甑、蓁、榛、脺、臻……	同汉义,如:瞠目结舌,马镫,百福并臻
dâ'ngbb	砘、沌{dùn}……	同汉义,如:混沌
dã'ngbb	戥……	同汉义
dä'ngbb	觊……	同汉义
dòbb	簇、蔟、蹙、蹴、笃……	同汉义
doubb	厾、阇{dū}……	同汉义
döubb	蠹……	同汉义
dongbb	粽、淙、琮、咚、氡、鸫、螽、疭、枞{zōng}……	同汉义,其中"粽"为汉读
dõngbb	偬……	同汉义
döngbb	胨……	同汉义
dẽbb	哚、埵……	同汉义

deibb	鿍、缁、辎、嗞、嵫、孳、赼、锱、鲻、恣、沮……	同汉义,其中"沮"为伝读
dĕibb	秭、梓、沮……	同汉义,其中"沮"为伝读
depbb	咂……	同汉义
dēpbb	爑、嚼……	同汉义,其中"嚼"为汉读
dëitbb	嘀……	同汉义,如:嘀嗒
dèitbb	峙、痔、稙、磾、镝{dī}……	同汉义
deinbb	仃、玎、町、疔、菁、腈、箐……	同汉义
dĕinbb	奵、肟……	同汉义
dengbb	糎、锵……	同汉义
dïbb	疠、枺……	同汉义
diubb	貂、鲷、鹍、醮、剻、谯、樵、铫……	同汉义,如:貂蝉
dïubb	铫{diào}……	同汉义
dimbb	玷、鞯、䗳……	同汉义,如:玷污,腌䗳
dingbb	嗔、瞋、湞……	同汉义
dĭngbb	戬……	同汉义
duäbb	诼、作、胙、柞、酢……	同汉义
duaobb	氘、舠……	同汉义
duãobb	捯……	同汉义
duäobb	纛……	同汉义
duïbb	靻……	同汉义
duïbb	怼、碓、梲、蕞……	同汉义
dunbb	蹲、鳟、撙、谆、遵……	同汉义,其中"谆"为汉读,"遵"为伝读
dungbb	珰……	同汉义
dūngbb	裆、谠……	同汉义
düngbb	宕、垱、菪……	同汉义

T

tabb	铊……	同汉义
täbb	怛、笪、跶、靼、闼、妲、鏩……	同汉义
tább	蓉、忒、铽、慝……	同汉义
taibb	呔……	同汉义
täibb	肽、钛……	同汉义
taubb	啾、鬏、愀、湫、楸……	同汉义
tâubb	窣、鹫……	同汉义

193

tāpbb	遢、溻、褟、鰨、榻、獭、沓{tà}……	同汉义
tambb	驂……	同汉义
tāmbb	澶、昙、郯、镡、蕈、簟、亶{dǎn}、澹{tán}……	同汉义
tămbb	菭、啖、澹{dàn}……	同汉义
tāmbb	黪……	同汉义
tângbb	亶{dàn}……	同汉义
tāngbb	粲、璨、钽……	同汉义
taybb	萋……	同汉义
tāybb	缇、醍、鳀、霁、鲚、荠、蛴、侪……	同汉义
tăybb	娣、绨、鹈、悌……	同汉义
tâybb	埭、棣……	同汉义
ta'pbb	戢、楫、戢、茸……	同汉义
tă'pbb	隰、檝、熠……	同汉义
ta'mbb	骎……	同汉义
tā'mbb	捋、荨、浔、鲟……	同汉义
tä'mbb	凼……	同汉义
ta'ngbb	饨……	同汉义
tā'ngbb	嗪、溱、滕、荀、峋、洵、恂、珣、徇、眷、郇{xún}……	同汉义
tâ'ngbb	荱、浖、楯{dùn}……	同汉义
tōbb	佗、坨、沱、柁、酡、跎、鼍……	同汉义
tŏbb	矬、铧……	同汉义
tóbb	椟、黩、髑、碡、瘃、涿、镞……	同汉义
tòbb	秃……	同汉义,其中"秃"仅作"光秃秃",传语一般称为"光车车"
tōubb	荼……	同汉义
tôubb	鉏……	同汉义
tŏubb	钍……	同汉义
töubb	堍、菟……	同汉义
tongbb	璁、璁、熜、樋、烔……	同汉义
tōngbb	憧、僮、潼、艟、苁、胴、苘、淞、菘、淞、仝、砼、佟、枞{cōng}、垌{tóng}、峒{tóng}、侗{tóng}……	同汉义
tôngbb	垌、硐、垌{dòng}、峒{dòng}、侗{dòng}……	同汉义
tōngbb	侗{tǒng}……	同汉义
tĕbb	唑……	同汉义
têbb	痊、榭……	同汉义

tëbb	趉……	同汉义
tēibb	鷈……	同汉义
tĕibb	汜……	同汉义
têibb	洎、兕、姒、俟、耜、潊、涘、勚……	同汉义
tēibb	跐{cǐ}……	同汉义
téitbb	籴、荻、镝{dí}、逖、逷、翟{dí}……	同汉义
tèitbb	俶{tì}、械、倜……	同汉义
teinbb	圊……	同汉义
tēinbb	莛、葶、霆……	同汉义
těinbb	梃、铤{tǐng}……	同汉义
têinbb	啶、腚、碇、婧、铤{dìng}……	同汉义
tengbb	忒、忒……	同汉义
tēngbb	嬣、庝……	同汉义
tĭbb	帙、餮……	同汉义
tiubb	佻……	同汉义
tīubb	苕、笤、髫、铫{tiáo}……	同汉义
tîubb	蜩……	同汉义
tŭbb	窕……	同汉义
tùbb	诮、魈……	同汉义，其中"魈"为伝读
tĭpbb	垤、耋、堞、喋、牒、蹀、鲽、媟、妾、萜……	同汉义
timbb	阡、芊、仐、忝、跕……	同汉义
tīmbb	湉……	同汉义
tĭmbb	恬、舔……	同汉义，其中"恬"为伝读，"舔"为汉读
tīngbb	畋、阗、钿{tián}……	同汉义
tîngbb	瘨、臀、钿{diàn}……	同汉义，其中"臀"为伝读
tuäbb	铎、橐、庹、柝、踱……	同汉义，其中"踱"为汉读
tuaobb	焘、韬、饕……	同汉义
tuāobb	漕、螬、洮、啕……	同汉义
tuâobb	啫、皂……	同汉义
tuäobb	璪……	同汉义
tuōibb	邰、炱、跆、鲐、薹、骀{tái}……	同汉义
tuôibb	岱、迨、玳、黛、骀{dài}……	同汉义
tuōibb	蛋……	同汉义
tuibb	璀……	同汉义

195

tuĭbb	萃、啐、淬、毳、煺……	同汉义
tunbb	邨……	同汉义
tūnbb	诠、荃、铨、筌、抟、鲀……	同汉义
tŭnbb	箪……	同汉义
tûnbb	椴、煅……	同汉义
tungbb	伧、怆、炝、跄、蹌、噌、羰……	同汉义
tūngbb	螳、蹚、樘、溏、瑭……	同汉义
tûngbb	砀……	同汉义
tŭngbb	徜、惝、氅、耥、帑、傥……	同汉义
tūngbb	熨{yùn}……	同汉义，其中"熨"为伝读

N

nāobb	呶、硇、铙……	同汉义
năibb	艿、鼐……	同汉义
naubb	妞……	同汉义
nâubb	耨……	同汉义
nãubb	忸、扭{niǔ}……	同汉义
näpbb	衲、讷……	同汉义
nambb	囡……	同汉义
nãmbb	喃、楠……	同汉义，其中"楠"为汉读
nămbb	赧、蝻、楠……	同汉义，其中"楠"为伝读
nāybb	圿……	同汉义
nã'mbb	稔……	同汉义
nōbb	傩……	同汉义
nōubb	孥、驽、弩……	同汉义
nŏubb	胬……	同汉义
nōngbb	侬、哝、秾……	同汉义
nēibb	祢、猕、弭、怩、铌、旎、昵、婗……	同汉义，其中"婗"为汉读
něibb	铌、鑈……	同汉义
nèitbb	搦……	同汉义
nēinbb	㝰……	同汉义
nêinbb	佞……	同汉义
nēngbb	莽……	同汉义
nîubb	脲……	同汉义
nĩubb	茑、袅……	同汉义

nïpbb	臬、嗫、颞、攝、蘖、镍……	同汉义
nimbb	鲇、黏、拈……	同汉义,其中"拈"为汉读
nîmbb	埝……	同汉义
nuäbb	喏、偌、篛、锘、搻……	同汉义
nuôibb	柰、萘……	同汉义
nūngbb	齈、馕、曩、攮、齉……	同汉义

L

läbb	刺、瘌……	同汉义
lább	枂、仂、泐、鳓、倮、溧、慄、簕、聿……	同汉义
laibb	鞁……	同汉义
lâibb	癞、籟……	同汉义
laubb	熘、遛、篓……	同汉义,其中"篓"为汉读
lāubb	旒、馏、镠、鎏、喽{lóu}……	同汉义
lăubb	络、偻、蒌、楼、蝼、嵝、镂、瘘、褛……	同汉义
läpbb	邋、镴……	同汉义
lāmbb	襤……	同汉义
lāngbb	岚、斓、锒、潆、蕳、痈、谰……	同汉义
lāybb	藜、鳌……	同汉义
lăybb	蠡、澧、醴、鳢……	同汉义
lâybb	骊、逦、疠、郦、俪、苈、砺、蛎、粝……	同汉义
lă'pbb	銐……	同汉义
lā'mbb	啉……	同汉义
lă'mbb	廪、檁……	同汉义
lā'ngbb	鄰、嶙、遴、璘、辚、麟、膦、囵、錀……	同汉义
lâ'ngbb	吝……	同汉义,其中"吝"为汉读
lōbb	猡、椤……	同汉义
lŏbb	喽{lou}……	同汉义
lóbb	渌、逯、箓、蓼{lù}……	同汉义
lòbb	漉、辘……	同汉义
lōubb	垆、泸、栌、轳、胪、鸬、舻、鑪……	同汉义
lŏubb	镥、撸、噜、氇、髅……	同汉义
lôubb	辂、潞、璐、鹭……	同汉义
lōngbb	茏、泷、珑、栊、砻、昽、癃……	同汉义
lēbb	嫘、缧、瘰、撧、漯……	同汉义

lêbb	嘞……	同汉义
lēibb	鹂、蓠、缡、嫠、鲡、蠡、俚、娌……	同汉义
lěibb	锂、闾、梩、臡、悝{lǐ}……	同汉义
lêibb	蜊、猁、詈……	同汉义
léitbb	呖、疬、栎{lì}、跞{lì}……	同汉义
lèitbb	枥……	同汉义
lēinbb	塄、苓、囹、泠、瓴、棂、蛉、崚、翎、绫、棱、鲮、郦、呤……	同汉义
lēngbb	椋、踉{liáng}、莨{liáng}……	同汉义
lěngbb	魉……	同汉义
līubb	醪、獠……	同汉义
lǐubb	钌{liǎo}……	同汉义
lîubb	尥、钌{liào}、蓼{liǎo}……	同汉义
lǐpbb	踚、鬣……	同汉义
līmbb	奁、濂、蠊……	同汉义
lǐmbb	睑、殓、潋、魇……	同汉义
luäbb	荦、珞、雒、骆、硌{luò}、跞{luò}、泺{luò}……	同汉义
luāobb	崂、痨、耢、铹……	同汉义
luǎobb	栳、铑……	同汉义
luōibb	崃、徕、涞、铼、赉……	同汉义
luībb	嬴……	同汉义,其中"嬴"为汉读
luǐbb	耒、诔……	同汉义
luîbb	唳、捩、酹……	同汉义
lütbb	洌、冽、埒、趔……	同汉义
lūnbb	桵、裢、鲢、琏、奁、栾、鸾、脔、滦、銮、涟……	同汉义
lûnbb	楝……	同汉义
lungbb	啷……	同汉义
lūngbb	阆、锒、稂、螂、踉{liàng}……	同汉义
lûngbb	茛、浪{làng}……	同汉义

G

gabb	枷、迦、珈、笳、袈、葭、跏、镓、戛{gā}、伽{jiā}、伽{gā}……	同汉义,如:枷锁,胡笳,袈裟,蒹葭苍苍
gābb	尜、尕、钆、戛{jiá}……	同汉义,如:戛然而止
gäbb	恪、鬲、嗝、膈、镉、翮、槅、绤……	同汉义,其中"嗝"为汉读

gàbb	佶、秸、颉、诘{jí}……	同汉义,其中"颉"为伝读
gaobb	茭、蛟、鲛……	同汉义,如:蛟龙,花鲛,马鲛
gãobb	佼、皎、铰……	同汉义,"铰剪"除外
gäobb	窖、筊……	同汉义,其中"窖"为汉读,"杯筊"也作"杯珓"
gaibb	喈、锴……	同汉义
gäibb	玠、蚧、疥……	同汉义
gaubb	佝、缑、篝、韝、尻、句{gōu}……	同汉义,如:高句丽,古国名
gãubb	峋、艽……	同汉义
gäubb	诟、厩、彀、媾、觏、柩、柏……	同汉义
gäpbb	岬、胛、狎、柙……	同汉义
gämbb	淦……	同汉义
gangbb	赓、哽、菅、豇……	同汉义
gãngbb	筸、裥、蹇、謇、谏、铜、構、茧……	同汉义
gängbb	绛、艮……	同汉义,其中"艮"为汉读
gaybb	笄……	同汉义
gäybb	髻、蓟、偈{jì}……	同汉义
gā'pbb	岌……	同汉义
gä'mbb	绀、噤……	同汉义
gā'ngbb	绠、鲠、堇、谨、槿……	同汉义
gobb	镐……	同汉义
gõbb	馃……	同汉义
gòbb	毂、榖、鸪、掬、鞠、峪……	同汉义,其中"峪"为伝读
gongbb	肱、茪……	同汉义
gōngbb	珙……	同汉义
geibb	玑、乩、矶、剞、稽、幾、羁、苴{jū}、琚、椐、裾、萁……	同汉义,其中"萁"为汉读
gēibb	虮、麂、苣、蒟、榉、踽、齮……	同汉义
gëibb	觊、暨、骥、倨、屦、遽……	同汉义
gèitbb	墼……	同汉义
geinbb	旌……	同汉义
gēinbb	到、儆、憬、璟……	同汉义
gëinbb	泾、胫、陉……	同汉义
gengbb	礓、蜣……	同汉义
gïbb	劼、诘{jié}、黠、撷、缬、颉……	同汉义,其中"颉"为汉读

gīubb	敨……	同汉义
gǐubb	檄……	同汉义
gǐpbb	拮{jié}……	同汉义
gimbb	搛、蒹、縑……	同汉义
gingbb	鲣、铿、獧……	同汉义
gubb	轱、鸪、菇、酤、觚、蛄、祜、骷……	同汉义，其中"觚""骷"为汉读
gūbb	汩、诂、罟、钴、臌、鼛、崮、锢、痼、鲴……	同汉义
guäbb	硌{gè}、蝈、掴、帼、虢、椁……	同汉义
guaobb	椁、睾、蒿、嚆……	同汉义
guãobb	杲、缟、槁、藁……	同汉义
guäobb	邰、诰、锆……	同汉义
guoibb	陔、垓、赅……	同汉义
gumbb	坩、苷、泔、疳……	同汉义
gūmbb	澉……	同汉义
gütbb	聒、栝、蛞……	同汉义
gunbb	倌……	同汉义
gūnbb	莞、琯……	同汉义
günbb	涫、盥、瓘、鹳、獾……	同汉义，其中"獾"为伝读
gungbb	矸、酐、罡、觥、咣、胱、秆……	同汉义
gūngbb	犷……	同汉义，其中"犷"为汉读
güngbb	旰{gàn}、杠……	同汉义，其中"杠"为打麻将用语

K

kabb	咔、拤、喀……	同汉义，如：喀斯特地貌
kāubb	犰、虬、俅、述、赇、疏、裘……	同汉义
käubb	眍、蔻……	同汉义
kaybb	奚……	同汉义
kāybb	綮{qǐ}……	同汉义
käybb	瘛、锲、楔、揳、挈……	同汉义
kā'pbb	禽、歙……	同汉义
kǎ'pbb	荚……	同汉义
ka'mbb	衿……	同汉义
kā'mbb	岑、芩、噙、檎……	同汉义
kǎ'ngbb	靳……	同汉义
kóbb	鎘……	同汉义

kòbb	蛐……	同汉义
kōngbb	邛、筇、劳、蛩……	同汉义
kēbb	伽{qié}……	同汉义
keibb	祛、煦、枢……	同汉义,其中"枢"为伝读
kēibb	亓、圻、芑、耆、顾、淇、骐、琪、祺、蜞、琦、锜、綦、蕲、麒、劬、朐、鸲、蒩、碟、璩、蘧、氍、癯、衢、其……	同汉义,其中"其"为伝读
kěibb	讵……	同汉义
kêibb	惧、飓、瞿……	同汉义
kéitbb	屐、亟、殛……	同汉义
kēinbb	檠……	同汉义
këpbb	浃、郏、铗、蛱、箧、硖……	同汉义
kēmbb	钤、黔……	同汉义
kēngbb	犟、锵、襁……	同汉义
kěngbb	膙……	同汉义
kǐbb	孓、孑、讦、桀、玦、碣、羯、鞨、偈{jié}、厥、遏、噘、撅、蕨、獗、橛、镢、蹶、鳜{jué}、阕、阙……	同汉义,其中"遏"为伝读,如:蕨类植物、撅嘴、突厥、鞣鞨、羯族、东临碣石、宫阙
kīubb	挢、荞、峤、轿……	同汉义
kîngbb	犟、毽、腱、踺、鞬、犍……	同汉义
kuäobb	燷、犒……	同汉义
kuöibb	忾、嗑、溘……	同汉义
kuïbb	桧、愦、聩……	同汉义
kūngbb	诳……	同汉义
kǔngbb	犷、钪……	同汉义,其中"犷"为伝读
kūngbb	夼、邝、圹……	同汉义

H

habb	铪……	同汉义
hābb	遐、瑕、罅……	同汉义,如:瑕疵,罅漏
häbb	嗄{shà}、髂、恝……	同汉义
hàbb	剋、氦、镙……	同汉义
hãobb	栲……	同汉义
hāibb	偕……	同汉义
hâibb	嗜、獬、廨、懈……	同汉义

201

hāibb	邂……	同汉义
haubb	齁、吽、庥、鬃……	同汉义
hāubb	瘊、篌……	同汉义
hâubb	骺、逅……	同汉义
hāmbb	菡……	同汉义
hāngbb	珩、桁、鸻、荇、娴、鹇……	同汉义
hângbb	悻……	同汉义
ha'mbb	撅、锨、昕、歆、鑫、炘、忻……	同汉义
ha'ngbb	谆……	伝读,同汉义,如:谆谆善诱
hā'ngbb	亘、姮、蘅……	同汉义
hā'ngbb	哏、艮、茛……	同汉义,其中"艮"为伝读
hobb	诃、嗬、珂、轲、炣、疴、舸……	同汉义,其中"舸"为伝读
hōbb	岢、舸……	同汉义,其中"舸"为汉读
hongbb	訇、薨、吽{hōng}、倥、崆、箜……	同汉义
hōngbb	闳、泓、竑、蕻{hóng}、娨……	同汉义
hōngbb	吽{hǒu}……	同汉义
höngbb	蕻{hòng}、讧……	同汉义
heibb	郗、浠、晞、豨、僖、嬉、熹、羲、曦、醯、盱、熙……	同汉义
hēibb	苎、屺、诩、栩、镈……	同汉义
hëibb	觑、忾、憩……	同汉义,其中"憩"为汉读
heinbb	羟……	同汉义
hëinbb	綮{qìng}、磬、罄……	同汉义
hengbb	苓……	同汉义
hēngbb	饷、飨……	同汉义
hiubb	硗、晓、骁、枵、鸮、枭……	同汉义
hïpbb	惬、飒……	同汉义
himbb	慊{qiàn}……	同汉义
hīmbb	槡、狻……	同汉义
hïmbb	荩、谶……	同汉义
hingbb	骞、寋、褰……	同汉义
hīngbb	繐……	同汉义
huäbb	曷、鏧……	同汉义
huaobb	薅……	同汉义
huāobb	麈、蚝、嗥、濠……	同汉义
huâobb	梏、昊、颢、灏、嚳……	同汉义

huāobb	郝……	同汉义
huoibb	锏……	同汉义
huǒibb	皑、剀、阆、恺、铠、劾、颏……	同汉义
huõibb	醯……	同汉义
huibb	诙、虺{huī}、咴……	同汉义
huībb	茴、洄……	同汉义
huîbb	荟、浍、哙、狯、脍……	同汉义
huĭbb	鲔……	同汉义
hüpbb	馅、颔、耠、祫、盍、阖……	同汉义
humbb	蚶、毟、哉……	同汉义
hūmbb	晗、焓、颔……	同汉义
hŭmbb	阚、瞰、槛{kǎn}……	同汉义,如:鸟瞰,门槛
hunbb	髋、獾……	同汉义,其中"獾"为汉读
hūnbb	洹……	同汉义
hungbb	伉……	同汉义
hūngbb	绗、颃、沆……	同汉义
hûngbb	旰{hàn}、顸、鼾、邗、撖、瀚……	同汉义
hüngbb	汗{hán}……	同汉义,可汗(hõ hüngbb)在伝语中可作"hõ hûng"

Z

zabb	揸、楂、挝{zhuā}……	同汉义,如:山楂
zäbb	札、迮、笮、牰、砟、蚱、拃、簎、帻、赜、谪、磔……	同汉义
zàbb	恻、踬……	同汉义
zãobb	笊……	同汉义
zaubb	啁……	同汉义
zäubb	怊、绉、胄、籀……	同汉义,其中"怊""绉"为汉读
zambb	糌、簪……	同汉义
zangbb	琤、峥、铮、狰……	同汉义
zãngbb	旮……	同汉义
za'mbb	谶、箴……	同汉义,其中"谶""箴"为伝读
zã'mbb	鸩……	同汉义
za'ngbb	胗……	同汉义
zã'ngbb	隼、殄、轸、畛、缜……	同汉义
zä'ngbb	缙、赈……	同汉义

203

zõbb	俎……	同汉义
zòbb	竺……	同汉义
zõngbb	踵……	同汉义
zẽbb	锗、赭……	同汉义
zëbb	柘、鹧……	同汉义
zèitbb	枳……	同汉义
zeinbb	浈、桢、祯、钲、徵{zhēng}……	同汉义
zêubb	噍……	同汉义
zengbb	獐、璋、蟑……	同汉义
zēngbb	仉……	同汉义
zẽngbb	伥、嶂、幛……	同汉义,其中"伥"为伝读
zibb	诛、褚、楮、姝、邾、侏、茱、洙、铢、厄、栀、酯、潴……	同汉义,如:诛杀,口诛笔伐,茱萸,栀子花,侏儒
zībb	祇、胝、祗、祉、渚、麈、徵{zhǐ}……	同汉义
zïbb	铸、蛰、疰、蛭、喆、豸{zhì}、郅、陟、贽、桎、轾、蛰、鸷、蛭、痣、鸷、彘、雉、觯、骘、掷……	同汉义,其中"雉""痣""掷"为汉读
zïubb	塁……	同汉义
zïpbb	褶……	同汉义
zimbb	觇、鲶、旃、谵……	同汉义
zuibb	脽、骓、缒、薙……	同汉义
zuǐbb	辍、掇、裰……	同汉义,其中"掇"为伝读
zütbb	嘬、掇……	同汉义,其中"掇"为汉读
zǔtbb	嘬……	同汉义
zunbb	颛、肫……	同汉义
zūnbb	啭……	同汉义
zungbb	牂、臧、奘……	同汉义

C

cabb	杈、衩、汊……	同汉义
cābb	馇、嵖、猹、槎、楂、苴{chá}……	同汉义
cäbb	镲、妊、坼、咤、翟{zhái}……	同汉义
cább	躇、蹰……	同汉义,伝语中,"踯躅、踌躇、踟蹰"同音近义
cāobb	缲……	同汉义
caibb	钗、搋……	同汉义,其中"搋"为汉读

caubb	瘮……	同汉义
cāubb	俦、惆、踹、跥……	同汉义
cāubb	杻{chǒu}、糗、纣……	同汉义,如:糗事,商纣王
cäubb	溴……	同汉义
cäpbb	锸、靸……	同汉义
cämbb	羼、碜……	同汉义
cangbb	搀……	同汉义,其中"搀"为汉读
cāngbb	澄……	同汉义,其中"澄"为伝读
cângbb	馇……	同汉义
cāngbb	骣……	同汉义
cängbb	攥、巽……	同汉义,其中"巽"为伝读
ca'ngbb	郴、椿、蝽、鹑、皴……	同汉义
cobb	蹉、嵯、槎、刍……	同汉义
còbb	俶{chù}、涑、觫、簌……	同汉义
cõubb	厝……	同汉义
congbb	忡、铳……	同汉义,如:忧心忡忡,火铳
cebb	砗……	同汉义
cĕbb	徂、殂……	同汉义
céitbb	埩……	同汉义
cèitbb	怸、叱、伤、敕……	同汉义,其中"敕"为汉读
cēinbb	埕、裎、铛……	同汉义
cëinbb	龀……	同汉义
cengbb	菖、阊、鲳、伥……	同汉义,其中"伥"为汉读
cēngbb	袞……	同汉义
cēngbb	昶……	同汉义
cëngbb	怅……	同汉义
cibb	哧、鸱、笞、媸、螭、魑、呲、跐{cī}、龇、髭、眥、眦、雉、稚、差{cī}……	同汉义,其中"雉""稚"为伝读,如:睚眦必报,稚儿,参差不齐
cĭbb	茌、埘、篪、滁、坻{chí}……	同汉义
cǐbb	杵、仵、苎、杼、楮……	同汉义
cîbb	炷、箸……	同汉义,如:箸笼
cǐbb	褫、豕、啻、矢……	同汉义,其中"矢"为伝读
cǐbb	噌……	同汉义,其中"噌"为汉读
ciubb	钊……	同汉义
cîubb	晁、诏、肇……	同汉义

205

cïmbb	茜{qiàn}……	同汉义
cuäbb	镯、踔、嚛、倬、斫、浞、擢、濯、蹴……	同汉义,如:蹕躑,手镯
cuībb	桗、槌……	同汉义
cütbb	绌、黜、辎……	同汉义
cunbb	氽、汆……	同汉义
cūnbb	麈……	同汉义
cûnbb	沌{zhuàn}、璇……	同汉义
cūnbb	遄、忖、惴……	同汉义
cünbb	刜、撺、镩、爨……	同汉义
cūngbb	舛……	同汉义

X

xabb	痧、裟、莎、砂……	同汉义
xäbb	铩、萨……	同汉义,其中"萨"仅作"比(pi)萨"
xább	怵、秫、沭……	同汉义
xàbb	铯、骰……	同汉义,"骰子"也作"色子"
xaobb	嗖、溲、飕、螋、蛸{shāo}、筲、艄……	同汉义
xãobb	叟……	同汉义,其中"叟"为伝读
xâibb	豸{zhài}……	同汉义
xāubb	雠……	同汉义
xâubb	绶……	同汉义
xāubb	狩、叟……	同汉义,其中"叟"为汉读
xambb	钐……	同汉义
xangbb	姗、舢、跚……	同汉义
xāngbb	巉、镶、潺……	同汉义,其中"潺"为伝读
xângbb	掸{shàn}……	同汉义
xängbb	讪、疝……	同汉义
xâybb	屉、篡……	同汉义,如:抽屉,伝语一般叫"拖桶"或"柜桶"
xäybb	贳……	同汉义
xa'mbb	琛……	同汉义
xâ'mbb	谌{shèn}、葚……	同汉义
xä'mbb	瘆……	同汉义
xa'ngbb	胂、抻……	同汉义
xā'ngbb	宸、莼、蜃……	同汉义

xóbb	塾……	同汉义
xòbb	倏、蓛……	同汉义
xōngbb	嵩……	同汉义
xebb	畬……	同汉义
xēbb	阇{shé}、佘……	同汉义
xêbb	麝……	同汉义
xëbb	敕、猞、庲……	同汉义,其中"敕"为伝读
xéitbb	焎……	同汉义
xèitbb	弒、奭……	同汉义
xēinbb	忱、丞、嵊、谌{chén}、渑{shéng}、晟{chéng}……	同汉义
xêinbb	晟{shèng}……	同汉义
xëinbb	柽、蛏……	同汉义
xengbb	殇、觞、墒、汤{shāng}……	同汉义
xēngbb	嫦……	同汉义
xêngbb	绱……	同汉义
xibb	蓍、纾、摅、鲺……	同汉义
xībb	坿、莳、鲥……	同汉义
xǐbb	铈……	同汉义
xîbb	絮、舐、脎、澍、氏……	同汉义,其中"舐"为汉读,"氏"为伝读,如:花絮,舐犊情深
xïbb	舐……	同汉义,其中"舐"为伝读
xiäbb	杓{sháo}、妁、涮……	同汉义
xîubb	劭……	同汉义
xīmbb	婵、檐……	同汉义,其中"檐"为伝读
xǐngbb	骟……	同汉义
xuäbb	搠、蒴、槊……	同汉义
xuibb	榱、荽……	同汉义
xuībb	陲……	同汉义
xǔnbb	蟮……	同汉义
xûnbb	鄯、缮……	同汉义
xūnbb	膻、嬗……	同汉义
xungbb	孀……	同汉义

207

Y

yább	佚、轶……	同汉义
yāubb	鞧、遒、猷、猱、糅、鞣、攸、莜、疣、莸、鱿、蝣、柚、蚰、鼬、妯、岫……	同汉义
yǎubb	卣、羑、莠、牖、銪……	同汉义
yâubb	侑、囿、宥……	同汉义
yäubb	蚴……	同汉义
yāybb	兮……	同汉义
yā'pbb	挹、浥、悒……	同汉义
ya'mbb	窨、喑、愔……	同汉义
yā'mbb	霪……	同汉义,其中"霪"为汉读
yā'ngbb	筠{yún}、夤、昀、銎、郧……	同汉义
yǎ'ngbb	吲、蚓……	同汉义,其中"蚓"为广府白话转读
yobb	唷……	同汉义
yóbb	蓐、溽、缛、塓、鸲、鹆……	同汉义
yòbb	鋈、昱、彧、毓、燠……	同汉义
yōngbb	狁、埔、慵、镛、鳙、颙……	同汉义
yēbb	揶……	同汉义
yéitbb	弋、翊、驿、峄、怿、弈、奕、埸、蜴……	同汉义
yēinbb	砜、楹、嬴、瀛、赢……	同汉义,其中"赢"为伝读
yêinbb	郢、颖、媵……	同汉义
yēngbb	旸、炀、蛘、烊……	同汉义
yěngbb	炀……	同汉义,其中"炀"为汉读
yībb	盂、鈳、蕳、嚅、濡、襦、洳、黓、匜、圯、沂、饴、怡、荑、眙、痍、迤、纡、臾、茹、竽、狳、腴、雩、揄、喁、峿、嵛、腴、瑜、觎、窬、俣、庾、瘐、贻、虞、颐、榆、孺、彝、俞、蛛、蛇{yí}……	同汉义,其中"瑜、蛛"为汉读,如:瑜伽,须臾,滥竽充数,揶揄,茱萸,贻笑大方,孺子可教
yǐbb	苡、钦、妤、伛、囹、圄、妪……	同汉义
yîbb	瑜、峪、滪……	同汉义,其中"瑜"为伝读,"峪"为汉读
yïbb	谒、愈……	同汉义,其中"愈"为伝读
yīubb	铫{yáo}、珧、峣、徭、繇、鳐、鹞……	同汉义,其中"峣""徭""繇""鳐""鹞"为汉读
yîubb	曜……	同汉义

yïpbb	擪……	同汉义
yîmbb	焱、灩……	同汉义
yīngbb	妍……	同汉义
yǐngbb	愈、筵……	同汉义
yîngbb	岘……	同汉义
yuîbb	蕤、蚋、睿……	同汉义

W

wābb	骅、铧……	同汉义
wàbb	熨{yù}……	同汉义
wāibb	踝……	同汉义
wangbb	埼……	同汉义
wāngbb	郇{huán}、圜{huán}、寰、缳、鹮、鬟……	同汉义
wângbb	溇……	同汉义
waybb	崴、葳……	同汉义
wāybb	圩{wéi}、沩、涠……	同汉义
wâybb	恚、彗、喙、蕙、螱、喟……	同汉义
wāybb	袆、逶、帏、闱、玮、炜、诿、匙、痿、倭{wēi}、虺{huǐ}……	同汉义
wäybb	哕{huì}、猥……	同汉义
wa'ngbb	媪、氲……	同汉义
wā'ngbb	馄、纭……	同汉义
wǎ'ngbb	狁、夼、殒、侃……	同汉义
wâ'ngbb	诨、郓、恽……	同汉义
wä'ngbb	愠、韫、熨{yùn}……	同汉义，其中"熨"为汉读
wobb	埚、娲、莴、倭{wō}、踒……	同汉义
wôbb	盉……	同汉义
wěbb	哕{yuě}……	同汉义
wéitbb	阈、蜮……	同汉义
wēinbb	嵘、蝾、茔、荥、萦、蓥、滢……	同汉义
wêinbb	颖……	同汉义
wïbb	芮、刖、玥、钺、樾、龠、钥……	同汉义
wīngbb	圆{yuán}、芫、沅、铉、沆、鼋、湲、媛、塬、橼、螈、垸、掾、瑗、垣、舷、辕、纨、眩、橼、援……	同汉义，其中"湲""媛""瑗""垣""舷""援"为汉读，如：残垣败瓦，名媛，南辕北辙，纨绔，援助

wǐngbb	浣、蜿、箢、菀、脘、绾、琬、畹……	同汉义
wuäbb	嚄{huō}、蠖……	同汉义
wûnbb	奂、谖、爰、湲、媛、瑗……	同汉义，其中"湲""媛""瑗"为伝读，如：名媛，美轮美奂
wungbb	诓、哐……	同汉义
wūngbb	隍、遑、徨、湟、潢、璜、篁、蟥、鳇……	同汉义，如：装潢，彷徨，蚂蟥

V
（ng）

vābb	伢、岈、玡、琊、睚……	同汉义
vǎbb	佤……	同汉义
vâbb	迓……	同汉义
väbb	栎{yuè}……	同汉义
vàbb	仡、圪、纥、虼、汔、兀、杌、靰……	同汉义
vāobb	峣、爻……	同汉义
vǎubb	藕……	同汉义
vângbb	厌……	同汉义
vāybb	崽、鲵、睨……	同汉义
vâybb	呓、羿……	同汉义
vā'ngbb	垠、鄞、龈……	同汉义
vōbb	莪、俄……	同汉义
vóbb	珸、铻……	同汉义
vōubb	浯、鼯、鋙……	同汉义
vǒubb	仵、迕、庑、忤……	同汉义
vôubb	焐、痦、寤……	同汉义
vuäbb	谔、萼、腭、鹗、锷、颚……	同汉义
vuāobb	嗷、璈、獒、鳌……	同汉义
vuâobb	鏊、鳌……	同汉义
vuôibb	硙……	同汉义

J
（nh）

jäubb	怊、绐……	同汉义，其中"怊""绐"为伝读
jā'mbb	霪……	同汉义，其中"霪"为伝读
jâ'mbb	恁、荏、饪、纴、衽……	同汉义

jǎ'ngbb	仞、轫……	同汉义
jǒngbb	甬、俑……	同汉义
jêngbb	襄、穰、佯、恙……	同汉义
jībb	鸸、嶷……	同汉义
jǐbb	迩、珥、铒、龉、瓻……	同汉义
jiäbb	谑、疟……	同汉义,其中"疟"为广府白话转读
jiubb	蜣、娆、桡、峣、徭、繇、鳐、鹬……	同汉义,其中"峣""徭""繇""鳐""鹬"为伝读
jïpbb	邺……	同汉义
jīmbb	俨、剡、埮、酽……	同汉义
jǐmbb	髯、苒……	同汉义
jīngbb	猙、闫……	同汉义

S
(sl)

sàbb	噻……	同汉义
sāibb	屣、玺……	同汉义
saubb	馐、潃……	同汉义
säubb	琇……	同汉义
säpbb	飒……	同汉义
sambb	仨……	同汉义
sāngbb	徹……	同汉义
sängbb	霰……	同汉义
saybb	恓、茜{xī}、栖、榍……	同汉义
säybb	胥……	同汉义,其中"胥"为伝读
sā'mbb	呬……	同汉义
sa'ngbb	诜、莘、燊……	同汉义
sā'ngbb	楯{shǔn}……	同汉义
sä'ngbb	隽{jùn}、駿、悛、迿、凶、巽……	同汉义,其中"巽"为汉读
sobb	娑、桫、挲……	同汉义
sòbb	夤、谡、蓿……	同汉义
soubb	鮛……	同汉义
söubb	愫……	同汉义
songbb	松……	同汉义

sõngbb	悚、竦……	同汉义
sebb	睃、羧……	同汉义
sĕbb	唢……	同汉义
sëbb	舄……	同汉义
seibb	哂、鸶、缌、锶、葸、厮、渐、胥、顼、媭、魆、螄……	同汉义,其中"胥"为汉读
sëibb	泗……	同汉义
sèitbb	憩、淅、皙、蜥、螅、窸、洫、啬……	同汉义,其中"憩"为伝读,"啬"为汉读
sēpbb	樧……	同汉义
sengbb	缃、骧……	同汉义
sẽngbb	鲞……	同汉义
siubb	蛸{xiāo}、逍、绡、魈……	同汉义,其中"魈"为汉读
sĭubb	筱……	同汉义
singbb	氙、籼、祆……	同汉义,其中"祆"为汉读
suaobb	瘙……	同汉义
suäobb	埽……	同汉义
suoibb	祟……	同汉义
suibb	眭{suī}、睢、濉、胥……	同汉义,其中"胥"为汉读
suîbb	燧、邃……	同汉义
suïbb	谇……	同汉义
sütbb	屑、绁、褻、渫、薤、爕、瀣、躞、鳕……	同汉义,"头屑",伝语一般称为"头皮"
sunbb	荪、狲、飧、楦、萱、瑄、暄、煊……	同汉义
sũnbb	铣、酰、跣、藓、燹、烜……	同汉义
sungbb	搡、颡……	同汉义

Q
（gw）

qabb	呱、胍……	同汉义
qäbb	鸹、诖……	同汉义
qàbb	鹳、谲、鹬……	同汉义
qäibb	夬……	同汉义
qängbb	掼……	同汉义
qaybb	妫、皈、鲑、跬……	同汉义
qãybb	块、皮、瓵、晷、簋……	同汉义

qäybb	刿、炅{guì}、鳜{guì}、眭{guì}……	同汉义
qa'ngbb	皲、箘{jūn}……	同汉义
qā'ngbb	衮、绲、辊、磙、鲧……	同汉义
qingbb	涓、蠲……	同汉义
qǐngbb	锩、蜷、鬈……	同汉义
qǐngbb	镌、狷、鄄、隽{juàn}……	同汉义

R
(kw)

rabb	刐、伓……	同汉义
rãibb	䦆……	同汉义
rāybb	揆、暌、睽、蝰、喹、逵、夔、馗……	同汉义
räybb	匮、篑……	同汉义
ra'ngbb	琨、焜、髡、锟、醌、鲲、堃……	同汉义
rā'ngbb	麇{qún}……	同汉义
rǎ'ngbb	麇{jūn}……	同汉义
râ'ngbb	捃……	同汉义
rā'ngbb	阃……	同汉义
rèitbb	郄……	同汉义
rēinbb	茕……	同汉义
rēinbb	冋、扃、冂、迥、苘、颎、炅{jiǒng}……	同汉义

注释：

1."非常用伝字"部分共收录伝字约860个,与汉字呈一对多的关系,即一个非常用伝字对应多个非常用汉字。

2."非常用伝字"部分的设立,主要是为了避免人为地割裂伝字与汉字之间的联系。因此,所有未被收录到常用部分的汉字,都被归类于此。

(1)主观而言,作者阿茂儿并不乐意设立非常用伝字,因为此举有违伝语本位主义。

(2)客观而言,非常用汉字约有十万个,而其中绝大部分根本没有对应的伝语读音。研究者要么以自己的主观偏好,采用辨形法、辨音法或广府白话转读等方式生硬地将读音强加于伝语;要么像作者阿茂儿一样,通过统计学原理科学地采纳更具代表性的、使用频率相对较高的读音。但无论采用哪一种方法,都无异于削足适履,把原本不属于伝语的东西,生搬硬套地用到伝语身上。

213

第三部分:化学元素名称

伬字 (化学元素)	汉字	元素编号	符号	英文	伬字 (常用伬字)	伬字 (非常用伬字)
heinbs	氢	1	H	Hydrogen	heinb	—
pĭbs	氕		H	Protium	—	pĭbb
duaobs	氘		D	Deuterium	—	duaobb
cunbs	氚		T	Tritium	—	cunbb
huŏibs	氦	2	He	Helium	huŏid	—
lěihw	锂	3	Li	Lithium	—	lěibb
pēihw	铍	4	Be	Beryllium	—	pēibb
pā'nghs	硼	5	B	Boron	pā'ngb	—
tänghs	碳	6	C	Carbon	tängb	—
tămbs	氮	7	N	Nitrogen	tămb	—
yěngbs	氧	8	O	Oxygen	yěngf	—
fábs	氟	9	F	Fluorine	fáb	—
năibs	氖	10	Ne	Neon	năif	—
näphw	钠	11	Na	Sodium	näpb	—
měihw	镁	12	Mg	Magnesium	měib	—
lěihv	铝	13	Al	Aluminum	lěil	—
qayhs	硅	14	Si	Silicon	qayb	—
lā'nghs	磷	15	P	Phosphorus	lā'ngz	—
lāuhs	硫	16	S	Sulfur	lāuz	—
lóbs	氯	17	Cl	Chlorine	lów	—
ābs	氩	18	Ar	Argon	—	ābb
gäphw	钾	19	K	Potassium	gäpb	—
kuöihw	钙	20	Ca	Calcium	kuöib	—
kǔnghw	钪	21	Sc	Scandium	—	kǔngbb
täihw	钛	22	Ti	Titanium	—	täibb
fānghw	钒	23	V	Vanadium	—	fāngbb
guähw	铬	24	Cr	Chromium	guäb	—
mănghw	锰	25	Mn	Manganese	măngd	—

伝字 （化学元素）	汉字	元素编号	符号	英文	伝字 （常用伝字）	伝字 （非常用伝字）
tïhw	铁	26	Fe	Iron	tï	—
gūhw	钴	27	Co	Cobalt	—	gūbb
nïphw	镍	28	Ni	Nickel	—	nïpbb
tōnghw	铜	29	Cu	Copper	tōngh	—
sa'nghw	锌	30	Zn	Zinc	sa'ngd	—
gahw	镓	31	Ga	Gallium	—	gabb
zēhw	锗	32	Ge	Germanium	—	zēbb
xa'nghs	砷	33	As	Arsenic	xa'ngd	—
sayhs	硒	34	Se	Selenium	sayb	—
cäuls	溴	35	Br	Bromine	—	cäubb
hàbs	氪	36	Kr	Krypton	—	hàbb
yīhw	铷	37	Rb	Rubidium	—	yībb
seihw	锶	38	Sr	Strontium	—	seibb
ïhw	钇	39	Y	Yttrium	—	ïbb
guäohw	锆	40	Zr	Zirconium	—	guäobb
nēihw	铌	41	Nb	Niobium	—	nēibb
móhw	钼	42	Mo	Molybdenum	—	móbb
dàhw	锝	43	Tc	Technetium	—	dàbb
lǐuhw	钌	44	Ru	Ruthenium	—	lǐubb
luǎohw	铑	45	Rh	Rhodium	—	luǎobb
bāhw	钯	46	Pd	Palladium	—	bābb
vā'nghw	银	47	Ag	Silver	vā'ng	—
gähw	镉	48	Cd	Cadmium	—	gäbb
a'nghw	铟	49	In	Indium	—	a'ngbb
sèithw	锡	50	Sn	Tin	sèitf	—
tayhw	锑	51	Sb	Antimony	tayb	—
däyhs	碲	52	Te	Tellurium	—	däybb
dǐnghs	碘	53	I	Iodine	dǐng	—
singbs	氙	54	Xe	Xenon	—	singbb
xàhw	铯	55	Cs	Cesium	—	xàbb
buïhw	钡	56	Ba	Barium	buïd	—
lānghw	镧	57	La	Lanthanum	—	lāngbb
xǐhw	铈	58	Ce	Cerium	—	xǐbb

伝字（化学元素）	汉字	元素编号	符号	英文	伝字（常用伝字）	伝字（非常用伝字）
põuhw	镨	59	Pr	Praseodymium	—	põubb
něihw	钕	60	Nd	Neodymium	—	něibb
põhw	钷	61	Pm	Promethium	—	põbb
xamhw	钐	62	Sm	Samarium	—	xambb
yǎuhw	铕	63	Eu	Europium	—	yǎubb
gãhw	钆	64	Gd	Gadolinium	—	gãbb
táhw	铽	65	Tb	Terbium	—	tább
dèithw	镝	66	Dy	Dysprosium	—	dèitbb
fõhw	钬	67	Ho	Holmium	—	fõbb
jǐhw	铒	68	Er	Erbium	—	jǐbb
diuhw	铥	69	Tm	Thulium	—	diubb
ëihw	镱	70	Yb	Ytterbium	—	ëibb
lǒuhw	镥	71	Lu	Lutetium	—	lǒubb
hahw	铪	72	Hf	Hafnium	—	habb
tãnghw	钽	73	Ta	Tantalum	—	tãngbb
ouhw	钨	74	W	Tungsten	ouf	—
luōihw	铼	75	Re	Rhenium	—	luōibb
võhw	锇	76	Os	Osmium	—	võbb
eihw	铱	77	Ir	Iridium	eik	—
pähw	铂	78	Pt	Platinum	päv	—
ga'mhw	金	79	Au	Gold	ga'mb	—
gönglw	汞	80	Hg	Mercury	göngb	—
tahw	铊	81	Tl	Thallium	—	tabb
wīnghw	铅	82	Pb	Lead	wīngw	—
bǐhw	铋	83	Bi	Bismuth	—	bǐbb
bòhw	钋	84	Po	Polonium	—	bòbb
vuôihs	砹	85	At	Astatine	—	vuôibb
dongbs	氡	86	Rn	Radon	—	dongbb
funghw	钫	87	Fr	Francium	—	fungbb
luīhw	镭	88	Ra	Radium	luīb	—
ahw	锕	89	Ac	Actinium	—	abb

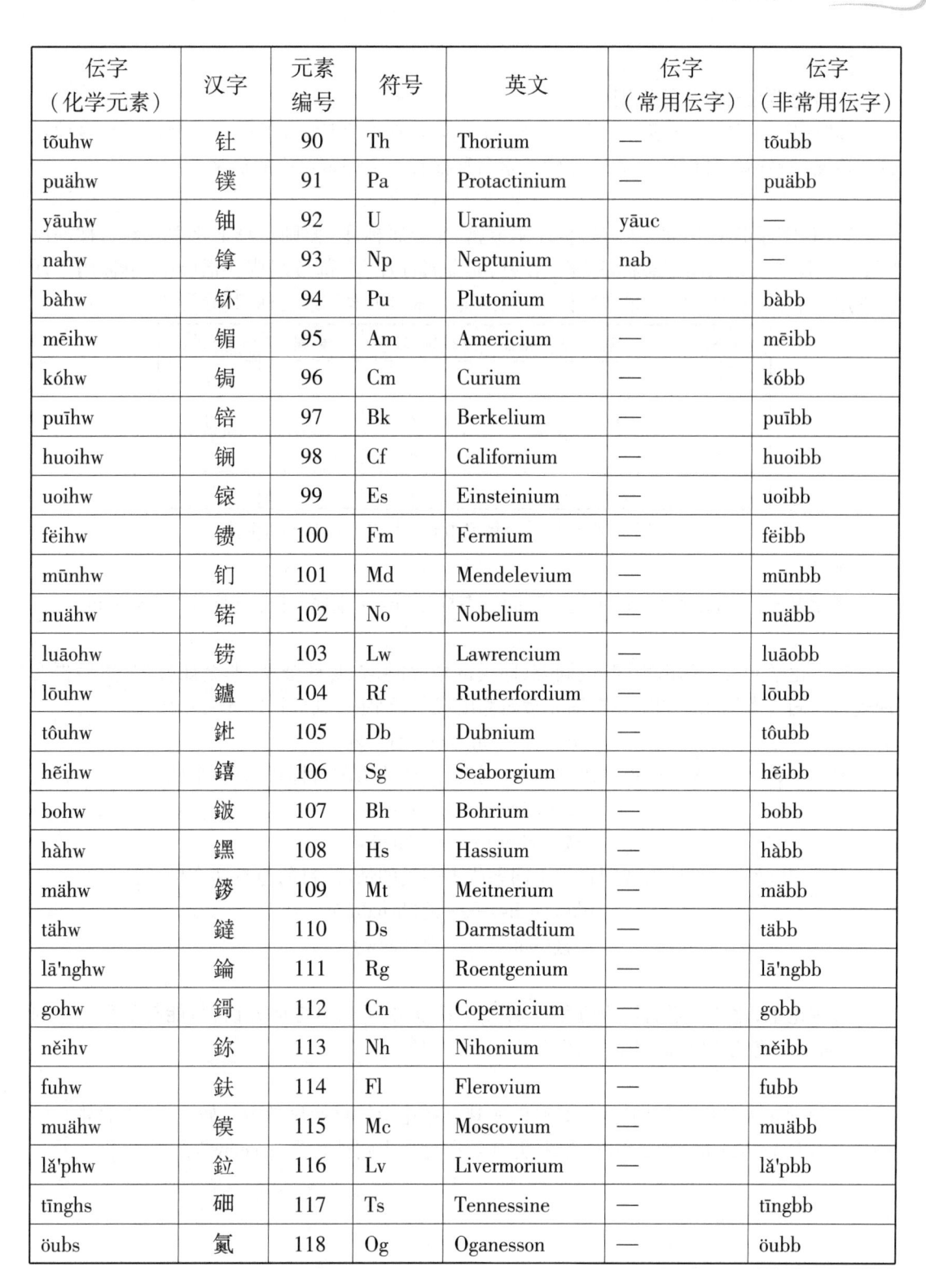

伝字 （化学元素）	汉字	元素编号	符号	英文	伝字 （常用伝字）	伝字 （非常用伝字）
tõuhw	钍	90	Th	Thorium	—	tõubb
puähw	镤	91	Pa	Protactinium	—	puäbb
yāuhw	铀	92	U	Uranium	yāuc	—
nahw	镎	93	Np	Neptunium	nab	—
bàhw	钚	94	Pu	Plutonium	—	bàbb
mēihw	镅	95	Am	Americium	—	mēibb
kóhw	锔	96	Cm	Curium	—	kóbb
puīhw	锫	97	Bk	Berkelium	—	puībb
huoihw	锎	98	Cf	Californium	—	huoibb
uoihw	锿	99	Es	Einsteinium	—	uoibb
fëihw	镄	100	Fm	Fermium	—	fëibb
mūnhw	钔	101	Md	Mendelevium	—	mūnbb
nuähw	锘	102	No	Nobelium	—	nuäbb
luāohw	铹	103	Lw	Lawrencium	—	luāobb
lōuhw	鑪	104	Rf	Rutherfordium	—	lōubb
tôuhw	𨧀	105	Db	Dubnium	—	tôubb
hẽihw	𨭎	106	Sg	Seaborgium	—	hẽibb
bohw	𨨏	107	Bh	Bohrium	—	bobb
hàhw	𨭆	108	Hs	Hassium	—	hàbb
mähw	鿏	109	Mt	Meitnerium	—	mäbb
tähw	鐽	110	Ds	Darmstadtium	—	täbb
lā'nghw	錀	111	Rg	Roentgenium	—	lā'ngbb
gohw	鎶	112	Cn	Copernicium	—	gobb
něihv	鉨	113	Nh	Nihonium	—	něibb
fuhw	鈇	114	Fl	Flerovium	—	fubb
muähw	镆	115	Mc	Moscovium	—	muäbb
lă'phw	鉝	116	Lv	Livermorium	—	lă'pbb
tīnghs	础	117	Ts	Tennessine	—	tīngbb
öubs	气	118	Og	Oganesson	—	öubb

注释：

伝语化学元素命名的规则。

1."一字、一音、一元素"原则。每个伝字都只存在一个读音，不存在一个伝字有多种发音的情况（特殊音素除外）。每个化学元素名称都有一个特定对应的伝字。

2."伝字原形 + 气、液、固三态标注 + 金属、非金属标注"原则。每个化学元素名称都由"伝字原形""气、液、固三态标注"和"金属、非金属标注"三部分组成。伝语中，单标用于标注常用伝字，双标用于标注非常用伝字，混标用于标注化学元素名称，其分类如下：

序号	气态	液态	固态	金属	非金属
1	b	l	h	w	s
2	f	k	z	v	q
3	d	—	c	j	r
4	—	—	x	—	—

注：在化学周期表中，液态化学元素很少，固态金属元素很多。

例子：
氢元素 = 伝字原形"hein" + 气、液、固三态标注"b" + 金属、非金属标注"s" = heinbs

3. 当化学元素名称出现同音、同态、同类的情况时，先变动金属、非金属标注，然后再变动气、液、固三态标注。如固态金属元素名称出现同音字时，其标注的先后顺序为：

hw→hv→hj→zw→zv→zj

实际上，化学元素名称很少出现同音、同态、同类的情况，目前共有两个例子：

锂（lěihw）——铝（lěihv）
钕（něihw）——铼（něihv）

另外，化学元素名称出现同音但不同态或不同类的情况，目前也有两个例子：

磷（lā'nghs）——鑭（lā'nghw）
氦（hàbs）——鏢（hàhw）

4. 理论上，化学元素名称应避免出现同音字，但由于伝语是地方话，只能与汉字一一对应，因而不可避免地出现了化学元素名称同音的现象。

5. 化学元素名称专门用于学术领域，尤其是在化学等自然科学中。如："金"在日常生活中一般被写为"ga'mb"，而在学术领域，尤其是在化学中则被写为"ga'mhw"。

附　录

《伝语（吴川话）字典》查询指引

第一部分：常用伝字

一、《伝语字典》按照伝语字母表排序

1. 伝语字母表。

大写	A	O	E	I	U	B	P	M	F
小写	a	o	e	i	u	b	p	m	f
大写	D	T	N	L	G	K	H	Z	C
小写	d	t	n	l	g	k	h	z	c
大写	X	Y	W	V	J	S	Q	R	
小写	x	y	w	v	j	s	q	r	

注：严格来说，"A'(a')"也是一个字母，但伝语将其归为"A(a)"的一个变形。

2. 例子：查找"cun"。

（1）先找到"C"大类。"C"在"Z"之后，"X"之前。

（2）然后，在大类里面查找第二个字母"u"。"u"在"i"之后。

（3）最后，在"cu"系列里面，查找第三个字母"n"。"n"在"t"之后。

3. "a'"为"a"的一个变形，在"a"系列的最后，例如查找"ba'ng"。

（1）先找到"B"大类，然后找到"ba"系列。

（2）在"ba"系列的后面找到"ba'"系列。

（3）按照字母表顺序，找到"ba'ng"。

二、弱元音在普通元音后面，例如查找"aa"

1. 先找到"A"大类。

2. "AA"大类在对应的普通元音"A"的后面。

3. 按照伝语字母表顺序查找"aa"。

三、声调由低到高排序

1. 声调按照第一声至第九声，从低到高排序。

2. 合音并不影响排序。

3. 例如查找"wūng"。

（1）先按伝语字典顺序找到"wung"系列。

（2）在"wung"系列后面，便可找到"wūng"。

四、查找同音字

1. 标形字母表。

原形	b	f	d	l	k	h	z
c	x	w	v	j	s	q	r

2. 同音字在同一个系列中相邻罗列。
3. 同音字按照标形字母在伝语字母表中的顺序进行排序。
4. 例如查找"yīd"。
（1）先按伝语字典顺序找到"yī"系列。
（2）再按照标形字母在伝语字母表中的顺序找到"yīd"。

五、《伝语字典》的"常用伝字"部分，从上到下、从左到右排序

1. 《伝语字典》的"常用伝字"部分，先从上到下排完左面，再从上到下排完右面。
2. 每排满一页，即从下一页重新开始排序。

补充：

在伝字的创造过程中，作者阿茂儿拟定了三套方案。其中，方案一为拼音方案，方案二和方案三为文字方案。

1. 伝字"方案二"和"方案三"的异同。

方案异同	方案二		方案三（最终采用版）	
	形一	形二		
韵母	ap、am	apb、amb	ap、am	原形 + 标形字母
	a'p、a'm	a'pb、a'mb	a'p、a'm	原形 + 标形字母
	op、om	opb、omb	op、om	原形 + 标形字母
	iap、iam	iapb、iamb	ep、em	原形 + 标形字母
	ip、im	ipb、imb	ip、im	原形 + 标形字母
	uap、uam	uapb、uamb	up、um	原形 + 标形字母
	at、eit、ut	att、eitt、utt	at、eit、ut	原形 + 标形字母
	iao	iaoh	eu	原形 + 标形字母
	iang	iangh	eng	原形 + 标形字母
	a'ng	a'ngh	a'ng	原形 + 标形字母
	uang	uangh	ung	原形 + 标形字母
	其他	原形 + h	其他	原形 + 标形字母

续表

方案异同	方案二		方案三(最终采用版)
	形一	形二	
声母		ng	v
		nh	j
	sl		s
	gw		q
	kw		r
	其他		其他
化学元素	形一标注金属元素,形二标注非金属元素,用伝语重新命名同音元素。		既区分金属与非金属,也区分固、液、气三态——混标。
备注 (拼音方案)	1. "a'p、a'm、a'ng"的拼音方案为"ʌp、ʌm、ʌng"。 2. 其他音素的拼音方案,与方案二中的"形一"相同。		

(1)伝字是一套拼音文字,其本质是文字,而不是拼音。

(2)把伝字设定为文字而非拼音的原因。

①汉字无法准确、有效地记录和描述伝语,且不少伝字并无对应的汉字。

②通过同音字标注法,伝字简单而有效地解决了拼音文字普遍存在的同音字问题。

(3)伝字的下颚入音不采用"ak、ok、ek、ik、uk"等写法,原因主要有两个。

①和其他声调语言不同,伝语每个韵母都可以存在入音。而一般的声调语言,其入音主要为"ak、ok、ek、ik、uk、at、ot、et、it、ut"等,不存在"ap、om、ung"等入音。如果采用上述写法,"ap、om、ung"的入音标注当为"äkp、ökm、ükng",这样既不合常规又显得冗长。因此,伝语除了纯入音"at、eit、ut"添加上颚入音符号"t"外,其余一律采用声调来区分去音和入音——第一至第五声为去音,第六至第九声为入音。

②采用声调区分去音和入音,符合伝字的简洁性。

(4)为了伝字的简洁性,伝字的韵母不采用"iao、iap、iam、iang、uap、uam、uang"等写法,声母不采用"ng、nh、sl、gw、kw"等写法。伝字特别重视简洁性,其实是为了契合吴川人的文字使用习惯。对类似于"ngiang"这样的组合,很多吴川人都觉得太长了,拼读起来很不习惯。

(5)文字方案的"a"没有采用拼音方案的"ʌ",主要原因是有些电脑和手机系统无法全部识别"ʌ"的六个声调。另外,为了避免与其他音素混淆,伝语不采用"u"或"ac"来替代"ʌ"。

(6)最初,阿茂儿采用方案二。单纯从伝字自身的角度出发,方案二几乎是一套完美的伝字构想。伝语音素和声调较多,也很少有同音异义词,因此在有效区分同音字的前提下,伝字的数量也仅在2000个左右,简单易学。但由于该方案过分强调忠于伝语的自身特点,削弱了伝字与汉字的联系,并不是很符合吴川人的文字使用习惯,毕竟吴川人早已习惯汉字,且伝语是地方话,不能像越南语或汉语那样强力推行。因此,经过深入考虑,阿茂儿最终决定采用方案三,让伝字与汉字尽可能一一对应。采用方案三是一种妥协,作者由衷地希望,有一天伝字能发展出自己的特色。

2. 同音字标注。

标形字母	单标	双标	混标
b	b	bb	bs
f	f	—	—
d	d	—	—
l	l	—	lw、ls
k	k	—	—
h	h	—	hw、hv、hs
z	z	—	—
c	c	—	—
x	x	—	—
w	w	—	—
v	v	—	—
j	j	—	—
s	s	—	—
q	q	—	—
r	r	—	—
合计：	15 种标法	1 种标法	6 种标法
采用情况：	常用伝字	非常用伝字	化学元素名称

（1）单标加上原型，常用伝字可区分 16 个同音字。

（2）伝语中，单标用于标注常用伝字，双标用于标注非常用伝字，混标用于标注化学元素名称。

3. 本字典共收录伝字 5700 多个，其中常用伝字 4700 多个。《伝语（吴川话）字典》是基于伝语本位主义进行编撰的，尤其强调忠于伝语自身的特点。因此，"常用伝字"部分收录了很多没有对应汉字的口语，而很多非伝语常用的汉字并没有被收录进来。此外，对于现代汉语而言，3500 个文字足以满足书写需求，因此，4700 多个常用伝字足以全方位地记录和描述伝语，有效解决汉字不能充分、真实地记录和描述伝语的缺陷。

4.《伝语（吴川话）字典》中，括号的意义。
（1）小括号为解释或补充，如：纸儿（zīz-j），零钱。

（2）大括号里面的内容为汉字的普通话拼音。如：
wāy　为　①同汉义——为{wéi} ②为薄，捕鱼
其中，{wéi}是汉字"为"的普通话拼音。

5. 广府借词、广府白话转读，即在伝语中受广府白话影响而形成的词汇或读音。

223

第二部分：非常用伝字

一、第二部分的查询方法与第一部分大体一致，但非常用伝字只有一个同音字标记"bb"，且没有弱元音，因而查询方式更简单。

二、第二部分的查询方法为：

1. 按照伝语字母表顺序查询。
2. 按照声调从低到高的顺序查询。

第三部分：化学元素名称

一、化学元素名称按照元素编号的顺序进行排列。

二、伝语中，单标用于标注常用伝字，双标用于标注非常用伝字，混标用于标注化学元素名称。

三、每个化学元素名都由"伝字原形""气、液、固三态标注"和"金属、非金属标注"三部分组成。

伖语电脑和手机输入法
——软件使用说明

一、电脑输入——伖语（吴川话）全拼输入法

1. 伖语（吴川话）全拼输入法是一套专门用于伖字录入的免费软件，由阿茂儿借助多多输入法生成器创作完成，可以应用于 Office 办公软件、微信、QQ 等常用办公及通讯平台。伖语（吴川话）全拼输入法有两个版本，一个适用于 32 位电脑操作系统，一个适用于 64 位电脑操作系统，请根据自己的电脑系统选择对应的版本。

2. 输入规则和例子。

（1）特殊键的字根表。

数字键 字母键	1	2	3	4	5	6	7	8	9
a	a	ā	ǎ	â	ã	ä	á	à	ǎ
o	o	ō	ǒ	ô	õ	ö	ó	ò	ǒ
e	e	ē	ě	ê	ẽ	ë	é	è	ě
i	i	ī	ǐ	î	ĩ	ï	í	ì	ǐ
u	u	ū	ǔ	û	ũ	ü	ú	ù	ǔ
m	m	ṃ	—	—	—	—	—	—	—
n	n	ṇ	—	—	—	—	—	—	—

（2）表中为 a、o、e、i、u、m、n 七个特殊键对应的字根，其余 19 个字母键为普通键。其中，a、o、e、i、u 的数字键与声调对应。

（3）输入伖字时，可以逐个字母输入，如：输入"hàt"。

①安装伖语（吴川话）全拼输入法（请根据书中提供的链接地址下载该软件）。安装时，有些软件（如 360 杀毒软件）会将其误认为病毒，所以只要允许其继续安装即可，如果依然无法运行可以重启电脑。

②打开伖语（吴川话）全拼输入法，切换到"中文"（软件默认为中文）。

③首先点击字母键"h"和数字键"1"（或回车键），然后点击字母键"a"和数字键"8"，再点击字母键"t"和数字键"1"（或回车键）。

（4）输入伖字时，可以采用全拼输入。

①安装好软件后，打开伖语（吴川话）全拼输入法，切换到"中文"。

②点击字母"hat"和数字键"1"（或回车键）。

（5）"wāng"和"wa'ng"的输入一样，都为"wang"。

（6）大小写、热键设置等，与英文输入的设定相同。

（7）建议：安装好软件后，打开其"属性设置"，点击弹出框的"界面"，勾选"更改显示字体"，将"编码字体"改为"Times New Roman"，"大小"改为"12px"，将"候选字体"改为"Calibri"，"大小"改为"20px"。这样看起来会舒服很多，因为多多输入法软件默认的是汉字输入。

二、手机输入——百度手机输入法个性短语

由于手机系统多样，如苹果系统、安卓系统等，若要编写手机输入法软件，则必须同时编写相应系统的版本。因此，我们采用手机输入法自带的"个性短语"功能来输入伝字。就目前而言，带有"个性短语"功能的手机输入法有百度输入法、搜狗输入法和讯飞手机输入法等。本书介绍如何利用百度输入法的个性短语功能来输入伝字。

1.将文件"伝语.ini"导入手机（请根据书中提供的链接地址下载该文件）。

2.下载、安装、激活并使用百度输入法，点击设置图标。

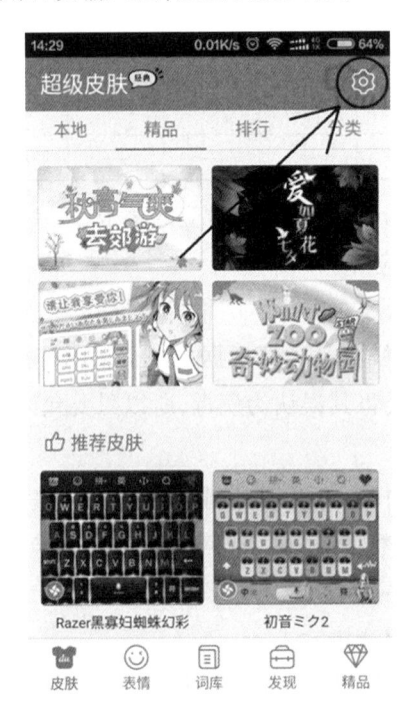

3. 点击"高级设置"按钮，进入该功能界面。

4. 点击"管理个性短语"按钮，进入该功能界面。

5. 点击"导入个性短语"按钮,进入该功能界面。

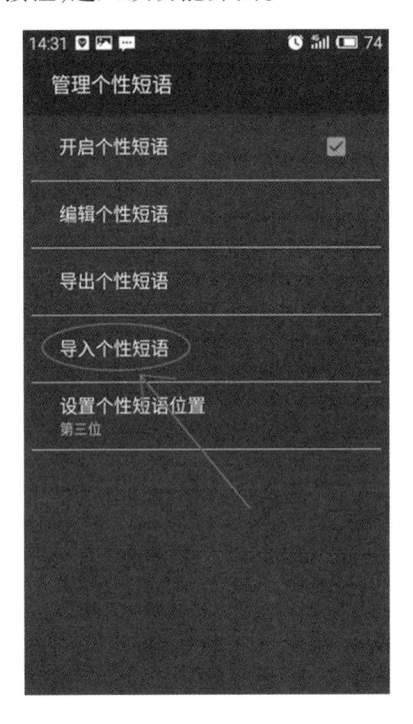

6. 找到并点击文件"伝语.ini",开始导入伝字的手机字库。

7. 等导入成功后,点击"确定"。

8. 导入成功后,系统会自动回到"管理个性短语"界面,点击"设置个性短语位置"。

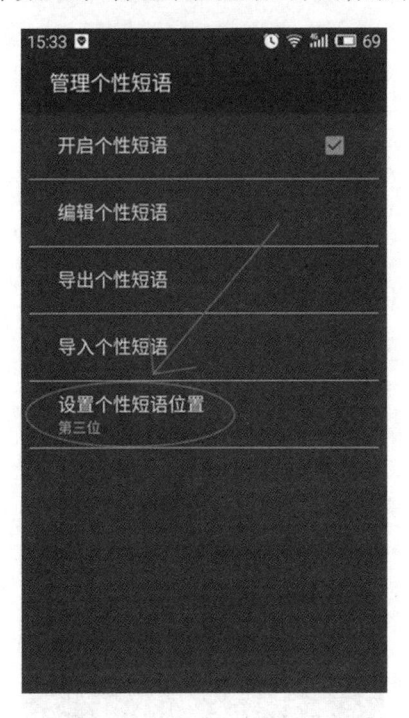

9. 在"选择个性短语展现位置"选择"第一位(置于首选位置)"。

10. 选择完"第一位(置于首选位置)"后,系统会自动回到"管理个性短语"界面,安装完毕。

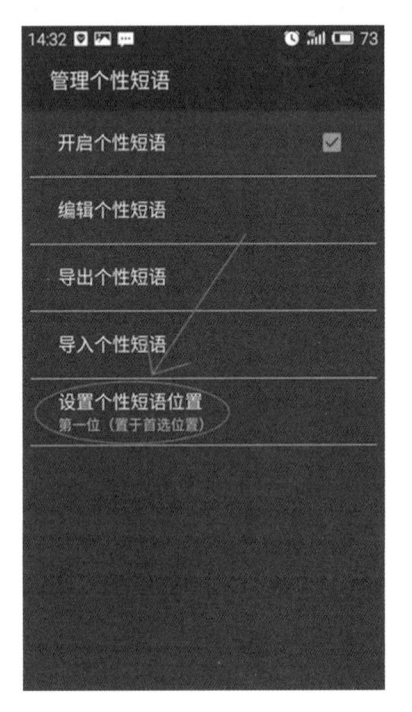

11. 安装完毕后,打开文字输入的页面,如记事本、QQ 对话框等,选择中文输入,便可以输入伝字了。

12. 由于手机输入的界面有限,手机输入的伝字皆为小写体,大写体的只有伝语字母。因此,要输入大写体的伝字,需要逐个输入。另外,伝语手机输入为全拼输入,如:输入"uöi"字,需按顺序点击"u""o"和"i"三个字母,然后在文字候选栏点选"uöi"。

三、没有伝语输入法软件,但又要用手机和电脑进行输入时,可以采用如下方式

汉字:今天多赚了 10 块钱。
骨字:家日赚多 10 銀纸。
伝字:Ga já câng do 10 mein zĭz.
手机或电脑输入:ga ja7 cang4 do(10)mein ziz5.

输入规律:
1. 伝字后面标上数字来表示对应的声调,如第二声就在伝字后面标上"2",第一声则可省略不写;声调标在伝字后面,如"ziz5"。
2. 表示数字时,加上括号,如"(10)",以避免将数字当声调。
3. 合音输入,如:在手机或电脑输入 zuä-j 时,可写为"zua6-j"。

231

录音说明

一、本录音的语音、生词部分读两遍，会话、阅读部分读一遍。其中，男声为伝语（吴川话）发音，女声为普通话发音。

二、本录音采取"男声伝语，女声普通话"的方式进行阅读，原因有三个。

1. 伝语的音律在《伝语（吴川话）基础语音教程》中被完全解析，这在伝语研究史上属于第一次，且伝字为作者独创，因此短时间内无法找到一位完全通晓伝语音律和伝字的女声人选，以至于暂无法采用"男女声交替阅读"的方式。

2. 采用"男声伝语，女声普通话"的阅读方式，让大家可以对照普通话来学习伝语，从而降低学习伝语的难度，尤其适合伝语的初学者。

3. 采用"男声伝语，女声普通话"的阅读方式，更有利于将伝语推广到全国范围，让更多的人一起了解、学习、研究、保护和推广伝语。

三、由于作者不熟悉音响设备和录音器材，录音存在声音音量变化较大等情况。

1. 音量有时候很大，有时候很小。

2. 男声和女声的音量大小相差较大。

3. 存在噪声或回声等问题。

4. 由于存在上述问题，请大家采取适当的播放器播放，最好使用影音播放器，避免使用音乐播放器。

四、不便之处，请大家海涵。同时，希望广大熟悉音响设备和录音器材的伝语支持者能够对本文录音进行重录，以供大家共同学习。

统计说明

  为了最大限度地秉持伝语本位主义,同时又不至于人为地割裂伝字与汉字的联系,作者放弃了方案二,转用方案三,根据伝语的独特性以及吴川人的文字使用习惯,融合国际音标、越南语与汉字,创造出一套全新的、适合吴川人使用的文字系统。

  因此,除了口语字以外,其余伝字皆是根据汉字的伝语读音而设立。为避免受个人主观偏好的影响,作者引入了统计学原理来收录汉字的伝语读音。

  统计方案如下:

一、样本容量,共50人

1. 分组

根据客观情况,共分三组:

第一组:中老年人,45岁及以上,合计20人;

第二组:高中及以上学历的青年,18至35岁,合计20人;

第三组:初中及以下学历的青年,18至35岁,合计10人。

2. 分组依据

(1)中老年人代表着伝语的传统读音,是伝语的过去和根本,因此占据40%的比重。

(2)青年是伝语发展的未来,决定伝语未来的命运,因此占据60%的比重。

(3)受益于教育的普及,吴川人的受教育水平得到了较大的提升,因此高中及其以上学历的青年占据总体40%的比重,初中及其以下学历的青年占据总体20%的比重。

二、调查方式

1. 由于人力和财力匮乏,作者采用非全面调查,对使用频率较低但又不得不纳入字典的汉字进行调查与收录。

2. 根据吴川人的汉字使用习惯,先辨形,后辨音。

(1)辨形法。在不说明普通话读音的情况下,请受访者念出指定汉字的伝语读音,然后为其提供两至五个词组,请其念出指定词组的伝语读音。

(2)辨音法。辨形后,告诉受访者普通话读音,然后请其念出指定汉字的伝语读音。

(3)选择法。根据辨音法和辨形法,作者预先设立4个读音,其中2个来源于辨形法,2个来源于辨音法,请受访者选择。对于多音字,每个普通话读音各预设4个伝语读音。

三、整理分析

1. 每读对一个汉字,得2分。如果该汉字有多个伝语读音,则每个读音平分其得分。读不出或无法确定得0分。因此,辨形法、辨音法和选择法的分值均为0—100分。

2. 每个人的权重一致,为1:1,即个人不存在权重问题。

3. 辨形法的权重为40%,辨音法的权重为30%,选择法的权重为30%。

四、确定读音

1. 一般而言,最高分值的读音被收录为伝字。

2. 单音字和多音字一样遵循上述流程(单音字和多音字指的是汉字的普通话读音)。

3. 若第二分值÷第一分值≥60%,设立伝读和汉读,或者以词组为依据设立多个伝字。该设定的指定对象为单音字,以及多音字的某一读音。

4. 若多音字的第二分值÷第一分值<60%,则将其读音合并,并以此类推。如:"焘"的普通话读音分别为｛tāo｝和｛dào｝,由于第二分值÷第一分值=32%<60%,因此,"焘"对应的伝字为"tuaobb"。

5. 最后,作者根据实际情况进行调整。如"沉瀣一气"中的"沉"字,按照辨形法,当与"坑"同音;按照辨音法,当与"汗"同音;若综合考虑辨形法和辨音法,当与"杭"同音。作者根据实际情况,最终采用"杭"音,因此"沉"对应的伝字为"hūngbb"。

五、优点

1. 避免作者因主观偏好设立读音,防止以自己的个人读音来设定伝语读音。

2. 采用统计学原理确定伝语读音,具有一定的科学性。语言本就是人类进行沟通交流的表达方式,因此其读音往往是"人多说了算"。

六、瑕疵

1. 作者虽曾考虑扩大样本容量,或调整分组结构进行对比分析,但由于人力和财力匮乏,最终只能作罢。

2. 由于人力和财力匮乏,作者无法将调查深入到各个年龄段。

3. 由于人力和财力匮乏,作者仅将部分汉字纳入调查范围,没有对所有汉字都进行调查。

4. 受访者多为作者亲友,其中以吴阳镇人为主,少数为黄坡镇人。虽然此两地为吴川话的核心地区,但难免有一定的局限性。

伝语的危机

一、使用人口较少

伝语的使用人口共计 100 万人左右，且不少青少年已经偏向使用普通话或广府白话。

二、缺乏危机意识

吴川经济能力较弱，人民群众承担着养家糊口的巨大压力，几乎没有人意识到伝语正面临着消亡的危机。

三、认同感和自豪感缺失

吴川青少年对家乡话缺乏了解，且即便有兴趣，也很难找到相关资料，导致有些青少年认为伝语是一门很土很落后的语言。

四、缺乏本土学者，以及发声渠道

在本书出版的过程中，作者先后请教了多所大学语言学和方言方面的教授和专家，竟发现他们无一人会说伝语！

这件事深深地刺痛了作者的心，长久以来，吴川人缺乏本土学者以及发声渠道，导致伝语由不会说伝语的专家学者来定义，以致于出现了伝语被划入"粤语吴化片"，甚至被划入"粤语高阳片"这种情况。而从历史、血统和语言自身的角度出发，伝语的"近亲"应为桂南平话。

这也是作者一直秉持伝语本位主义的根本原因——伝语应该由会说伝语的吴川人来定义。

五、缺乏资金支持，以及专业的保护团队

这些年来，作者一直"孤军奋战"，深知没有资金支持和团队合作，保护家乡话比登天还难。

作者曾脱产两年，苦心研究八年，耗尽全部积蓄，但成效甚微。因为没有资金支持，很多推广活动根本无法展开。没有团队合作，很难调动广大人民群众保护伝语的热情，更难以激发吴川人进行文化创新的热情。

此五点，为伝语保护和推广道路上的拦路虎，需全体吴川人的共同努力方能克服！

作者寄语

与每一位吴川人一样,作者也曾渴望发财致富,娶妻生子,过平凡美好的一生,从未想过自己会走上保护伝语这条艰难而伟大的道路。

大学期间,曾多次遇到不愿意说伝语,甚至以说伝语为耻的家乡青年,内心不禁悲痛。

2013年,出于对家乡的热爱,以及对家乡话日渐消亡的忧虑,作者决定投身到伝语保护事业中去。为提高吴川人,尤其是广大吴川青年对伝语的认同感与自豪感,作者深入研究伝语,以唤起人们保护家乡话的热情。

在保护伝语的过程中,作者切身体会到,伝语保护事业伟大而艰巨,绝非能以一人之力扭转乾坤。它需要每一位吴川人,尤其是每一位吴川青年的共同努力,只有这样,才能让伝语摆脱消亡的命运。

为了研究、保护和推广伝语,作者奔波劳累,历时八年,耗尽积蓄,深感个人力量之渺小;也曾寻求过各大商会、各级政府部门,甚至国家教育部、国家语保工程的帮助,但最终结果依然是不了了之。

同时,作者也曾亲身感受过广州人对保护家乡话的热情,深知群体力量之伟大。

因此,作者希望:

每一位吴川人,尤其是吴川青年,以说伝语为荣。因为只有团结起来,伝语才能重获生机!

另外,对于曾以说伝语为耻的人,现在请以说伝语为荣吧——全世界共有5000多种语言,其中拥有文字的寥寥无几,而现在我们的家乡话终于拥有了属于自己的完整的文字体系!

以说家乡话为荣吧!让我们一起来保护家乡话!

作品说明及意见收集

一、主要内容
1. 伝语(吴川话)的语音基础,包括其发音音素、拼读方式等。
2. 伝语的日常会话,包括问候语、时间表达、购物、教育等方面的会话。
3. 伝语阅读,包括古诗词和现代文阅读等。
4. 伝语(吴川话)字典,共收录了5700多个伝字,其中常用伝字4700多个。

二、创作过程
2013年,出于对家乡的热爱,以及对家乡话日渐消亡的忧虑,作者独自创立了伝语书写系统——伝字,随后又以常用伝字和汉字为基础,编撰出《伝语(吴川话)字典》,之后又编撰了伝语教程——《伝语(吴川话)基础语音教程》,以唤起人们保护伝语的热情。

三、独创之处
伝字的创立,以及《伝语(吴川话)字典》的诞生,彻底结束了伝语没有自己的文字,而只能转用汉字的历史;有效地解决了汉字不能充分、真实地记录伝语的缺陷。
《伝语(吴川话)基础语音教程》是吴川史上第一部伝语专业教程,全方位地展示了伝语的特性。

四、意见收集
由于时间和水平有限,书中难免存在不妥之处。另外,本书历时多年,先后根据吴川人的文字使用习惯,推翻重来,大小修改不止百次,难免存在错误。
欢迎广大读者提出宝贵意见,以便再版时进行修正。
电子邮箱:likangmao12345@163.com

另附:("方案二"仅供参考,伝字以《伝语(吴川话)字典》为准)

方案二架构下的伝字

伝字"方案二"和"方案三"的异同

方案异同	方案二		方案三(最终采用版)	
	形一	形二		
韵母	ap、am	apb、amb	ap、am	原形+标形字母
	a'p、a'm	a'pb、a'mb	a'p、a'm	原形+标形字母
	op、om	opb、omb	op、om	原形+标形字母
	iap、iam	iapb、iamb	ep、em	原形+标形字母
	ip、im	ipb、imb	ip、im	原形+标形字母
	uap、uam	uapb、uamb	up、um	原形+标形字母
	at、eit、ut	att、eitt、utt	at、eit、ut	原形+标形字母
	iao	iaoh	eu	原形+标形字母
	iang	iangh	eng	原形+标形字母
	a'ng	a'ngh	a'ng	原形+标形字母
	uang	uangh	ung	原形+标形字母
	其他	原形+h	其他	原形+标形字母
声母	ng		v	
	nh		j	
	sl		s	
	gw		q	
	kw		r	
	其他		其他	
化学元素	形一标注金属元素,形二标注非金属元素,用伝语重新命名同音元素。		既区分金属与非金属,也区分固、液、气三态——混标。	
备注 (拼音方案)	1. "a'p、a'm、a'ng"的拼音方案为"ʌp、ʌm、ʌng"。 2. 其他音素的拼音方案,与方案二中的"形一"相同。			

在伝字创造的过程中,作者阿茂儿拟定了三套方案,其中,第一套为拼音方案,第二和第三套为文字方案。

方案一在最开始的时候便被作者否决,因为作者一贯将伝语定位为语言,而非方言,若采用拼音方案,则意味着承认伝语只是汉语方言下的一个小分支,这与作者所坚持的"伝语本位主义"相冲突。

　　方案二是作者最喜欢的一套文字架构,因为单纯从伝语自身的角度出发,方案二是一套几乎完美的伝字构想,它从根本上遵从了"伝语本位主义"。其实,无论从学术角度,抑或是伝语的本质来看,方案二都是一套完全忠实于伝语的文字方案,中间没有任何向现实妥协的成分。另外,由于伝语音素和声调较多,方案二很少同音异义词,因此在有效区分同音字的前提下,伝字的数量也只有 2000 个左右,简单易学。

　　方案二以词组为基本单元,在此基础上,只要避免产生歧义词便可,如:dīng——碘、典、腆、剪——碘酒、词典、腼腆、铰剪,这些词组并不会产生歧义,故将"碘、典、腆、剪"并为一个字;又如:dǒng——懂、董——懂事、董事,在伝语中,这类词汇虽然读音相同,但并不会产生歧义,故"懂、董"也被并为一个字。但类似于"因为"和"恩惠"这类的词语,由于容易产生歧义,故"因"和"恩"被拆分为两个字。

　　不过,由于方案二过分强调忠于伝语的自身特点,削弱了伝字与汉字的联系,并不是很符合吴川人的文字使用习惯,毕竟吴川人早已习惯汉字,且伝语没有官方地位,不能像越南语或普通话那样强力推行。

　　因此,经过深入考虑,作者最终决定采用方案三,让伝字与汉字尽可能一一对应。采用方案三,是一种对现实的妥协。不过,作者还是给伝字预留了空间——倘若有一天,伝语获得了官方地位,届时再由吴川人共同决定采用方案二或者方案三。作者由衷地希望有一天,伝字不再与汉字进行捆绑,从而发展出自己的特色。

注释:
1. 方案二不区分普通元音和弱元音,而是将弱元音视为语境变调。
2. 方案二中的儿化音标识为"-n",即"nhi(儿)"的首字母,而非方案三中的"-j"。
3. 由于方案二被无奈放弃,作者也没有花太多的心思去校对,因此内容可能会有错漏,敬请谅解。
4. 方案二仅供参考,伝字以《伝语(吴川话)字典》为准。

方案二架构下的伝语字典

A

a	阿、啊、亚、屙、鸦、丫
ā	阿、啊、一
â	啊
ã	哑、亚、啊(ã-x)
ä	压、押、扼、厄、遏
äh	握、呃
à	阿、啊、扼、一
ả	阿
ao	凹{āo}
âo	袄、坳
ão	朽、拗
äo	坳、拗、窖
ai	唉、埃、挨、哎
ãi	矮
äi	蔼、霭、隘
au	殴、区{ōu}、瓯
auh	欧、鸥
ãu	呕
äu	沤、怄
äp	鸭、押
ang	盎、莺
äng	晏、宴
ây	口语,ây zây,不舒服
äy	翳,如:闭翳,不吉利、苦恼
ā'p	口语 ①贴,倒贴 ②给
â'm	口语 ①婴儿进食 ②肿 â'm â'm,肿
ã'm	口语,遮住,盖住
ä'm	口语,轻按
a'ng	①因、茵、姻,如:因为 ②口语,讲 a'ng gū,指婴儿咿呀学语

240

(方案二仅供参考,伝字以《伝语(吴川话)字典》为准)

a'ngh	恩、殷,如:恩惠
ã'ng	隐
ä'ng	印

O

o	阿、啊、哦、屙、婀
ō	哦
ô	哦
ö	喔
ò	屋、幹
ou	乌、污、钨、坞、噢
õu-x	噢
öu	恶{wù}、懊、噢、澳、奥
ong	翁、雍
õng	拥、臃
öng	瓮、蕹

E

e	娾(嬰娾,婴儿,小孩子)
ê	口语 ①语声词 ②ê e,小孩,亦可作动词,指背小孩 ③小孩的大便
ẽ	口语 ①哭声 ②乞求声
ei	医、伊、咿、哎、依、铱、衣、于
êi	哎
ẽi	椅、淤、倚、咿(ẽi-x)
ëi	意、噫、臆、哎
èit	亿、忆、谥
èitt	抑、益
ein	英、樱、应{yīng}、婴、
einh	鹰、缨
ěin	口语,ěin uǎng,雨后蛙鸣声
ẽin	影、映
ëin	应{yìng}

I

i	口语,象声词,i e e,烦人(声)

ĩ-x	咦
ï	乙、噫、噎
ỉ	噎
iä	约、籺(实为"米乙"的合字)
iao	口语,同"叫" ①呼喊 ②召唤
ião	口语,用手折断东西
iāp	口语,下垂
iäp	口语,下垂
iang	央、殃、鸯、秧
iâng	口语 ①理会 ②到,去
iãng	映
iu	要{yāo}、夭、妖、邀
iuh	腰
ĩu	夭
ïu	要{yào}
ïp	腌
im	俺
imb	阉
ĩm	淹、掩、堰、奄
ïm	厌
ing	燕{yān}、焉、蔫、咽、烟
ïng	燕{yàn}、宴

U

u	呜
ũ-x	呜
uä	恶{ě}、恶{è}、褐
uả	口语 ①象声词,呕吐声 ②呕吐
uäp	口语 ①容量单位:合 ②做,如:uäp 酒糟
uam	庵
uäm	暗
uoi	哀、嗳
uöi	爱
ui	煨
üt	口语 ①象声词 ②呛到水

(方案二仅供参考,伝字以《伝语(吴川话)字典》为准)

ùt	口语,象声词,吞水声
ũn	碗、豌、宛、婉
ũnh	腕、惋
uang	安、氨、胺、鞍
uǎng	口语,ěin uǎng,雨后蛙鸣声
uäng	按、案

B

ba	爸、芭、叭
bah	疤、笆、巴、吧{bā}
bâ	爸
bã	把、靶
bä	八、捌、陌、伯、坝
bäh	百、佰、柏、霸
bà	不、北
bàh	毕、笔
bå	口语 ①象声词 ②bå筒,一种竹制儿童玩具
bao	包、苞、鲍、胞
bâo	口语 ①风气 bâo bâo,蛮横 ②烘 bâo bâo,炎热 ③走 bî bâo
bão	饱
bäo	爆、豹
bai	拜(bai bǎi,再见)、掰
bǎi	拜(bai bǎi,再见)
bäi	摆
bài	拜{bài}、湃
bau	褒、坢
bang	班、颁、扳、斑
bāng	板、版、扮
bäng	扮
bay	跛
bäy	闭、蔽
ba'ng	奔、崩、濒、乒、蹦、绷、滨、膑
ba'ngh	斌、宾、彬
bâ'ng	口语,背靠着
bã'ng	禀

243

bä'ng	口语,平坦
bo	波、玻、菠
bö	播、簸{bǒ}
bò	卜、讣
bou	哺、脯
bõu	补
böu	布、怖
böp	口语 ①象声词 ②摔跤
bom	泵
bôm	嘭
bông	口语,量词,捆、把
bõng	捧
be	啤、枝(木枝)
bẽ	口语 ①象声词,哭声 ②bẽ 鼻,塌鼻子 ③guäp(蛤)bẽ,青蛙
bë	口语 ①背负,肩扛着 ②bë 祖,高祖 ③玄孙
bei	稗、碑、卑、蓖、悲
bẽi	比
bëi	秘、匕、臂、痹、泌
bèit	逼、碧、壁
bein	兵、乒
beinh	冰
běin	口语,běin buǎng ①打锣声 ②死亡
bẽin	饼、丙、秉、炳
bëin	并(合并)、柄
bi	①bi 超,"B 超"的转写 ②bî bi,婴儿,英语"baby"的转读
bî	①走 bî bâo,拼命奔跑 ②bî bi,婴儿,英语"baby"的转读
bï	敝、鳖、憋、必
biä	瘪
biǎ	口语,指身体受损或病变而产生的水泡
biâng	口语,闲逛,乱逛
biãng	扁、匾
biu	表(钟表)、标、彪
bĩu	表,"表(biu)"除外
bing	边
bingh	辫、鞭

（方案二仅供参考，伩字以《伩语（吴川话）字典》为准）

bǐng	贬、砭
bïng	变、遍
bu	晡 ①晡奶，父母的姐姐 ②晡爹，父母的姐夫
buä	博、搏、膊、驳
buao	煲
buão	宝、堡、保
buäo	报
buang	帮、梆、邦
buǎng	口语，běin buǎng ①打锣声 ②死亡
buãng	榜、膀{bǎng}、绑、谤
bui	杯
buï	辈、狈
buïh	背、钡、贝
büt	拨、脖、勃、渤、抹{mò}、钵、簸{bò}
bun	搬、般、奔、锛（锛头，锄头）
būn	本、苯
bün	半

P

pa	趴、吧
pā	爬、扒、耙、琶
pâ	吧{ba}、罢
pä	白、跋、箔、泊、拔、魄、铂、拍
päh	怕、粕、迫、啪、帛、帕、舶
pá	卜
på	啪
pao	抛、泡、咆、雹、脬
pāo	刨
pão	跑
päo	炮
pai	派 ①派头，气势，架势 ②西式食物
pāi	排、牌、徘
pâi	败
pāi	派
pāu	口语，流流 pāu pāu，吊儿郎当

245

pău	剖
pang	攀、烹
pāng	爬、澎、膨、棚
pāngh	彭、鹏
păng	棒、蚌
pâng	棒(厉害)、瓣、扮、淖、办
päng	盼
pay	批
pây	币、弊、陛、毙
pā'ng	朋、硼
pā'ngh	贫、频、凭
pâ'ng	笨
pă'ng	品
pä'ng	喷
po	①坡 ②口语,同"棵"
pō	婆、菩(菩萨)
pô	口语,同"棵";量词,用于植物
põ	颇
pö	破
pò	扑
pou	铺{pū}
pōu	葡、菩(菩提)、蒲
pŏu	簿
pôu	捕、步、埠、部
põu	普、甫、莆、谱、埔(黄埔)、浦、圃
pöu	铺{pù}、埔"埔(põu)"除外
pöp	口语 ①象声词 ②摔跤
pôm	嘭
pong	口语 ①冲动 ②白 pong pong,白
pōng	篷
pŏng	口语,沸腾,翻滚
pöng	碰
pe	口语,扑克牌、呸
pě	口语 ①坍塌 ②破罐子破摔
pê	呗(呗婴,怀孕)

（方案二仅供参考，伝字以《伝语（吴川话）字典》为准）

pei	呸、砒、披、疲
pēi	皮、琵
pēih	毗、疲、脾
pěi	被（被子、遮覆）
pêi	被（被动）、惫、避、备、鼻
pẽi	彼、鄙、否{pǐ}
pëi	屁、庇
pèit	僻、辟、譬、劈、霹
pein	拚、砰
pēin	平、萍、评、抨、瓶、苹、屏、坪
pěin	并（并且）、摈
pêin	病
pëin	聘、姘
pi	①用软件修改图片 ②pi xä，比萨
pï	别、撇、瞥
piä	口语 ①前往，贬义词 ②象声词
piǎ	啪
piâo	龅
piang	篇
piāng	口语，旱田，旱地
piǎng	口语，象声词，打锣声
piãng	爿
piäng	片
piu	飘、漂
pīu	嫖、膘、瓢、朴{piáo}
pïu	票
ping	编、偏
pîng	便、卞、辩、辫、辨
pïng	骗、遍
pû	噗
pü	口语，象声词，pü lö pä，摔跤声
puä	薄、扑、仆、朴{pō}、朴{pò}、朴{pǔ}、璞
puāo	袍
puǎo	抱
puâo	爆、暴、瀑、曝

247

puāng	庞、傍、旁、膀{páng}
puǎng	口语,pěin puǎng ①打锣声 ②死亡
puâng	磅{bàng}、镑
pui	胚、坯
puī	陪、焙、涪、裴
puīh	赔、培、徘
puǐ	倍
puî	口语 ①左边,如:puî 手 ②糊,如:粥 puî ③听觉不灵,如:耳 puî
puï	配、佩、沛
püt	泼
pun	潘、番{pān}
pūn	盘、磐、盆
pǔn	拌、伴、畔、胖
pǔnh	叛、判、绊
pûn	拌
pün	口语 ①拼命,拼了 ②pün pě,破罐子破摔

M

ṃ	呣
ma	妈、吗{ma}、吗{má}、马(马虎)
mā	嘛、麻
mǎ	马、吗{mǎ}
mǎh	蚂、码、玛
mâ	妈、嘛、骂
mā	妈 ①妈妈 ②对女性长辈的昵称
mä	麦、抹{mā}
mäh	脉、袜
má	物、密、蜜
máh	默、勿、墨
mà	乜
māo	矛、茅、锚
mǎo	卯、铆、亩
mâo	貌
māi	埋、霾
mǎi	买

（方案二仅供参考，伝字以《伝语（吴川话）字典》为准）

mâi	买
mâih	卖、迈
mau	踎、痞
māu	谋、牟、眸
mâu	茂、贸、牡、谬、某
mang	口语，同"扶"
māng	盲、蛮
mǎng	晚、孟、猛、锰
mâng	万、慢、漫、蔓、馒、曼、谩
mãng	蜢
may	米
māy	迷、醚、谜
mǎy	米
mây	口语，知 mây，清楚规则
mäy	睐 ①睡着 ②眼睐，犯困
ma'ng	蚊、焖
mā'ng	文、盟、闻、纹、民
mǎ'ng	吻、皿、敏、悯、抿、闽
mâ'ng	问
mä'ng	口语，拉、拔
mo	摸、么、摩、魔
mō	磨{mó}
mǒ	口语，疑问词，如同"不"放句尾
mô	磨{mò}、蘑
mö	口语，坐，贬义词
mó	木、穆
móh	目、牧
mou	巫、摹、模、诬
mōu	无、芜、模
mǒu	无、拇、毋
mǒuh	舞、武、姆、母
môu	慕、募、戊、墓、雾、务、暮
mõu	口语 ①争斗 ②打架
mom	口语，儿童用语 ①米汤 ②饮品
mong	蒙、檬

249

mōng	蒙
môngˇ	梦
mǒng	懵
möng	口语,秸杆,如:禾稿 möng
me	咩
mẽ	口语 ①象声词,哭声 ②歪斜
mei	尾
mēi	眉、糜、靡、媚、微
měi	美、镁、尾
mêi	未、味、昧、寐
mëi	口语 ①潜水 ②谷头 mëi,翠鸟
méit	觅、汨
mèit	幂
mein	鋂(元、披、盖、枚)
mēin	明(闻)、名、萌、铭、螟、鸣
mêin	命
mi	咪
mï	灭、蔑、篾
mià	口语,掰开,剥开
miao	猫、喵
miāo	口语 ①毛 ②长得像毛一样的菌类群落 ③采用不正当的手段
miu	描、瞄
mīu	苗
mîu	妙、庙
mīu	秒、藐、渺
ming	口语,碳水化合物因淀粉多而蓬松
mīng	眠
mīngh	棉、绵
mǐng	免、勉
mǐngh	娩、缅、冕
mîng	面
muä	莫、寞、膜、漠、幕
muäh	剥、阁、蟆
muāo	毛
muǎo	口语,无、不;如:muǎo 是

（方案二仅供参考，伝字以《伝语（吴川话）字典》为准）

muâo	冒、帽
muang	芒
muāng	芒、茫、氓、亡、忙、忘
muǎng	网、莽、妄
muâng	望
muāng	口语，水 muāng muāng，一片汪洋
mui	妹、枚
muī	梅、媒、酶
muīh	霉、煤、玫
muǐ	每
muî	妹
muī	口语 ①争斗，抗争 ②打架
müt	没、抹{mǒ}、沫、末
mun	口语，披上
mūn	门、们、瞒
mǔn	满、懑
mûn	闷

F

fa	花
fä	发、罚、珐、筏、阀、法
fäh	伐、乏、化
fá	佛、氟、弗
fà	沸、忽
fàh	拂、惚
fäi	块、筷、快
fāu	浮
fãu	否{fǒu}
fang	番{fān}、藩、翻、蕃{fān}、蕃{bō}
fāng	凡、帆、烦、矾、繁、樊、蕃{fán}
fâng	饭、犯、范
fãng	反、返
fäng	贩、泛
fay	挥、辉、亏、徽
fäy	费、卉、蔚、慰、尉

251

fa'ng	分{fēn}、芬、荤、昏、酚、吩、纷
fa'ngh	婚、熏、氛、薰、勋
fā'ng	焚、汾、坟
fǎ'ng	口语,乱花钱
fâ'ng	分{fèn}、愤、份、忿
fā'ng	粉
fä'ng	奋、愤、畚、训、粪
fo	科
fõ	火、伙
fö	棵、货、颗、课
fó	服、伏、袱
fò	福、辐、腹、幅、复、覆
fong	丰、封、疯、枫、蜂、锋
fongh	烽、风、峰
fōng	逢、蓬、冯、缝
fông	奉、凤
fõng	讽
fe	啡 ①鸡啡,哨子 ②ke le fe,跑龙套,无足轻重 ③咖啡 ④吗啡
fê	射
fei	飞
feih	菲、非、霏
fēi	肥
fêi	吠
fěi	匪、诽
fëi	费、肺、废
fèit	口语 ①翘起来 ②屎 fèit,屁股
fein	兄
fêin	口语,游荡
fëin	口语 ①磨损、破损 ②红 fëin fëin,红彤彤(的),血红(的)
fi	血
fiä	口语,象声词,哭泣声,流涕声
fiang	①朋友,友好,英语"friend"的转读 ②翻、翻开,如:嘴 fiang fiang
fīng	犬
fǐng	劝
fu	夫、敷

（方案二仅供参考，伝字以《伝语（吴川话）字典》为准）

fuh	肤、呼、孵、俘、枯、虎（马虎）
fū	湖、胡、扶、蝴、符、葫、糊
fūh	壶、弧、瑚、乎、狐
fǔ	妇、抚、武、沪、户
fû	父、附、付、护、互
fûh	赴、傅、腐、咐、阜、辅、负
fū	府、苦、腑、虎、浒
fūh	斧、唬、俯、釜
fù	富、赋、库
fùh	绔、副、裤
fuä	缚、霍
fuang	方、坊、荒、谎、芳
fuangh	慌、肪、育
fuāng	房、妨、防
fuāng	仿、访、纺、恍、幌、晃
fuäng	放、况

D

da	打
dǎ	①语声词 ②di dǎ, 唢呐
dā	打
dä	嗒
dà	得、瘁、卒
dàh	则、即、德
dǎ	唧
dao	叨
dāi	歹
däi	带、戴
dau	兜、诌、邹
dâu	口语，发 ngâu dâu, 发呆
dāu	斗{dǒu}、抖、陡、走、纠、酒
däu	斗{dòu}、凑、骤、揍、奏
däp	搭、洽、答、瘩、恰
dam	担{dān}、耽、叼、缄
dām	胆

253

däm	担{dàn}
dang	单{dān}、丹、殚
dāng	攒
däng	赞、诞、旦
day	弟、剂、挤、低
dây	弟
dãy	仔、抵、济、底
däy	帝、蒂、祭、缔、际
dā'p	口语 ①拉、握 ②下垂 ③将,把
dä'p	跢
da'm	口语,da'm 堆,煎堆
dâ'm	口语,同"踏",踩踏
dā'm	口语 ①击打,殴打 ②打水
dä'm	怎、浸
da'ng	曾{zēng}、登、蹬、增、瞪、津、甄、吨、僧、敦、憎、遵、墩、灯、蹭
dă'ng	口语,踢,踹
dâ'ng	蹲
dā'ng	等、顿、趸、攒
dä'ng	进、凳、炖、扽
do	多、哆
dõ	左、佐
dò	足、督、促
dou	都{dū}、都{dōu}、租
dõu	堵、赌、睹、祖
döu	做、妒
dop	口语 ①象声词 ②悠哉悠哉地走
döp	口语 ①象声词 ②悠哉悠哉地走
dôm	口语,象声词
dong	东、纵、鬃、棕
dongh	冬、综、宗、踪
dông	栋、幢
dõng	懂、董、总
döng	冻、粽
de	爹
dē	口语,同"掂"

(方案二仅供参考,伝字以《伝语(吴川话)字典》为准)

dê	嗲
dē	朵、垛、嗲、躲、姐、跺
dë	借
dě	口语,di dě dě,dǐ dě dě,烦人(声)
dei	咨、兹、孜、资、淄、滋、姿
dēi	口语 ①伸、伸出 ②送给,送礼 ③放,放在
děi	子、籽
děih	姊、紫
dèi	口语 ①蚊虫叮咬 ②稀 dèi,潮湿
dèit	的、脊、滴、绩、渍
dèitt	积、嫡、迹
dein	精、叮、盯、晶、丁、汀、钉、睛
děin	顶、井、鼎
dèin	口语 ①扔,砸 ②晾干
di	口语 ①语声词 ②di dǎ,唢呐 ③di de de,烦人(声)
dǐ	口语,摩托车、汽车鸣笛声
dǐ	跌、截、节、掷
dǐ	口语 ①象声词 ②响,响一下,如:dǐ à dǐ 我电话 ③肥 dǐ dǐ,胖嘟嘟
diä	口语 ①吼叫、喝止 ②恨跌 diä,喊砍喊杀 ③疼痛
dià	口语,同"掐"
diǎ	口语,吼叫
diao	屌
diâo	汋
diäo	口语,下垂
diap	嚼
diāp	爵
diäp	口语,下垂
diam	口语 ①尖锐物品 ②用尖锐物品戳刺,如:diam 猪
diang	将{jiāng}、浆
diāng	奖、蒋、桨
diäng	将{jiàng}、酱
diu	丢、雕、焦、椒、凋
diuh	瞧、礁、碉、蕉、刁
dǖu	貪
dǜu	吊、钓

255

dïp	接
dim	尖
dîm	掂
dĭm	点
dïm	店、惦
ding	颠、滇、癫
dingh	煎
dĭng	碘、典、腆、剪
dïng	箭、荐
du	嘟
dŭ	口语,象声词,di dŭ dŭ,杂乱的脚步声
duä	昨、琢、啄
duäh	作、柞
duǎ	剁
duao	刀、叨
duaoh	糟、遭
duão	早、枣
duãoh	捣、倒、岛
duäo	到、灶
duang	当{dāng}
duãng	挡、党、档、裆
duäng	当{dàng}、葬、档
duoi	栽、灾、哉
duõi	宰、淬
duöi	再、载
dui	堆
duĭ	嘴、沮、咀
duï	对、醉、兑、最
dŭt	嘟
dun	蹲、樽、端、尊、钻
dūn	短
dün	钻、断

T

ta	他、她、它、挞

(方案二仅供参考,伝字以《伝语(吴川话)字典》为准)

tâ	口语,语气词
tä	达、甴、擦、挞
tá	贼、疾、突、凸、忑、特
tà	七、柒、漆
tai	领带,英语"tie"的转读
tâi	大、第
täi	太、酞、贷、傣、态、泰、汰
tau	秋、偷
tāu	头、投
tâu	就、痘、宙
tâuh	袖、逗、豆
tāu	口语,歇息
täu	透
täp	塔、塌、踏、蹋、杂
tam	参{cān}、参{cēn}、贪
tām	谈、谭、痰、檀、坛、潭、蚕
tǎm	淡
tǎmb	氮
tâm	淡(淡定)、罩
tām	惨
täm	探
tang	餐、坍、摊、瘫、滩
tāng	弹{tán}、惭、残
tâng	弹{dàn}、蛋、惮、但
tǎng	坦、毯、袒、灿、忐
täng	叹、碳、炭
tay	妻、锑
tayh	凄、栖、梯
tāy	齐、堤、嚏、蹄、提、啼、题
tǎy	弟
tây	第、逮、递、隶
tāy	体、睇
täy	替、涕、剃、砌
tā'p	缉、辑、揖
tǎ'p	习、袭、集

257

ta'm	侵
tā'm	寻
ta'ng	亲、吞
tā'ng	层、曾{céng}、询、殉、绚、秦、循、藤、疼、旬、腾、巡
tâ'ng	尽、钝、邓、烬
tâ'ngh	遁、盾、赠
tä'ng	口语 ①移动 ②挤出 ③量词，层、代、批、群 ④tä'ng 骨，身体长高
to	拖
tō	舵、秃、鸵
tōh	驮、陀、驼
tǒ	椭、妥、挫、唾
tô	惰、堕
tö	错
tó	读、毒、犊、续、渎、逐
tóh	族、牍、俗、独
tou	粗
tōu	图、徒、途、屠、涂
tǒu	肚
tôu	渡、镀、度、杜
tōu	取、土、娶
töu	醋
töuh	吐、兔
tong	聪、葱、囱、匆、涌{chōng}、通、统
tōng	从、同、筒、铜、瞳、童、桐、彤
tōngh	松、丛、酮
tǒng	动
tông	动、洞、诵、侗、颂、恫、讼
tõng	统、捅、桶
töng	痛、疼
tē	斜、邪、砣
tě	坐
tê	座、谢、惰
të	斜
tei	趋、蛆
tēi	词、瓷、慈、脐

(方案二仅供参考,伝字以《伝语(吴川话)字典》为准）

tēih	磁、徐、辞、嗣
těi	巳
têi	地、自、饲、序、聚
têih	字、似、叙、寺
tēi	取、此、娶
tëi	次、糙、茨、趣
téit	夕、涤、汐、席、迪
téitt	矽、敌、藉、狄、笛、籍
tèit	剔、踢、惕、寂、戚
tein	青、厅、烃、氰、清
tēin	情、廷、蜓、晴、亭、婷、停、庭
těin	挺、艇
têin	定、靛、静、靖、净、锭、订
tēin	请
tëin	听
tī	口语,喊 tī 嘈,闹哄哄
tï	铁、切、秩、截
tiä	鹊、雀
tià	口语 ①跳,玩耍 ②忙乱 ③发脾气
tiāo	口语,赤 tiāo tiāo,赤裸裸
tiāo	口语 ①倒掉 ②汗流水 tiāo,汗流浃背,大汗淋漓
tiang	枪、呛
tiāng	祥、详、翔、樯、墙、蔷
tiǎng	口语 ①弹起 ②挺起,凸起
tiâng	相、匠、象、像、橡
tiāng	抢
tiu	挑
tīu	调{tiáo}、迢、跳、条、憔
tûu	调{tiáo}、调{diào}
tīu	悄
tüu	调、峭、俏、肖{xiào}、眺、祟
tïp	碟、谍、捷、贴、蝶、迭、帖、睫、叠
tim	签、歼、扦、迁、钎、忏、笺
timb	添、纤、舔
tīm	甜、恬

259

tǐm	潜、垫、舔
tîm	渐
ting	千、仟
tingh	天
tīng	钱、填、伐
tīngh	前、田
tîng	电、殿、奠、贱、佃、践、溅、淀、甸
tīng	浅
tïng	践
tuä	托、拓、度{duó}
tuao	操、滔、绦
tuāo	曹、嘈、槽、萄、涛、桃、掏、淘、逃、陶
tuâo	造、稻、道、导、悼
tuâoh	盗、蹈、祷、糙
tuão	草、讨
tuäo	噪、躁、燥、藻、糙、套、澡
tuang	仓、烫、沧、苍、舱、汤
tuangh	窗、剠
tuāng	糖、膛、搪、堂、唐、棠、塘、藏{cáng}
tuâng	荡
tuãng	淌、倘、躺、敞
tuäng	淌、趟
tuoi	胎
tuōi	才、裁、财、材
tuōih	抬、台、苔
tuôi	在、袋、待
tuôih	代、殆、怠
tuõi	采、睬、彩
tuöi	菜、蔡
tui	推、崔、摧、催
tuī	随、隋、颓
tuî	队
tuîh	罪
tuĩ	腿
tuï	翠、蜕、悴、褪、脆、退

(方案二仅供参考,伝字以《伝语(吴川话)字典》为准)

tüt	夺、脱、绝
tun	村
tūn	全、屯、痊
tūnh	团、臀、囤、醛、存
tǔn	断
tûn	段、锻、缎
tün	寸

N

na	拿、镎
nā	娜(母亲)
nâ	那{nà}、那{nèi}、哪{na}、哪{nǎ}、哪{něi}、娜
nǎ	口语,nā ni,nā 的,那些
nä	口语 ①煎 ②烫 ③用巴掌击打
nà	口语 ①记录,如:nà 数 ②舍弃,删除 ③掐,捏
nao	孬
nāo	挠
nâo	闹、淖
nai	奶
nǎi	乃、奶、氖
nau	嫩、瞅、鳅、揪、锹
nâu	口语 ①臭味 ②尸液 ③臭脾气
nāu	扭、钮、纽
näp	呐、钠、纳
nam	喃
nām	南、男
nǎm	腩
nâm	口语,陷、进、去
nāng	难{nán}
nâng	难{nàn}
nǎng	口语,蚊虫叮咬所致的疙瘩
näng	蒂
nāy	泥
nây	滞、腻
näy	口语 ①陷入 ②nèit näy,粘手,粘身 ③乌蹉咳 näy,完蛋,没希望的

261

nā'p	凹{āo}、粒
nā'm	口语,柔软
nâ'm	口语 ①反应慢的,不灵敏的,不聪明的 ②nâ'm ziä,潮湿
nä'm	谂
nä'm	口语,臭 nä'm,霉臭
na'ng	口语 ①小山坡 ②屎 ③全没有了,光了 ④肥猪 na'ng,肥肉 ⑤nein na'ng,多事 ⑥面之 na'ng,脸颊 ⑦缝补 ⑧赤裸
nā'ng	能、坉、屯
nǎ'ng	口语,拳打
nā'ng	口语 ①扭,扭动,转动 ②溜走
nä'ng	口语 ①鼻涕 nä'ng,浓鼻涕 ②陷进去 ③na'ng na'ng,全没了
no	口语 ①搓 ②长 no,长长的样子
nō	那、哪{né}、娜、挪、螺(螺丝)
nô	懦、哪
nõ	口语,闪到、扭到
nó	口语 ①搓揉 ②擦拭
nò	口语 ①用筷子夹断 ②肥 nò nò,肥胖
nōu	奴
nǒu	努
nôu	怒
nong	燶
nōng	农、浓、脓
nông	嫩
nõng	口语 ①偷偷取走 ②挣脱 ③溜走
nöng	口语,变质发臭
ne	呢
nê	糯
nei	眯、弥
nēi	弥、尼、妮、倪、霓
něi	你、您
něih	女
nēi	口语,那里
nëi	口语,贴着眼睛看
néit	虐、溺、匿
nèit	口语,nèit näy,粘手或粘身

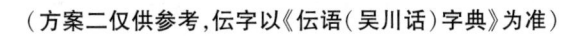

(方案二仅供参考,伝字以《伝语(吴川话)字典》为准)

nein	口语,nein na'ng,馨香,多事
nēin	宁、柠、拧
nēinh	狞、泞
nêin	口语 ①转向,面向,nêin 向 ②扭扭 nêin nêin,扭扭捏捏
nēin	口语,笼子,篮子,一般儿化
nëin	口语,提走
ni	呢
niä	口语 ①擦拭,如:niä 鼻涕 ②biä niä,因水多而成糊状 ③修复裂缝
niao	口语,软的,有韧性的
niăo	口语,夺走性命,死亡
niäo	口语 ①涕阳 niäo,臭小子,小屁孩 ②来孙 ③niäo 祖,天祖 ④提,拎
niäp	口语 ①卷折,卷起来 ②空,干瘪
niam	拈
niäm	踮
niang	胖
niāng	娘
niǎng	掐、撵、捻
niäng	谀
nîu	尿{niào}
nĭu	鸟
nïp	摄、慑、捏、镊、涅、孽、蹑、聂
nim	粘
nīm	粘
nîm	念、验
nīng	年
nuä	诺
nuǎo	脑、恼
nuang	口语,耳阿 nuang,脸颊
nuāng	囊
nuâng	裆
nuäng	口语,同"拉"
nuôi	耐、奈、内
nui	口语,扑克牌中的"Q"
nuï	口语,劳累、乏力
nüt	口语,被水卷走

263

nǔn	暖
nûn	嫩

L

la	啦、喇
lā	啦
lâ	啦
lā	口语 ①抓 ②雌性 ③lā gâo,脏乱
lä	辣
lá	肋、勒、律、笏、率(lǜ)、栗
là	甩、勒、晃
là	口语 ①象声词 ②臭火 là,烧糊后的臭味 ③过 là,成功
lao	捞
lâo	口语,lâo 烘,干热
lai	拉、幺
lǎi	口语,淋、洒
lâi	赖、濑
läi	口语,皮肤病,如:檬 läi
lau	骝、溜、楼
lāu	刘、娄、留、榴、馏、琉
lāuh	楼、瘤、硫、流
lǎu	柳
lâu	漏、陋
lāu	搂、缕
läp	腊、蜡、垃
lam	口语 ①跨,跨过 ②量词,步
lām	蓝、篮
lǎm	览、揽
lâm	槛、滥、缆、舰
lãm	榄、揽
läm	口语,玩耍,游玩
lang	栏、冷(毛线)
lāng	栏、阑、拦、兰、澜、婪
lǎng	冷、懒
lâng	烂、阑

264

（方案二仅供参考，伝字以《伝语（吴川话）字典》为准）

lāy	黎、犁
lǎy	礼
lây	丽、厉、例、荔、励
läy	口语 ①踢，脚踢 ②铲除，清除
lā'p	泣、扐
lǎ'p	立、笠
la'm	口语 ①喝 ②用甜言蜜语去哄
lā'm	林、临、霖、琳、淋
lǎ'm	凛
lâ'm	口语 ①à lâ'm câ'm，（折腾）一番 ②苦鬼 lâ'm 丁，奇苦无比
lä'm	口语 ①坍塌 ②lä'm duäng，倒闭
la'ng	口语 ①淋巴结 ②走动
lā'ng	沦、仑、邻、纶｜lún｜、鳞
lā'ngh	轮、抡、磷、伦
lǎ'ng	口语，充满，填满
lâ'ng	论、紊
lā'ng	口语 ①溜走 ②挣脱，逃脱
lä'ng	口语 ①溜走 ②挣脱，逃脱 ③身骨拉 lä'ng，腰酸背痛
lo	咯
lō	罗、锣、萝、逻、箩
lǒ	咯、攞
lô	咯
lō	裸
lö	咯
ló	六、陆、戮、禄、睦、录、麓、菉
lóh	鹿、绿、氯
lò	碌
lou	口语，黑 lou，黑鬼 lou 周，黑乎乎
lōu	卢、芦、颅、炉、庐
lōuh	驴
lǒu	老、掳、橹、卤、虏、鲁
lôu	路、露
lop	口语，象声词，掉东西的声音
long	窿
lōng	龙、笼、聋、窿、咙、隆

265

lǒng	垄
lông	弄
lõng	垄、拢、陇
le	唎
lē	螺
lēh	骡
lê	唎
lẽ	口语，一点一点地咬下来，同"啃"
lë	唎
lei	厘、喱、璃
lēi	厘、喱、狸
lēih	璃、离、漓、篱、梨
lěi	李、鲤、旅、理、里、铝
lěih	侣、吕、履
lêi	利、吏、滤、俐、虑、厉、莉、痢、脷
lëi	口语，像鸭子一样吃东西
léit	力、沥、历、砾
lèit	哩、沥、雳
lêit	力
lein	拎
lēin	零、楞、羚、凌、灵、铃、陵
lēinh	龄、菱、棱、伶、玲
lěin	领、岭
lêin	另、令
lëin	口语，lëin 利，顺利，吉利
li	口语，胡来，乱来，如：li le le（乱摸），li luao luao（瞎摸，乱拌和）
liä	略、掠
liǎ	叻
liao	蹽、篓
liāo	口语 ①liāo 开，掀开 ②撂倒，弄倒
liâo	撂
liǎo	口语，缠绕
liäo	口语，liäo 身，灵活，身手敏捷
liäp	口语 ①驱赶 ②干瘪的，空壳的
liām	口语，用火烤

(方案二仅供参考,伝字以《伝语(吴川话)字典》为准)

liǎm	舔
liang	俍
liāng	粮、量{liáng}、凉、梁、樑、良
liǎng	两、俩、辆
liâng	亮、量{liàng}、谅
liang	口语 ①故意避开 ②偷偷溜走
liäng	靓
liu	鹩
līu	聊、燎、撩、寥、镣、僚、辽、疗、寮、潦
lǐu	了{liǎo}、了{le}
lîu	料、廖
lïp	猎
līm	廉、镰、帘
lǐm	脸、敛
lîm	敛
lu	口语,黑鬼 lu 周,黑乎乎
luä	乐{lè}、骆、络、烙、貉、落、胳、酪、骼、洛、赂
luao	捞、涝
luāo	劳、牢
luǎo	老、佬、姥
luâo	口语,农作物从种植到收成的周期
luang	口语,象声词
luāng	狼、琅、郎、廊、榔
luǎng	朗
luâng	浪、晾
luäng	口语 ①晃动 ②冲刷 ③漱口
luōi	来、莱、睐
luôi	口语,luôi kuôi,碍手碍脚
lui	口语 ①篓子 ②晃去,到 ③脸圆
luī	雷、镭、蕾、擂
luǐ	累、屡、儡、磊、垒
luî	泪、类、戾
lüt	列、劣、裂、烈、捋
lun	口语,去,钻到
lūn	联、怜、莲、链、孪、连、挛

lŭn	卵
lûn	练、乱、炼
lūn	恋、峦
lün	口语 ①翻滚,滚动 ②躺 ③圆的

G

ga	家、嘉
gah	痂、旮、加
gâ	口语,拥抱
gã	假、嘎、贾、甲
gä	觉{jué}、噶、架、革、驾、价、隔、咖、角
gäh	稼、嫁、格、骼
gà	吉、桔、拮{já}
gao	交、胶、郊、跤、铰
gâo	口语,lā gâo,脏,乱
gāo	搞、绞、搅、狡、饺
gäo	觉{jiào}、教、较、校{jiào}、珓
gai	皆、街、楷、佳、阶
gāi	解
gäi	戒、芥、诫、界、届、介
gau	勾、钩、沟、鸠、阄
gâu	口语 ①量词,块 ②瞪眼睛 ③gâu 丽,倾斜
gāu	九、玖、苟、韭、枸
gāuh	狗、久
gäu	构、购、苟、臼、够、咎、灸、垢、究、救、疚
gäp	甲、钾
gam	监
gām	口语,叠词,黄 gām gām,黄黄的
gām	减
gäm	鉴
gang	间{jiān}、更{gēng}、庚、江
gangh	艰、羹、奸、耕
gāng	讲、柬、港、碱、枧、栋、涧、简
gäng	间{jiàn}、更{gèng}、降
gay	鸡

268

(方案二仅供参考,伝字以《伝语(吴川话)字典》为准)

gây	口语,xǜt gây gông,猜拳
gãy	计
gäy	计、继、系{jì}
gä'p	给、急、级
ga'm	今、金
gã'm	锦
gä'm	禁、咁
ga'ng	根、巾、跟、斤、筋
gã'ng	仅、耿、埂、谨、瑾、紧、梗
gä'ng	口语,寒冷,冰冷,冰冻
go	哥、戈、挝{wō}、歌
gô	哥
gõ	果、裹
gö	个、过
gò	谷、酷、鞠、菊
gỏ	喔
gop	口语 ①象声词 ②干掉,吃掉
göp	口语,同"gop"
gong	功、供、攻、宫、公、恭、龚
gongh	工、弓、躬、肛
gông	口语,xǜt gây gông,猜拳
gõng	拱、巩
göng	赣、汞、杠、贡
ge	口语,挠、搔
gë	口语,割、锯,如:gë 颈阿无 nhò
gei	几{jǐ}、姬、基、俱、車{jū}、奇{jī}、畸、己
geih	饥、居、箕、机、讥、肌
gẽi	几{jǐ}、举、矩、己、纪、杞
gëi	记、据、踞、句{jù}、蓟、冀、锯
gëih	寄、纪、痣、既
gẽit	击、棘、激、戟
gein	荆、矜、兢、京、鲸、惊、经
gẽin	境、警、景、颈、竟
gëin	敬、茎、镜、径
gi	口语,乱,如:gi gâ gâ,乱抱

269

gî	口语,乱,如:gî gä gä,横七竖八,碍手碍脚
gï	洁、结{jiē}、结{jié}
giä	脚
giao	口语,童 giao,糖 giao,糖果
giāo	搞
giap	口语 ①象声词 ②干掉
giäp	口语,用筷子夹
giang	姜、僵、羌、疆
giãng	口语,植物根部,如:木 giãng
giäng	口语,giäng 子,giäng 个,这样子
giu	娇、骄
gïu	缴、剿
gïu	叫
gïp	涩、劫
gim	兼
gĩm	检、捡
gïm	剑
ging	坚、肩
gïng	见、建
gu	姑、菇、沽、孤、估、枯、咕、辜、古
gū	口语 ①象声词 ②讲 a'ng gū,咿呀学语
gû	蛄
gū	古、蛊、股、固、估、鼓、牯
gü	故、顾、雇
guä	国、铬、搁、葛、阁
guäh	郭、割、廓、各
guao	高、篙、糕、膏
guaoh	羔、皋
guāo	稿、镐
guäo	告
guäp	合{gě}、鸽、蛤{gé}
guam	甘、柑
guãm	敢、感、橄
guang	干{gān}、竿、岗、肝、光、杆
guangh	缸、秆、纲、冈、刚

(方案二仅供参考,伝字以《伝语(吴川话)字典》为准)

guăng	广、赶
guäng	干{gàn}、钢、杆、杠
guoi	该
guõi	改
guöi	盖
güt	括
gun	冠{guān}、纶{guān}、棺、观{guān}、官
gũn	馆、管
gün	冠{guàn}、罐、灌、观{guàn}、贯、颧

K

ka	卡
kǎ	口语,火头 kǎ,炭黑,锅底黑垢
kâ	口语,植物块茎被虫蛀
ká	口语 ①ká kiâo,阻碍,不顺 ②ká倒,压到 ③ká八八,水分过少
kà	咳
kả	咯
käo	靠
kau	抠
kāu	求、球
kǎu	舅
kâu	旧
käu	扣、寇
kāng	口语 ①呛到 ②喉咙被异物卡住
kay	溪、稽
kǎy	口语,稠密,黏糊
kây	口语,支撑、抵住
kāy	启
käy	契
kā'p	吸、汲、笈
kǎ'p	及
ka'm	襟、衾
kā'm	擒、涔、禽、琴、蟾
kǎ'm	妗
kâ'm	口语 ①压着,摁着 ②跑去,前往

271

kā'm	冚
kä'm	口语,黑 kä'm kä'm,黑乎乎的
ka'ng	口语,同"丛",丛林
kā'ng	勤、芹
kǎ'ng	近
kâ'ng	口语,同"垫" ①垫着 ②垫子,如:阿婆 kâ'ng
kä'ng	口语,聪明,有本事
ko	电话联系,英语"call"的转读
kó	局、焗
kò	曲{qū}、曲{qǔ}
kou	箍
kop	口语 ①象声词 ②夺走 ③骗取
köp	口语 ①象声词,折断或关节活动的声音 ②抖竭 köp,战栗不已
kom	口语,骗取
kǒm	口语,骗取
kõm	口语 ①用双手捧起来 ②咳嗽
kong	口语 ①量词,串 ②冲动,发脾气
kōng	穷、穹
kǒng	口语 ①骗取 ②kau kǒng,驼背
kông	共
ke	口语 ①一下子,一招 ②ke le fe,跑龙套,无关紧要
kē	茄
kê	口语 ①角落 ②卵 kê,大腿 kê,大腿根部 ③旮旯 kê,腋窝 ①象声词,笑声 ②笑嘻嘻的样子
kei	蹊、区{qū}、躯、拘、驱、驹、岖
kēi	其、歧、崎
kēih	期、棋、骑、渠、祁、旗、祈、奇{qí}
kěi	拒、距、企
kêi	技、伎、炬、嫉、巨、忌、惧、具、妓
këit	口语,象声词,轻咳声
kéit	极、剧
kèit	口语,用棍子的一头提起来
këit	口语,象声词,笑声
kein	倾
kēin	痉、擎、澄

(方案二仅供参考,伩字以《伩语(吴川话)字典》为准)

kěin	口语 ①轻(放) ②kěin 惜,温柔
kêin	劲、竞
kî	口语,kî kâ'ng kâ'ng,kî kuâng kuâng,横七竖八地摆放
kǐ	揭、杰、抉、缺、竭、炔、蝎、诀、决
kià	口语 ①结,绳结,如:死勒(là)kià ②量词,段,如:à kià,一段
kiāo	跷
kiǎo	口语 ①反对,提出异议 ②撂倒
kiâo	撬
kiāo	撬
kiäp	夹、荚、匣、狭
kiam	鸽
kiām	嵌、钳、黔
kiāng	强
kiǎng	强
kiu	跷
kīu	桥、翘、侨、矫、橇、乔
kǐu	翘
kîu	轿
kīu	广府借词 ①计谋、计策 ②恰好
kïu	窍
kîm	俭
kǐm	口语,kǐm kǐm,险些
kǐng	件
kîng	健
ku	箍
kuä	确
kuäo	靠
kuang	扛
kuāng	狂
kuǎng	抗、扩、旷、亢
kuâng	逛、螯
kuǎng	矿
kuōi	口语,来 kuōi,冻僵了
kuôi	口语,luôi kuôi,碍手碍脚
kuöi	概、钙、慨、溉、磕、瞌

273

kuï	刽、侩、馈、溃
kun	口语 ①卷缩 ②弯腰驼背

H

ha	哈、虾、蛤
hā	霞、暇
hǎ	下
hâ	下、吓
hâh	厦、夏
hã	吓
hä	学、赫、壳、客
häh	吓、瞎、辖
hà	黑、刻、乞、克
hao	敲、酵、哮、烤、姣
hāo	姣
hâo	校{xiào}、效
hǎo	考、拷、巧、烤
häo	孝
hai	嗨、揩
hāi	鞋、谐
hǎi	蟹
hâi	懈、械
hãi-x	①语声词 ②hãi-x zëit zëit，脏
hau	丘、休、邱、貅、后
hāu	喉、猴、侯
hǎu	厚
hâu	后、候
hãu	口
häu	鲎
häp	呷
hām	咸、函、涵、衔
hâm	撼、陷、馅、憾
häm	喊
hàt	吃
hang	亨、肮、吭{kēng}、炕、坑、悭

(方案二仅供参考,伝字以《伝语(吴川话)字典》为准)

hāng	行{xíng}、闲衡
hǎng	项
hâng	限、巷、杏、莕、幸
hay	屎
hây	系{xì}
hā'p	口语 ①打盹 ②欺负
ha'm	钦、掀、欣
hā'm	口语 ①欺负 ②约束,管束
hâ'm	冚
ha'ng	挳、哼
hā'ng	恒、痕
hâ'ng	恨、狠
hā'ng	很、啃、肯、垦、恳
ho	苛、柯、呵、坷
hō	河、荷{hé}、何、呵、菏
hô	荷{hè}、呵、贺
hõ	可
hò	哭
hǒ	口语,象声词,打拳的喊声,hei hǒ
hōu	口语 ①回填,填充 ②粉刷
hôu	芋
hǒu	好
höu	口语 ①höu 水,泼水,灌水 ②踢
hôm	口语,象声词
hong	空、轰、匈、胸、酗、凶、汹、哄{hōng}
hōng	红、洪、弘、宏、雄、鸿、虹
hông	烘
hǒng	吼、哄{hǒng}、孔、恐
höng	控、哄{hòng}、空
he	靴、嘘
hê	口语 ①答应,允诺 ②象声词
hei	欺、嘻、墟、虚、牺、圩{xū}、唏
heih	希、嘿、烯、嘘{xū}、稀、禧
hẽi	起、岂、喜、许、囍
hëi	去、器

275

hëih	弃、戏、气、汽
hein	兴{xīng}、氢、馨、卿、轻
hëin	兴{xìng}、庆
hi	嘻
hî	口语 ①假笑声 ②hî hôm hôm,砰砰响
hï	歇
hiä	却、怯
hiäp	口语,hiäp 气,上气不接下气
hiang	香、乡
hiãng	响、晌、享
hiäng	向
hiu	浇、侥、嚣
hĩu	晓
hïp	歉、颊、峡、胁、挟、协、侠、慊{qiè}
him	谦、嫌
hĩm	险、埿
hïm	欠、献
hing	牵、轩
hĩng	宪、谴、遣、显、蚬
hïng	宪
huä	喝、涸、渴、鹤、豁
huāo	豪、嚎、壕、毫
huâo	号、浩
huāo	好
huäo	好{hào}、耗
huäp	合{hé}、盒
huam	酣、堪
huãm	含、邯
huãm	扻、砍
huäm	勘、坎
huang	康、慷、糠、亢、腔、夯、看{kān}、吭{háng}
huāng	韩、航、寒、杭、行{háng}、降{xiáng}
huǎng	项、旱、捍
huâng	汗、悍、焊、翰
huãng	刊、罕

（方案二仅供参考，伩字以《伩语（吴川话）字典》为准）

huäng	看{kān}、看{kàn}、汉
huoi	开
huōi	孩
huǒi	慨、骸、骇、氦、凯、亥
huôi	害
huõi	海
hui	灰、恢、魁
huī	回、徊、蛔
huî	会、汇、烩、绘
huǐ	侮、晦、悔、贿、海
hüt	阔
hun	欢、宽
hūn	魂、垣、桓
hǔn	口语，虚 hǔn，体虚不适
hūn	款
hm̩	哼
hŋ̍	哼

Z

za	咱、喳、渣、抓、碴
zâ	口语，罢 zî zâ，罢了，算了
zã	口语，差劲、低劣
zä	窄、匝、砸、摘、扎、诈
zäh	责、榨、喷、轧、炸、乍、咋
zà	质、侧、测
zao	嘲
zão	找、爪、帚
zäo	罩
zai	斋、吒
zäi	债
zau	周、舟、州、洲
zãu	肘
zäu	咒、皱、昼
zäp	口语，禽鸟停歇、停靠
zäm	砍、眨、崭、斩

277

zang	争、睁、挣、狰、筝
zãng	盏、栈
zây	口语,ây zây,不舒服
zäy	制
zā'p	拾、汁、执
za'm	斟、砧、针
zâ'm	口语 ①踩踏 ②zâ'm zê,蝉
zã'm	枕、拯
za'ng	真、珍
zâ'ng	口语,紊 zâ'ng,麻烦
zã'ng	准、诊、疹
zä'ng	振、镇、晋、震、圳
zo	口语 ①摸 zo,慢 ②zi zo,啰唆
zõ	阻、狙
zò	粥、蜀、嘱、祝
zòh	烛、瞩、竹
zõu	组、诅
zöp	口语 ①象声词 ②走到,晃去
zong	中{zhōng}、盅、忠
zongh	终、钟、舂
zông	口语 ①跌 ②撞
zõng	种{zhǒng}、肿
zöng	种{zhòng}、众、中{zhòng}
ze	姐、嗟、遮、啫
zē	口语,同"背";背负
zê	①zê ze,姐姐 ②象声词 ③打 zê zê,小孩拍手掌 ④zâ'm zê,蝉 ⑤胡诌
zẽ	者
zë	这、蔗
zëit	啧
zèit	只{zhī}、炙
zèitt	织、职、帜、炽
zêit	吱
zein	正{zhēng}、蒸、怔、症{zhēng}、侦
zeinh	贞、征、帧
zẽin	整

（方案二仅供参考，仸字以《伝语（吴川话）字典》为准）

zëin	正{zhèng}、政、症{zhèng}、证
zi	之、支、朱、猪、芝、脂、诸、蛛、株
zih	肢、珠、吱、枝、蜘、知
zî	口语，罢 zî zâ，罢了，算了
zĭ	只{zhǐ}、址、主、趾
zĭh	指、止、旨、纸、煮
zï	志、置、智、绪、著、折{zhē}、折{zhé}
zïh	稚、至、挚、识{zhì}、哲、浙、致、注
ziä	着{zhuó}、芍、酌、灼
ziā	口语，挤压容器，把水喷射出来
ziang	张
ziangh	章、樟、漳、彰
ziăng	长{zhǎng}、掌
ziäng	胀、涨、帐、瘴、障
ziängh	账、仗
ziu	着{zhāo}、朝{zhāo}、招、昭
zïu	照
zïp	折
zim	占{zhān}、粳、蘸、瞻、沾、詹、毡
zïm	占{zhàn}
zing	口语，撕开，撕裂
zū	口语，屌 zū，傻瓜
zuä	捉，zuä-n，口语，鸟，鸟类
zuang	庄、妆、桩、赃、装
zuäng	壮、脏
zui	椎、锥、疽、追
zuï	塇、赘、撮、啜、缀
züt	拙、苗
zun	专、砖
zũn	展、辗、转、碾
zün	战、钻、转

C

ca	差{chā}、差{chà}、差{cī}、岔、叉、嗟、嚓
cā	茶、茬、查、搽

279

câ	口语,câ 处,占地方
cä	拆、岔、擦、察、泽、择、策、诧、宅、册
cá	侄、躇、窒
cà	出
cao	抄、钞
cāo	巢
câo	掉、棹、镲
cão	吵、炒
cäo	秒
cai	差{chāi}、猜
câi	口语,äi câi,欺负
cāi	踩
cau	抽
cāu	踌、囚、绸、稠、泅、酬、筹、畴
cǎu	口语 ①柱子,如:门 cǎu,门柱 ②tià cǎu,碰 cǎu,匆忙、忙乱、发脾气
câu	就
cāu	丑
cäu	臭、嗅
cäp	插、闸、铡
cām	口语,刺、扎,如:cām 眼,刺眼
cǎm	杉、湛
câm	暂、站
cäm	掺、渗
cang	撑、鎗
cāng	橙、蹬
câng	赚、绽
cāng	产、铲
cäng	撑、撰
cängh	篡、纂、睁、谄、忏
cäy	口语 ①击打 ②吃
cā'p	口语 ①一瘸一拐 ②cā'p cāi,歪斜
cā'm	沉
cǎ'm	錾
câ'm	①朕 ②口语,淹、溺
cā'm	寝

(方案二仅供参考,伝字以《伝语(吴川话)字典》为准)

ca'ng	春、伸
cā'ng	陈、尘
cǎ'ng	口语 ①舞动 ②打架
câ'ng	阵
cã'ng	蠢
cä'ng	趁、衬
co	初、搓、磋、戳、雏
cõ	楚、础
cò	锄、束、促、蓄、筑、触、畜、矗、轴、搐
cōu	措
cöp	口语 ①象声词 ②刀切
cong	充、冲、衷
cōng	重{chóng}、虫
cǒng	重{zhòng}
công	仲、诵
cõng	宠、冢
ce	车{chē}
cê	口语 ①象声词 ②冲走
cẽ	扯、且
cë	口语,狼吞虎咽
cëit	口语,象声词,撕裂声
céit	直、植、殖、值
cèit	尺、赤、斥
cêit	叱
cein	称
cēin	程、惩、逞、呈
cǐn	口语 ①戏剧中的唱打 ②对垒
cêin	郑、掷
cẽin	口语,同"举",举起
cëin	骋、秤
ci	痴、雌、疵、眵、嗤、蚩
cī	持、厨、池、迟、除、橱、储、弛、驰、恃
cǐ	柱、蚌、峙、驻、贮、拄
cî	痔、治、住
cī	耻、齿、处{chǔ}、侈

281

cï	刺、翅、处{chù}、厕、赐
ciä	着
ciāp	口语，单脚跳行
ciam	①奏乐器 ②咒骂
ciang	昌、猖、娼、倡
ciāng	长{cháng}、场、肠
ciǎng	丈
ciâng	丈、杖、仗
ciãng	畅
ciäng	唱
ciu	超
cīu	潮、朝{cháo}
cǐu	口语 ①折腾 ②ciä cǐu，休克
cîu	赵、沼、兆、召
cīm	口语 ①拔（毛）②cīm 斑
cïm	羡
cïmb	倩
cuä	绰、桌、浊、凿、卓、焯
cuang	疮
cuâng	撞、脏、藏{zàng}
cuãng	厂、闯、创
cuäng	撞
cui	吹、炊
cuī	捶、锤
cuî	坠
cüt	切、彻、窃、沏、辙、撤、澈、砌、掣
cun	川、穿
cūn	缠、传{chuán}、泉
cûn	旋、传{zhuàn}、漩
cũn	踹、蹿、湍、颤、揣、喘
cün	串、窜

X

xa	沙、鲨
xah	纱、抄

（方案二仅供参考，伝字以《伝语（吴川话）字典》为准）

xã	洒、啥、耍
xä	杀、煞、刹
xá	实、术、述
xà	色、室、失
xàh	瑟、虱、鲺
xao	梢、捎、艘
xâo	睄
xão	稍
xäo	哨、搜、潲
xāi	柴、豺
xâi	寨
xäi	晒
xau	收、馊
xāu	仇、售、愁
xâu	寿、受、授
xãu	手、搜
xãuh	首、守
xäu	瘦、兽
xäp	歃
xam	衫
xäm	口语，消瘦
xang	生、甥、拴、栓、潺
xangh	山、珊、删、栅、潸、牲
xāng	谗、孱、馋、搀
xǎng	口语 ①击打 ②教训
xâng	汕
xāng	省{shěng}
xäng	疝
xay	筛
xāy	口语 ①走路摇晃 ②may xāy，犯困，视力模糊
xây	逝、噬、誓
xãy	使、驶
xäy	世、势
xā'p	湿
xǎ'p	十、拾、什

283

xa'm	参{shēn}、深、森
xâ'm	甚
xã'm	审、沈、婶
xä'm	渗
xa'ng	身、伸、绅
xa'ngh	砷、呻、申
xā'ng	神、淳、晨、唇
xā'ngh	醇、辰、娠、臣、纯
xǎ'ng	肾
xâ'ng	顺、慎、驯
xä'ng	舜、瞬
xo	疏、梳、疏
xō	口语,象声词,赶鸡声
xô	助、傻
xõ	所
xó	熟、赎、孰、属
xò	叔、淑
xõu	数{shǔ}、擞
xöu	数{shù}、数{shuò}
xōng	崇
xõng	口语 ①屁股 ②开 xõng 裤,开裆裤
xe	奢、赊
xē	蛇{shé}
xê	射
xě	舍{shě}
xë	舍{shè}、赦、社
xěi	是
xéit	食、石、蚀
xèit	识{shí}、释、式、拭、恤、适、饰、轼、色
xein	声、升
xēin	成、城、盛{chéng}、诚
xēinh	绳、承、乘、塍
xêin	剩、盛{shèng}
xëin	胜、圣
xi	书、诗、嘘、舒、施、师、抒

284

（方案二仅供参考，伩字以《伩语（吴川话）字典》为准）

xih	枢、尸、输
xī	时、殊、薯、匙、蜍
xǐ	是、市、柿
xî	事、示、嘘{shī}、仕、士
xîh	庶、侍、戍、恕、氏、伺、竖、树、视、豉
xĩ	屎、使、矢、暑、署、史、曙
xĩh	鼠、黍、始
xï	试、嗜、折{shé}
xiä	勺、刷、硕
xiao	口语，鞭打
xiāp	呷
xiam	口语 ①脆 ②一种甲壳类动物
xiang	商、伤、熵
xiāng	偿、尝、裳、常
xiǎng	上
xiâng	上、尚
xiãng	赏
xiu	烧
xîu	绍、韶、邵、肇
xĩu	少{shǎo}
xïu	少{shào}
xïp	舌、慑、摄、涉
xīm	蝉、禅、赡、阐、单{shàn}、单{chán}、蟾
xīm	闪、陕
xǐng	扇、煽
xuä	铄、塑、朔、溯、烁、嗍
xuang	双、霜
xuāng	床
xuâng	状
xuãng	爽
xui	衰、绥、蓑
xuī	谁、垂
xuî	睡
xuĩ	水
xuï	说{shuì}、帅、税、绪

285

xüt	说、设
xût	倏
xun	口语 ①绑 ②向上拉,向上爬 ③吸
xūn	旋、船
xǔn	鳝
xûn	善、膳、擅
xūn	擅

Y

ya	呀
yâ	哟
yá	口语,晃荡,肄、逸、溢
yà	一、壹、郁
yāi	口语,差劲
yau	优、忧、幽、悠、呦
yāu	柔、酋、悠、游、邮、犹、由、揉、铀、油、尤、釉
yǎu	有、酉、友
yâu	右、佑、诱
yâuh	又
yäu	幼
yäp	口语 ①晃动 ②白交 yäp,骗子
yäm	口语 ①拖延 ②日渐消瘦、消亡 ③下陷 ④泥淖 ⑤动物用泥巴、沙子洗澡
yây	裔
yäy	口语,烂 yäy,烂 yäy yäy,稀巴烂
yā'p	揖、邑
ya'm	音、阴、荫
yā'm	淫
yā'ng	寅、匀
yǎ'ng	引、瘾
yo	哟
yô	哟
yö	哟
yó	辱、浴、育、褥、欲
yò	旭、沃、郁、煜
you	哟

（方案二仅供参考，伩字以《伩语（吴川话）字典》为准）

yōng	容、庸、绒、熔、融、溶、茸、戎、蓉、熊
yǒng	涌{yǒng}
yông	用、佣、痈
ye	爷、吔
yē	耶、椰
yě	也、冶、惹、野
yê	爷、夜
yẽ	口语，ẽi-x yẽ，叹词
yéit	易、掖、腋、译、绎、翼、液、亦
yèit	翌
yēin	形、赢、刑、盈、型、蝇、邢
yêin	颖、孕
yi	咿
yī	如、蠕、愚、隅、愉、移、姨、迂、禺
yīh	儒、余、怡、吁、娱、胰、夷
yǐ	已、舆、予、屿、与{yú}、与{yǔ}、与{yù}、禹
yǐh	雨、宇、矣、羽、以
yî	易、逾、豫、裕、喻、誉、遇、寓、渝、御、谕
yîh	异、驭、愈、预
yǐ-x	咦
yǐ	拽、曳
yiä	药
yiäp	口语 ①眨眼睛 ②yiäp 只眼，一会儿，一眨眼工夫 ③灯光闪烁
yiāng	阳、杨、扬
yiāngh	羊、洋
yiǎng	养、痒、氧
yiâng	样、漾
yīu	姚、瑶、摇、谣、窑、遥、尧
yîu	耀、鸢
yïp	页、叶
yīm	盐
yîm	艳、焰
yīng	然、舷、研、贤、燃、弦
yǐng	延、涎、演、衍
yîng	现、砚、彦、谚、唁

287

yuä	口语,刺痛
yuî	瑞、秽、蕊、锐

W

wa	蛙、凹{wā}、洼、哇
wah	娃、哗
wā	华
wǎ	喔
wâ	话、划、画
wä	滑、划、猾、挖、获
wá	核
wà	郁、屈
wai	歪
wāi	怀、槐、淮
wâi	坏
wang	弯、湾
wāng	还{hái}、还{huán}、环、横
wǎng	鲩
wâng	患、幻、宦
wãng	玩、挽
way	喂、威
wāy	为{wéi}、唯、维、围、遗、惟、违、潍
wây	为{wèi}、位、卫、慧
wâyh	胃、谓、渭、惠、外
wãy	喂(wãy-x)、伟、萎、毁、委、韦、苇、纬、卉
wäy	喂、畏、秽、讳
wa'ng	瘟、温、熏、嗡
wā'ng	伝、云、耘、晕、魂
wǎ'ng	允、尹、吮、陨、浑
wâ'ng	运、混、韵、晕、浑
wã'ng	稳、揾
wä'ng	蕴、酝、涠
wo	锅、蜗、涡、窝
wō	和、禾
wǒ	喔、祸

(方案二仅供参考,伝字以《伝语(吴川话)字典》为准)

wõ	喔
wě	口语,从嘴里把东西吐出来
wê	口语,避开,绕着走
wẽ	口语,哭泣
wei	喂
wẽi-x	喂
wéit	或、役、域、疫、惑
wein	瘟
wēin	荣、萤、营、荥、莹
wěin	永
wêin	泳、咏、颖
wï	月、穴、越、粤、悦、阅
wiä	曰
wing	渊、冤、鸳
wīng	元、原、源、园、铅、缘、猿、悬、袁、员
wīngh	丸、沿、圆、玄、檐、完
wǐng	远、软
wîng	愿、县、院
wĩng	苑、烷、惋、宛、婉、皖、阮
wïng	怨
wu	呜
wũ-x	呜
wua	哇
wuä	镬
wuang	汪、框、筐、匡、眶
wuāng	王、凰、蝗、煌、皇、惶、簧、磺、黄
wuǎng	往
wuâng	旺
wuãng	柱
wuoi	喂
wüt	活
wûn	换、缓、唤、痪、焕、援、涣、玩

NG

ṇg	嗯

289

nga	口语 ①张开 ②量词,间、栋
ngā	崖、涯、蚜、牙、芽、徛
ngǎ	瓦、雅
ngâ	讶
ngä	额、岳、乐{yuè}
ngá	口语 ①点头 ②磕头
ngà	屹、乞、讫、疙、迄
ngāo	淆、肴
ngǎo	咬
ngâo	口语,lao ngâo,龙头鱼,鼻涕鱼
ngai	ngai 话,粤西客家话,汉字一般写为"涯",但实为"亻厓"的合字
ngāi	崖、涯、捱
ngau	勾、钩
ngǎu	偶、藕
ngâu	口语,发 ngâu dâu,发呆
ngam	啱
ngām	岩、癌
ngang	口语,量词,间、栋
ngāng	颜、顽
ngǎng	眼
ngâng	硬、雁
ngay	喡
ngāy	危、巍、峗
ngǎy	蚁
ngây	艺、伪、毅、魏
ngäy	口语,轻碰
ngā'p	噏
nga'm	口语,唠叨
ngâ'm	口语 ①唠叨 ②九 ngâ'm,一种鱼
nga'ng	口语 ①埋怨,责骂 ②唠叨
ngā'ng	银、凝
ngǎ'ng	口语,ngǎ'ng ngǎ'ng,等一下
ngâ'ng	口语 ①埋怨,责骂 ②唠叨
ngä'ng	口语,肮脏
ngä'ng	口语 ①切割 ②磨牙 ③烦人(声)

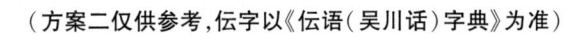

(方案二仅供参考,伩字以《伩语(吴川话)字典》为准)

ngo	鹅
ngō	鹅、娥、蛾、峨、讹、俄
ngǒ	我
ngô	饿
ngó	玉、狱
ngò	口语,同"馊"
ngou	汪
ngōu	吴、吾、梧
ngǒu	五、伍、晤、午
ngôu	卧、捂、误、悟
ngöp	口语 ①象声词 ②咬到 ③碰到
ngong	汪
ngōng	昂
nge	口语 ①象声词,烦人声 ②啰唆 ③可怜巴巴地说 ④植物的枝条
ngẽ	口语 ①哭声 ②乞求声
ngë	口语,挤(到)
ngêi	饵
ngéit	逆
ngēin	仍、扔、迎
ngi	口语,象声词,ngi nge nge,烦人(声)
ngiao	蚂
ngiāo	口语,晃动,摇晃
ngiāp	岔
ngiam	岔
ngiang	口语 ①裂开 ②露齿地笑 ③植物受损伤时,流出的组织液
ngiäng	碾
nguä	鄂
nguāo	敖、熬、鳌、翱、遨、鏊
nguâo	傲、熬
nguâng	岸
nguäng	戆、憨
nguōi	呆
nguôi	艾、碍

291

NH

nha	拿、渣
nhä	口语,烂布
nhá	①日 ②口语,晃着走
nhà	口语,一瘸一拐地走
nhao	口语 ①搔,挠,如:nhao 头,nhao nhäp ②耙 ③用耙平整土地或聚拢谷物
nhâo	口语 ①虫子爬行 ②乱逛
nhāo	爪
nhai	摭
nhāi	踩
nhäi	口语,咬,嚼
nhāu	牛
nhäu	幼、皱
nhäp	①痒 ②口语,握住,抓住,可作量词
nhay	口语,用手抓
nhǎ'p	入
nha'm	口语 ①刺痛,如:头骨 nha'm ②未发育成熟的东西,如:蛋 nha'm
nhā'm	壬、吟、妊、淫
nhâ'm	任、赁
nhā'm	饮
nhä'm	口语,同"踹",脚底用力猛踢
nha'ng	口语 ①名词,只人,如:两 nha'ng,两只人 ②动词,婴儿学步,晃去
nhā'ng	人、仁
nhǎ'ng	忍、刃、纫、韧
nhâ'ng	认、闰、润
nhä'ng	口语 ①抖动,颤抖 ②屌 nhä'ng 样,戾 nhä'ng 样,不堪入目的样子,惨不忍睹的样子
nhó	肉、玉
nhò	口语 ①动 ②击打
nhong	口语 ①毛发曲卷 ②聚集
nhǒng	勇、恿、踊、涌{yǒng}、冗、蛹
nhöng	口语,移动、走动
nhe	口语 ①微笑 ②nhi nhe,同"zi ze"
nhě	惹、嘢
nhē	嘢

（方案二仅供参考，伲字以《伭语（吴川话）字典》为准）

nhëin	口语 ①贴着眼睛看 ②过分着迷
nhi	儿
nhī	儿、而、愚、鱼、宜、疑
nhīh	仪、娱、谊、渔
nhǐ	耳、拟、汝、尔
nhǐh	洱、议、语
nhî	二、贰、诣、义
nhĭ	①热 ②口语，贴着眼睛看
nhiä	若、弱、跃、虐
nhiāo	口语，同"爪"，爪子
nhiäp	廿
nhiām	口语，渗漏
nhiǎng	仰、伴、嚷、疡
nhiâng	让、酿、攘、瓢、壤
nhīu	瑶、摇、谣、遥、窑、饶、尧
nhǐu	绕、扰、舀
nhïp	业、晔、烨
nhīm	严、炎、阎
nhǐm	染、冉
nhīng	言
nhîng	唁
nhuäng	口语，有韧劲的，有嚼劲的，如：nhuäng 角角
nhui	椎
nhuĭ	乳、馁
nhun	口语 ①吸 ②沿着棍子或绳子爬 ③收缩，蜷缩

SL

sla	卅
slä	撒、萨
slà	塞{sāi}、塞{sè}、膝、摔、戍、闩、蟀、率{shuài}
slâo	口语 ①拳打 ②大口地吃
slai	嗺
slāi	徟
slau	须、羞、修
slāu	抖

293

släu	秀、锈、漱、绣、嗽
släp	霎、圾
slam	三、叁
slãng	散{sǎn}
släng	散{sàn}、伞
slay	西、硒、犀
slãy	洗
släy	细、婿
slä'p	口语 ①欺骗 ②slā'p碎,琐碎,小事 ③slā'p slā'p碎,区区小事
slä'p	口语 ①胡扯 ②同"slöp"
sla'm	心、芯
slã'm	沁
sla'ng	新、辛、薪、锌
slã'ng	笋、榫
slä'ng	信、讯、浚、俊、迅、峻、骏、竣、擤、汛、逊
slo	唆
slò	速、肃、傈、缩、宿、粟
slou	苏、酥
slöu	素、诉
slöp	口语 ①猪进食 ②像猪一样吃东西 ③象声词,猪进食声
slôm	口语 ①拳打,击打 ②象声词
slong	松、忪
slōng	耸、怂
slöng	送、宋、餸
sle	唆、些、梭、楔
slẽ	写、琐
slẽh	锁
slë	卸、潟、泻、赐
slei	须、嘶、丝、需、斯、司
sleih	思、狮、私、撕
slẽi	死
slëi	四、肆、驷、赐、嗦、疟
slèit	昔、惜、锡、析、恤、媳、晰
slèitt	悉、熄、息、蟋
slein	星、腥、猩、惺

（方案二仅供参考，伩字以《伩语（吴川话）字典》为准）

slēin	省{xǐng}、醒
slëin	姓、性、锈
sliä	削
slià	口语，gä'ng slià，全冷了，很冷了
sliao	口语 ①吃，吞食 ②白 sliao，惨白
sliāp	啬、涩
sliäp	口语，塞，塞给
sliam	啬
sliang	相、厢、襄、镶、湘、箱
sliãng	想
sliäng	相
sliu	肖{xiāo}、消、霄、萧、宵、鞘、硝、销、箫
slĩu	小
slïu	笑、啸
sling	先、鲜、仙
slïng	线、腺
sluä	索
sluao	搔、骚、蚤
sluão	嫂
sluäo	扫
sluang	丧{sāng}、桑、嗓
sluäng	丧{sàng}
sluoi	腮、鳃
sluõi	甩、髓
sluöi	赛、塞{sài}
slui	尿{suī}、虽
sluî	瑞、祟、墅、遂、穗、隧
sluï	岁、碎、粹
slüt	雪、薛、泄
slun	孙、酸、喧、宣
slûn	篆
slũn	选、癣、损、洗
slün	算、蒜

295

GW

gwa	瓜
gwǎ	口语,象声词,gwǎ gwǎ,鸣笛声
gwã	剐、寡
gwä	挂、刮、褂
gwà	骨、橘
gwai	乖
gwãi	鬼
gwäi	怪
gwät	口语,击打,殴打
gwang	关
gwâng	口语,红 gwâng gwâng,红彤彤(的)
gwäng	惯
gway	归、闺、龟
gwayh	硅、畦、圭
gwãy	鬼、傀、诡、桅、轨
gwäy	贵、瑰、悸、桂、癸、季
gwa'ng	君、均、军、钧
gwã'ng	滚、棍
gwä'ng	棍 ①哄(小孩) ②骗 ③棍棍,假设性的
gwe	口语,沥干
gwï	口语,同"gwät"
gwiǎ	口语 ①大声咒骂,吼叫 ②nō gwiǎ,糊状的
gwing	捐、绢、鹃、娟
gwĩng	卷、茧
gwïng	眷、豢、券

KW

kwa	夸、跨、挎、垮、胯
kwä	口语 ①硬 kwä kwä,很硬 ②象声词
kwá	掘
kwà	倔、窟、匹、屈
kwǎ	口语,击打,同"敲"
kwãi	拐
kwäng	口语,轻碰

296

伫语(吴川话)基础语音教程

（方案二仅供参考，伝字以《伝语（吴川话）字典》为准）

kway	规、窥、盔
kwāy	葵、奎、携
kwây	跪、柜
kwäy	愧
kwa'ng	昆、坤、框
kwā'ng	群、裙
kwǎng	菌
kwâ'ng	郡
kwǎ'ng	捆
kwä'ng	困、窘
kwē	瘸
kwèit	隙
kwein	倾
kwēin	琼
kwẽin	顷、炯
kwiang	圈
kwiâng	口语 ①同"圈"，一个来回，一个轮回 ②同"逛"，闲游，游玩
kwing	圈
kwīng	权、拳
kwīngh	虔、乾、颧
kwîng	倦